国家发展和改革委员会投资司
国家发展和改革委员会投资研究所
国家统计局投资统计司

2015
中国投资报告
China Investment Report 2015

An authoritative and comprehensive report reflecting
the current situation of China's investment and
development,which reports:
Forecast of China's investment situation in 2015
Study on the Sustainability of Regional
Governments' Debt Financing in China

经济管理出版社
ECONOMY & MANAGEMENT PUBLISHING HOUSE

图书在版编目（CIP）数据

中国投资报告 2015/国家发展和改革委员会投资司等著．—北京：经济管理出版社，2015.9
ISBN 978 - 7 - 5096 - 3926 - 9

Ⅰ．①中… Ⅱ．①国… Ⅲ．①投资—研究报告—中国—2015 Ⅳ．①F832.48

中国版本图书馆 CIP 数据核字（2015）第 203954 号

组稿编辑：高晓霞
责任编辑：高晓霞　张　马
责任印制：黄章平
责任校对：车立佳

出版发行：经济管理出版社
　　　　　（北京市海淀区北蜂窝 8 号中雅大厦 A 座 11 层　100038）
网　　址：www. E - mp. com. cn
电　　话：（010）51915602
印　　刷：北京易丰印捷科技股份有限公司
经　　销：新华书店
开　　本：720mm × 1000mm/16
印　　张：18.25
字　　数：413 千字
版　　次：2015 年 9 月第 1 版　　2015 年 9 月第 1 次印刷
书　　号：ISBN 978 - 7 - 5096 - 3926 - 9
定　　价：198.00 元

顾问：

郭树言（原国务院三峡工程建设委员会主任）

姜伟新（原国家住房和城乡建设部党组书记、部长）

主编：

李荣融（原国务院国有资产监督管理委员会主任）

穆　虹（国家发展和改革委员会副主任）

许宪春（国家统计局副局长）

常务副主编：

张长春（国家发展和改革委员会投资研究所所长）

副主编：

许昆林（国家发展和改革委员会投资司司长）

任树本（国家发展和改革委员会重大项目稽查办主任）

贾　海（国家统计局投资统计司司长）

编审：

张志强　罗云毅　张汉亚　程　选　李万茂　林勇明

主要撰稿人：

祁玉清　刘立峰　岳国强　刘　琳　任荣荣　罗松山

张永贵　郑　征　杜　月

资料整理：

张　梅

前　言

　　《中国投资报告2015》已呈现在各位读者面前，这是自1989年以来的第27部中国投资报告。本年度报告仍保持着往年的风格，以分析当年固定资产投资形势与投资热点问题为主要内容。

　　形势篇包括总体投资形势和房地产行业投资形势分析报告，对2014年以来投资需求变动特征、投资运行情况及投资政策变化进行了全面分析与展望。

　　专题篇以"我国城镇基础设施投融资研究"为主题，共有九章的内容。从总体上看，我国城镇基础设施仍处于短缺状态，目前存在的主要问题包括市、县和建制镇的投资和发展水平差距较大、投资过度依赖土地收益、风险管理总体滞后，等等。究其根源，不同层级政府间事权和支出责任不适应、投资决策缺乏足够的透明度、公众参与不足、政府监管不到位、市场不完善以及制度不健全等，是其主要原因。专题篇还对我国城镇基础设施投融资的发展现状、存在问题、体制演变、未来发展的新要求、工具与模式创新的思路、相关国际经验借鉴等主要内容，进行了深入的理论研究与实证分析。在此基础上提出：深化城镇基础设施投融资改革，必须兼顾经济效率与社会公平，充分考虑产品特性、区域差异，理顺政府支持与市场决定关系，积极推进工具创新与融资平台治理，加强社会资本参与城镇基础设施建设的精细管理，科学防控投融资风险，加大改革力度与机制创新，逐步构建能适应不同城镇规模和发展水平、政府与市场互为补充、相互制约的多元化多层次的投融资体系。

　　附录篇收录了2014年的主要投资政策信息。

　　作为本书的姊妹篇，以翔实数据反映2014年投资运行的《中国投资统计年鉴》，也将于近期内出版。

编者

2015年5月

目　录

形势篇 SITUATION

第一章　2014 年投资形势分析及 2015 年展望 ·············· 3

　一、2014 年固定资产投资增速明显放缓 ·············· 3

　二、房地产、制造业和其他服务业投资增速降幅显著 ·············· 4

　三、三大地区投资增速均有所下降，中部和西部地区降幅较大 ·············· 9

　四、2015 年固定资产投资增长 11% 左右 ·············· 9

第二章　2014 年房地产市场形势分析及 2015 年展望 ·············· 12

　一、2014 年房地产市场运行状况 ·············· 12

　二、2015 年房地产市场形势展望 ·············· 20

专题篇 SPECIAL TOPIC

第一章　深化我国城镇基础设施投融资改革的思路、重点和措施 ·············· 27

　一、城镇基础设施的产品特性与投融资模式选择 ·············· 27

　二、我国城镇基础设施投融资的现状、存在问题及成因 ·············· 31

　三、城镇基础设施发展的趋势特点与投资需求分析 ·············· 34

　四、我国城镇基础投融资的发展思路与战略重点 ·············· 37

　五、规范融资平台治理与推进融资工具创新 ·············· 39

　六、加强社会资本参与城镇基础设施建设的精细管理 ·············· 44

　七、科学防控城镇基础设施投融资风险 ·············· 49

八、加大改革力度与机制创新 ……………………………… 52

第二章　城镇基础设施投融资模式选择 ………………………… 56

一、城镇基础设施的内涵 ………………………………… 56

二、城镇基础设施的基本特征 …………………………… 58

三、影响投融资模式选择的几个重点因素 ……………… 60

四、生产组织方式与融资模式选择 ……………………… 66

第三章　城镇基础设施投融资制度背景 ………………………… 68

一、我国城镇基础设施投融资的制度变化 ……………… 68

二、我国城镇基础设施投融资的制度特点 ……………… 72

第四章　我国城镇基础设施投融资现状及存在问题 …………… 75

一、城镇基础设施投资规模 ……………………………… 75

二、城镇基础设施投资结构 ……………………………… 80

三、城镇基础设施融资渠道 ……………………………… 86

四、城镇基础设施投融资的问题 ………………………… 92

五、经验与启示 …………………………………………… 95

第五章　我国城镇基础设施建设特点及投资需求预测 ………… 98

一、我国城镇基础设施建设的新特点 …………………… 98

二、我国城镇基础设施建设的新趋势 …………………… 106

三、未来我国城镇基础设施投资需求预测 ……………… 111

四、满足未来城镇基础设施投资的资金保障措施 ……… 120

第六章　城镇基础设施新型融资工具适用性研究 ……………… 125

一、地方政府债券 ………………………………………… 125

二、产业投资基金 ………………………………………… 130

三、保险债券投资计划 …………………………………… 134

第七章　社会资本参与城镇基础设施建设的投融资模式探讨 … 139

一、BOT 模式分析 ……………………………………… 139

二、公私合作模式分析 ·························· 145

三、BT 模式分析 ································· 161

四、公共服务购买模式分析 ·················· 166

第八章 城市供热投融资问题研究 ·················· 170

一、城市供热的产品特点及其投融资要求 ·················· 170

二、城市供热投融资现状 ·················· 174

三、城市供热发展中的主要问题与投融资模式选择 ·················· 178

四、相关政策建议 ·················· 179

第九章 城镇基础设施投融资的国际经验 ·················· 182

一、发达国家在相似阶段的城镇基础设施投资情况 ·················· 182

二、主要发达国家城镇基础设施的投融资经验 ·················· 183

三、国外基础设施投融资经验对我国的启示 ·················· 205

附录篇 APPENDIX

中国投资政策信息（2014 年） ·················· 211

形势篇 SITUATION

第　一　章

2014 年投资形势分析及 2015 年展望

内容摘要： 2014 年度固定资产投资增速明显放缓；房地产、制造业和服务业投资增速降幅较大，基础设施投资增速保持较高水平；2014 年制造业和房地产业投资增长对总投资增长的贡献显著下降，成为总投资增速下滑的主要原因；地区投资增速均有所下降，中部和西部地区降幅较大；2015 年固定资产投资下行压力依然较大，估计 2015 年固定资产投资增速在 11% 左右。

一、2014 年固定资产投资增速明显放缓

2014 年固定资产投资（不含农户）增长 15.7%，处于 2002 年以来的最低水平，实际增速比 2008 年金融危机爆发时的水平还要低。2014 年投资增速比 2013 年下降了 3.9 个百分点（见图 1 - 1），增速放缓明显。从变动趋势来看，2014 年上半年固定资产投资累计增速缓慢下降，7 ~ 9 月加速下行。

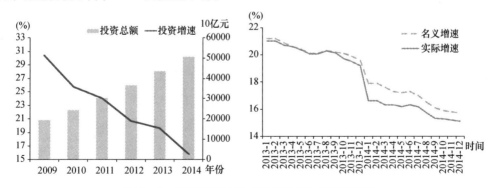

图 1 - 1　固定资产投资（不含农户）增速的变动

数据来源：CEIC 数据库。

二、房地产、制造业和其他服务业投资增速降幅显著

从主要行业来看，2014 年主要行业固定资产投资增速都出现放缓，其中房地产业、其他服务业和制造业投资增速降幅显著（见图 1－2）。2014 年全年房地产业、制造业、基础设施①和其他服务业投资累计增速分别为 11.1%、13.5%、19.9% 和 20.6%，分别比上年下降 9.2 个、5 个、2.9 个和 4.3 个百分点。从变动趋势来看，2014 年年初以来，房地产业、其他服务业和制造业投资增速总体上延续了 2013 年以来的下行走势，与 2012 年相比，降幅明显加大；2014 年基础设施投资增速结束了 2012 年以来上行态势，但仍保持较高水平。1～5 月基础设施投资增速逐月上升，6～12 月增速逐渐下降。

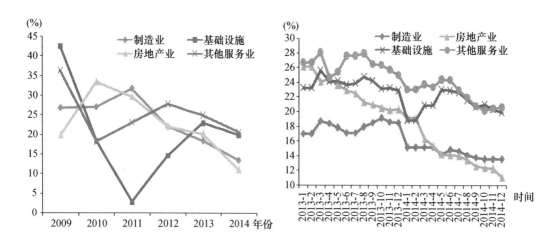

图 1－2　主要行业固定资产投资增速变动

数据来源：CEIC 数据库。

基础设施中，水利、环境保护和公共设施管理业投资占比大、增速高。2014 年投资增速达到了 23.6%，比 2013 年下降 3.3 个百分点（见图 1－3）。水利、环境保护和公共设施管理业投资额占基础设施投资总额的比重从 2010 年的 34% 上升到 2014 年的41%，超过了交通运输业（见图 1－4）。2014 年交通运输业投资增长了 18.6%，比2013 年下降了 1.4 个百分点。投资额占基础设施投资总额的比重为 38%。2014 年电力

---

① 本书的基础设施包括电力、热力、燃气及水的生产和供应业，交通运输、仓储和邮政业，水利、环境和公共设施管理业三大行业。

投资增速为17.1%，比上年下降1.3个百分点。

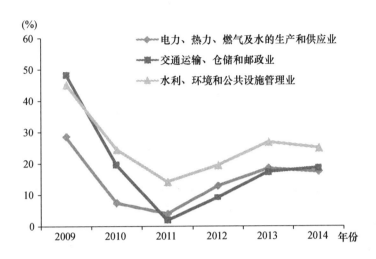

图1-3　2009年以来基础设施投资增速变动

数据来源：CEIC数据库。

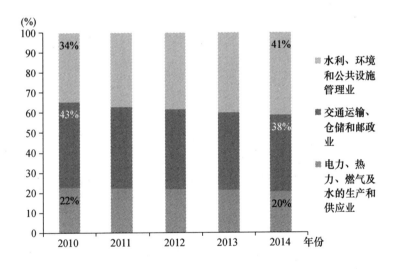

图1-4　主要基础设施投资比重的变动

数据来源：根据CEIC数据库有关数据计算。

　　其他服务业中，投资增速降幅较大的行业是金融业、住宿餐饮业、批发和零售业、文化体育娱乐业和居民服务业（见图1-5），其中金融业投资增速降幅最大，2014年投资增速为10.5%，比上年下降了近24.8个百分点。住宿和餐饮业投资增速降幅也较显著，2014年增速仅为4.2%，比上年下降了13.3个百分点。服务业中，投资增速上升较明显的行业主要有信息传输软件和信息技术服务业、租赁和商务服务业、科学研究和技术服务业、卫生和公共管理业（见图1-6）。其中公共管理业、信息传输、科学研究和技术服务业投资增速上升幅度较大，2014年投资增速分别为13.6%、38.6%和34.7%，分别比2013年上升15.9个、19.1个和7.5个百分点。

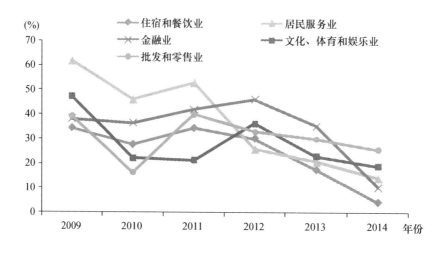

图1-5 主要服务业投资增速的变动

数据来源：CEIC数据库。

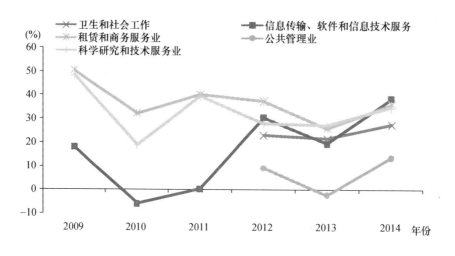

图1-6 主要服务业投资增速的变动

数据来源：CEIC数据库。

2014年其他服务业投资增速下滑的主要原因是，占服务业投资份额较高的批发零售业、住宿餐饮业、租赁和商务服务业投资增速的显著回落。住宿餐饮业投资增速的下降与三公消费的减少有关。从中央倡导节俭运动以来，三公消费锐减，导致住宿和餐饮需求下降，企业投资意愿下降。批发零售业和租赁商务服务业投资增速放缓的主要原因是受市场需求不振影响，企业投资意愿下降。

制造业中，与2013年相比，投资增速降幅较大的行业主要有烟草制品业，酒、饮料和精制茶制造业，皮革、皮毛、羽毛及其制品和制鞋业，造纸和纸制品业、医药制造业、化学纤维制造业、有色金属冶炼和压延加工业、计算机、通信和其他电子设备制造业（见图1-7），其中烟草制品业，化学纤维制造业，皮革、皮毛、羽毛及其制品和制鞋业及酒、饮料和精制茶制造业降幅最大，2014年分别比上年下降了32.6个、18.7个、14.7个和13.5个百分点；黑色金属冶炼和压延加工业投资已连续3年萎缩，2014年萎缩了5.9%，幅度有所加大；印刷和记录媒介复制业、其他制造业、食品制造业和电气机械和器材制造业投资增速上升较显著（见图1-8）。2014年制造业内部投资结构继续向消费品部门倾斜，投资品部门投资增速相对较低，投资比重有所下降；消费品部门投资增速相对较高，投资比重上升。消费品部门投资比重从2010年的40%上升到2014年的43%，投资品部门投资比重从2010年的60%下降到2014年57%（见图1-9）。

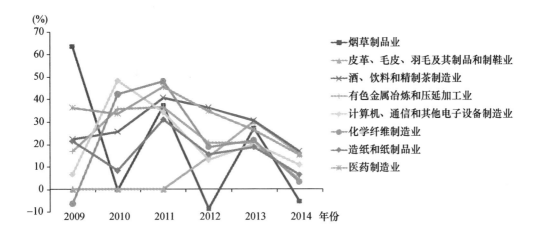

图1-7 制造业中投资增速降幅较大的行业

数据来源：CEIC数据库。

与2013年相比，2014年制造业和房地产业投资增长明显放缓，对总投资增长的贡献显著下降，成为总投资增速下滑的主要原因。2014年制造业和房地产业投资增加分别拉动总投资增长了4.7个和2.9个百分点，分别比2013年下降1.4个和2.3个百分点（见图1-10）。

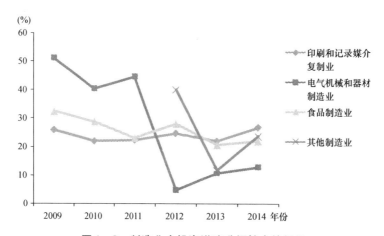

图1-8 制造业中投资增速升幅较大的行业

数据来源：CEIC 数据库。

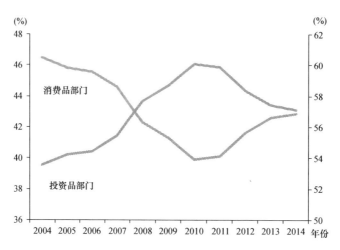

图1-9 制造业投资结构的变动

数据来源：根据 CEIC 数据库有关数据计算。

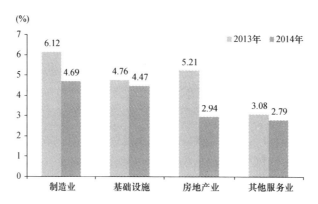

图1-10 主要行业投资增长对总投资增长贡献的变动

数据来源：根据 CEIC 数据库相关指标计算。

三、三大地区投资增速均有所下降，中部和西部地区降幅较大

2014 年东、中、西部地区投资增速均有所下降，其中，中部和西部地区降幅较大。2014 年全年东、中、西部地区投资增速分别为 14.6%、17.2% 和 17.5%，比上年分别下降 3.3 个、6.0 个和 5.7 个百分点（见图 1－11）。东部地区中，辽宁、海南和北京投资增速降幅较大，2014 年这 3 个省（市）投资增速分别比上年下降了 16.6 个、14 个和 7.8 个百分点；天津投资增速略有上升，也是全国唯一投资增速上升的地区。中部地区中，黑龙江和山西投资增速降幅显著，2014 年两省投资增速分别比 2013 年下降了 23.7 个百分点和 13.7 个百分点。西部地区中，云南、宁夏、甘肃、西藏和陕西降幅显著，2014 年 5 个省（区）投资增速分别比上年下降了 12.3 个、7 个、6 个、8.5 个和 8.1 个百分点。

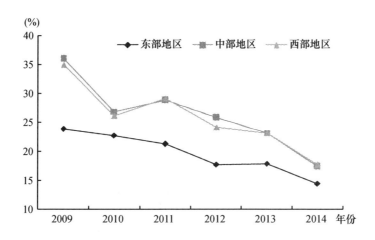

图 1－11　三大地区固定资产投资增速变动

数据来源：CEIC 数据库。

四、2015 年固定资产投资增长 11% 左右

2014 年投资增长出现了超预期的放缓，主要原因是受房地产市场低迷影响，房地产业和制造业投资增速降幅较大。基础设施投资的较快增长在一定程度上对总投资的增长起到了支撑作用。2015 年投资增速的走势将主要取决于房地产业和基础设施投资的情况。

2005 年以来，制造业投资增速总体呈下降趋势。2014 年年初以来制造业投资的显著回落主要受市场需求不振的影响。尽管 2014 年各月制造业 PMI 在荣枯线之上，但仍处于低位，且 8～12 月逐渐下行。汇丰银行 12 月制造业 PMI 低于荣枯线，创 7 个月以来新低；2012 年 3 月以来，PPI 已连续 30 多个月持续下跌，市场需求不振，市场预期依然不乐观，企业投资意愿不强。2015 年宏观经济政策的基调是积极的财政政策和稳健的货币政策，即便宏观政策有所调整，但在制造业普遍存在产能过剩以及房地产市场低迷的情况下，2015 年制造业出现显著回升的可能性不大，估计 2015 年制造业投资增速还将继续下降（见图 1－12）。

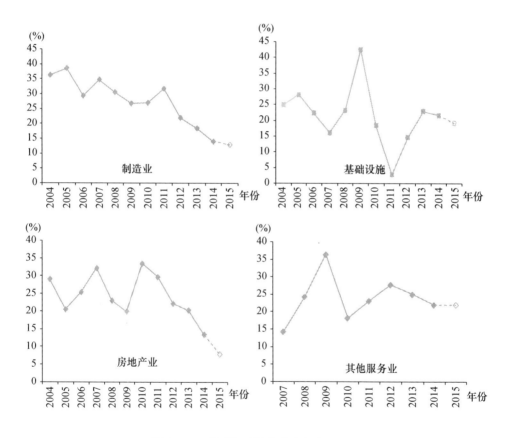

图 1－12　主要行业投资增速变动及预测

数据来源：CEIC 数据库，2015 年数据为预测数。

2014 年年初以来，在中央加大基础设施投资力度的作用下，基础设施投资保持了较快增长，但增速仍有所下降。考虑到目前基础设施投资增速和规模已经较高；受债务压力增大影响，地方政府融资能力下降。另外，有些地区建设储备不足（据调查反映，有些地区"十二五"时期规划项目已提前上马，有些已基本完成。"十三五"时期的项目尚处于规划中）。2015年基础设施项目大规模上马的可能性不大，基础设施投资加速上升的可能性不大。估计2015年基础设施投资增速略低于2014年水平。

从2014年的数据来看，其他服务业投资增速相对较高，但比2013年有所下降。影响其他服务业投资增速下降的重要因素，即商业活动市场需求增速下降，在近期发生转变的可能性不大。乐观估计2015年其他服务业投资增速将与2014年水平持平。

2014年房地产业投资增速持续下行，且降幅显著。同期房地产新开工面积和商品房销售面积都持续萎缩，尤其是新开工面积萎缩幅度较大。以往经验表明，房地产开发投资增速与新开工面积增速有较强的相关性，2014年以来新开工面积一直处于萎缩状态，房地产开发投资增速也呈下行态势。同期商品房销售也持续萎缩且幅度逐渐加大，房价下降的城市逐渐增多，市场预期不乐观。尽管绝大多数城市取消了限购，按揭利率略有下调，但商品房竣工面积比上年加速上升，目前商品房销售状况总体上未明显得到改善，多数二三线城市库存压力依然很大。2015年房地产市场仍将处于库存消化期，开发企业投资意愿显著好转的可能性不大。估计2015年房地产业投资增速会进一步下行。

综上分析，2015年固定资产投资增速将继续下行，估计全年在11%左右。

第 二 章

2014 年房地产市场形势分析
及 2015 年展望

内容摘要： 2014 年房地产市场呈现全面调整态势。房地产开发企业购置土地面积负增长，地价涨幅持续回落；房地产开发投资增速大幅回落至历史最低值；商品房施工面积增幅下降，新开工面积负增长；房屋交易量负增长，多数城市二手房成交量年底出现回升；70 个大中城市房价出现全面下降，年末一线城市二手住房价格出现环比上涨。综合考虑宏观经济环境及调控政策、房地产市场自身供求关系以及开发企业资金状况等影响因素，预计 2015 年房地产市场消化库存仍为主旋律，将继续维持调整态势；房地产开发投资增速继续下降至 10% 以下，房价水平稳中有降；经济结构调整及经济下行压力大、前期供应量大的地区房地产市场调整程度较高。

一、2014 年房地产市场运行状况

（一）房地产市场呈现全面调整态势，房地产市场景气持续低迷

2014 年全国房地产市场呈现全面调整态势。从国房景气指数来看，2014 年全年房地产市场景气持续低迷，年末景气指数加快下行至历史最低位 93.93（见图 2 - 1）。

分季度看：1 季度，房地产市场供应指标增速减缓，各地房屋新开工面积出现较大幅度下降；房屋交易量下降，一线城市降幅最大；企业资金压力较快上升；地价涨幅收窄，房价涨幅降至历史均值以下。2 季度，全国房地产市场进入下行阶段；一线城市房地产市场回落幅度最大；企业资金压力上升。3 季度，从全国层面看，房地产市场进入

图 2 - 1　2014 年房地产市场景气持续低迷

数据来源：国家统计局。

全面调整；从区域市场看，各类城市市场需求继续回落，一线城市房屋建设指标有所回升；房企资金压力接近历史低点。4 季度，房屋销售降幅收窄，房地产开发建设指标增幅继续较快回落，一线城市二手住房价格环比上涨。

（二）房地产开发企业购置土地面积负增长，地价涨幅持续回落

2014 年房地产开发企业购置土地面积负增长。全年房地产开发企业购置土地面积 33383 万平方米，同比减少 14%，增幅减少 22.8 个百分点。分月度看，10 月前企业购置土地面积降幅逐步收窄，11 月后降幅较快增加。受前期地价较快上涨的影响，2014 年房地产开发企业土地购置费保持增加，全年土地购置费为 1.75 亿元，同比增加 29.3%（见图 2 -2）。

图 2 - 2　房地产开发企业购置土地情况变化

数据来源：国家统计局。

分地区①看，2014 年，东中西各地区企业购置土地面积均为负增长，东部地区增幅下降幅度最高。其中，东部地区购置土地面积 1.5 亿平方米，同比减少 16.9%，增幅减少近 30 个百分点；中部地区购置土地面积 0.92 亿平方米，同比减少 16.4%，增幅减少近 20 个百分点；西部地区购置土地面积 0.91 亿平方米，同比减少 6.1%，增幅减少近 15 个百分点。

2014 年，一二三线城市②土地购置面积均为负增长，一线城市土地购置面积增长回落幅度最大。其中，一线城市购置土地面积同比减少 19.9%，增幅减少 114 个百分点；二线城市购置土地面积同比减少 18.5%，增幅减少 28.7 个百分点；三线城市购置土地面积同比减少 11.9%，增幅减少 17.4 个百分点。

2014 年地价涨幅回落，4 季度略有回升（见图 2 - 3）。全年主要监测城市综合地价环比涨幅为 5.06%，比 2013 年地价涨幅低 2.1 个百分点。分季度看，1 ~ 3 各季度全国主要监测城市综合地价环比涨幅逐季回落，4 季度涨幅略有回升，1 ~ 4 各季度地价涨幅分别为 1.89%、1.36%、0.78% 和 0.94%。从不同用地类型来看，商业、居住、工业土地价格分别累计环比上涨 3.9%、4.74%、5.9%，涨幅分别回落了 4.7 个、4.3 个和 1.4 个百分点，商服用地价格涨幅最小。

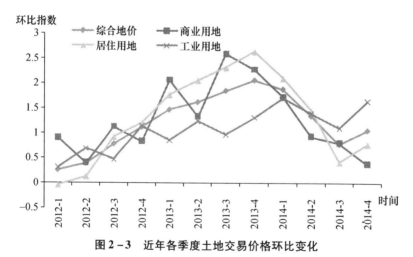

图 2 - 3　近年各季度土地交易价格环比变化

数据来源：国土资源部。

① 东部地区：北京、天津、河北、辽宁、上海、江苏、浙江、福建、山东、广东、海南；
中部地区：山西、吉林、黑龙江、安徽、江西、河南、湖北、湖南；
西部地区：内蒙古、广西、重庆、四川、贵州、云南、西藏、陕西、甘肃、青海、宁夏、新疆。
② 一线城市为北京、上海、深圳、广州；
二线城市为宁波、天津、南京、苏州、杭州、重庆、无锡、温州、济南、青岛、呼和浩特、沈阳、大连、厦门、武汉、长沙、成都、石家庄、太原、长春、哈尔滨、福州、郑州、南宁、昆明、西安；
其余城市为三四线城市。

（三）房地产开发投资增速大幅回落至历史最低值

2014 年房地产开发投资增速逐月持续回落。全年房地产开发完成投资 9.5 万亿元，同比增长 10.5%，增速回落 9.3 个百分点，比同期固定资产投资增速低 5.2 个百分点，为 1998 年以来的历史最低值。从月度数据看，房地产开发投资增幅年初最高为 19.3%，之后逐月持续下降（见图 2 - 4）。

图 2 - 4　近年房地产开发投资与城镇固定资产投资变化

数据来源：国家统计局。

从不同物业类型来看，商品住宅、办公楼、商业用房、其他用房投资增速均下降。其中，商品住宅完成投资 6.44 万亿元，同比增长 9.2%，增速下降 10.2 个百分点；办公楼开发投资 0.56 万亿元，同比增长 21.3%，增速下降 16.9 个百分点；商业营业用房开发投资 1.43 万亿元，同比增长 20.1%，增速下降 8.2 个百分点；其他物业开发投资 1.07 万亿元，同比增长 2.2%，增速下降 5.1 个百分点。

分地区看，东、中、西部地区房地产开发投资增幅快速回落为近年最低，其中中部地区房地产开发投资增速回落幅度最大。2014 年，东部、中部和西部各地区房地产开发投资额分别为 5.29 万亿元、2.07 万亿元、2.14 万亿元，分别同比增长 10.4%、8.5%、12.8%，增速分别下降 7.9 个、12.3 个和 9.8 个百分点。

2014 年，一二三四线城市房地产开发投资增速均为下降，其中三四线城市房地产投资增速下降幅度最大。2014 年，一二三四线城市房地产开发投资增速分别为 12.1%、11.2% 和 9.6%，分别下降 2.5 个、5.8 个和 13.3 个百分点。其中，一二线城市房地产开发投资增速均高于全国水平，而三四线城市房地产开发投资增速低于全国水平。

（四）商品房施工面积增幅下降，新开工面积负增长

2014 年，商品房施工面积 72.65 亿平方米，同比增长 9.2%，增幅减少 6.9 个百分点；新开工面积 17.96 亿平方米，同比负增长 10.7%，增幅减少 24.2 个百分点；竣工面积 10.75 亿平方米，同比增长 5.9%，增幅增加 3.9 个百分点。从逐月数据看，商品房新开工面积连续 12 个月负增长，且 4 季度降幅增加（见图 2 - 5）。

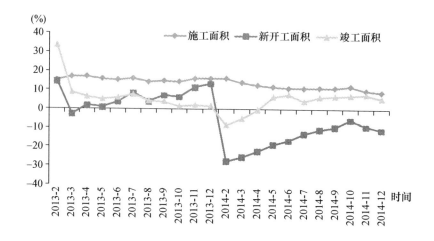

图 2 - 5　近年房地产开发房屋建设指标变化

数据来源：国家统计局。

从不同物业类型来看，商品住宅和商业用房新开工面积负增长，办公楼新开工面积小幅增加。2014 年，商品住宅新开工面积 12.5 亿平方米，同比减少 14.4%，增幅比去年同期减少 26 个百分点；办公楼新开工面积 0.74 亿平方米，同比增加 6.7%，增幅比 2013 年同期减少 8.3 个百分点；商业用房新开工面积 2.5 亿平方米，同比减少 3.3%，增幅减少 21 个百分点。

分地区看，东部、中部、西部地区商品房新开工面积负增长，降幅相当。2014 年，东中西地区商品房新开工面积分别同比减少 10.9%、11.7% 和 9.5%，增幅分别减少 23 个、26 个和 24 个百分点左右。

一二三四线城市商品房新开工面积均为负增长，二线城市降幅略低一些。2014 年一二三四线城市商品房新开工面积分别同比减少 12.5%、8.9% 和 11.4%，增幅分别减少 29 个、21 个和 25 个百分点左右。

（五）房屋交易量负增长，多数城市二手房成交量年底出现回升

2014年，商品房销售面积负增长。全年商品房销售面积12.06亿平方米，同比减少7.6%，增幅减少24.9个百分点。其中，现房销售面积2.89亿平方米，同比减少6.9%，增幅减少22.7个百分点；期房销售面积为9.18亿平方米，同比减少7.8%，增幅减少25.6个百分点。全年商品房销售额7.6万亿元，同比减少6.31%。逐月数据看，商品房销售面积降幅由年初的0.1%逐月波动增加为7.6%（见图2-6）。

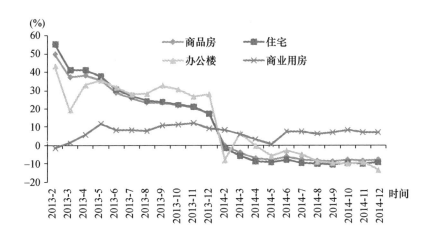

图2-6 近年商品房销售面积变化

数据来源：国家统计局。

从不同物业类型来看，商品住宅和办公楼销售面积负增长，商业用房销售面积小幅增加，办公楼销售面积回落幅度最大。2014年，商品住宅销售面积为10.5亿平方米，同比减少9.1%，增幅减少26.6个百分点；办公楼销售面积为0.25亿平方米，同比减少13.4%，增幅减少41.3个百分点；商业用房销售面积为0.91亿平方米，同比增加7.2%，增幅减少1.9个百分点。从月数据看，商品住宅和办公楼销售面积连续12个月负增长，年末办公楼销售面积降幅有所增加；商业用房销售面积下半年保持小幅增加。

分地区看，2014年，东中部地区商品房销售面积同比减少，西部地区商品房销售面积小幅增加，东部地区销售降幅最大。其中，东部、中部和西部地区商品房销售面积分别增加-13.7%、-3.9%、0.6%，增幅分别比去年减少33个、21个和14个百分点左右。

一二三四线城市商品房销售面积均为负增长，一线城市降幅最大。2014年，一二线和三四线城市商品房销售面积分别减少 14.6%、5.9%、7.8%，增幅分别比去年减少 30 个、19 个和 27 个百分点左右。一线城市商品房销售面积均为负增长。北京、上海、广州、深圳商品房销售面积分别同比减少 23.6%、12.5%、9.4% 和 9.5%。

2014 年，各城市二手房成交量均低于上年，多数城市二手房成交量年底出现回升。2014 年，北京、深圳、广州、天津、宁波、苏州、郑州、南昌、成都、南宁、大连 11 个城市二手房成交量分别比上年减少 34.4%、30.2%、32.8%、22.0%、35.8%、8.6%、16.2%、22.0%、18.4%、11.3%、27.1%。以北京、深圳、广州为代表的一线城市减幅较高，超过 30%。从交易量的月份变化来看，在限购政策放松和降息政策作用下，多数城市 12 月二手房成交量出现较为明显的回升，同比增幅在 20% 左右，部分城市增幅超过 40%。其中，宁波、成都、南宁等城市二手房成交量自 8 月以来均表现为同比增加。

（六）70 大中城市房价出现全面下降，年末一线城市二手住房价格出现环比上涨

2014 年，70 大中城市住房价格①涨幅快速回落，5~12 月连续 8 个月环比下降，9~12 个月连续 4 个月同比下降。全年新建住房价格同比上涨 2.8%，环比跌幅为 3.9%；二手住宅价格同比上涨 1%，环比下降 3.8%。2014 年 1~12 月，除郑州和厦门外，70 大中城市中 68 个城市新建住房价格环比累计下降，杭州新建住房价格环比降幅最大。新建住宅价格环比累计降幅最大的 10 个城市分别是杭州（-10.1%）、沈阳（-7.7%）、韶关（-7.5%）、桂林（-7.2%）、长沙（-6.6%）、泸州（-6.5%）、大连（-6.3%）、青岛（-6.3%）、丹东（-6.1%）、锦州（-5.9%）；价格降幅最小的 10 个城市分别是厦门（2.2%）、郑州（0.3%）、深圳（-1.3%）、合肥（-1.8%）、南京（-2.0%）、岳阳（-2.18%）、西宁（-2.3%）、贵阳（-2.6%）、北京（-2.7%）、牡丹江（-2.9%）。二手住房价格环比累计上涨的城市有 3 个，分别为郑州、厦门和深圳，其余 67 个城市二手住房价格环比累计下降。

从价格的月度环比变化来看，5 月后房价下行速度加快，房价调整范围和调整幅度均为历史最高。新建住房价格 5~12 月持续下降，8 月降幅最大达到 1.1%，之后降幅有所收窄，12 月环比降幅为 0.4%。二手住房价格月度走势与新建住宅价格变化相同，9 月为环比月度最大跌幅 1%，12 月环比降幅为 0.2%。从房价调整幅度看（见图 2-7），2014 年 9 月新建住房和二手住房价格环比下降幅度达到 1% 左右，远大于 2008~2009 年和 2011~2012 年两次市场调整中房价的最大月跌幅 0.3% 左右。从房价下降城

---

① 以 70 大中城市中位数房价涨幅代表 70 城市房价的平均涨幅。

市数来看（见图 2-8），5 月房价下降城市数量增加了 27 个，6 月房价下降城市数量又增加了 20 个，8 月以后 70 大中城市房价下降的城市数量均在 60 个以上。而在 2008~2009 年和 2011~2012 年的两次房地产市场调整期中，房价下降城市数量由不足 10 个增加至 30 个以上的时间分别为 10 个月和 9 个月，70 大中城市新建商品住房价格环比下降的最多城市数量分别为 50 个和 52 个。显然，2014 年的房地产市场调整中，房价下降城市数量的增加速度明显快于历史调整期，房价调整范围也最广。

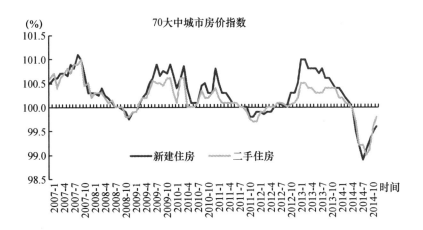

图 2-7　70 大中城市新建住房与二手住房价格环比变化

数据来源：国家统计局。

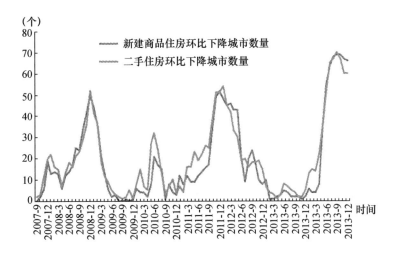

图 2-8　70 大中城市住房价格环比下降城市数量

数据来源：国家统计局。

在限贷放松和降息政策作用下，年末一线城市二手住房价格连续 3 个月环比上升。9 月 30 日，央行发布《中国银行业监督管理委员会关于进一步做好住房金融服务工作的通知》，明确要加大对保障性安居工程建设的金融支持、积极支持居民家庭合理的住房贷款需求、增强金融机构个人住房贷款投放能力、继续支持房地产开发企业的合理融资需求等，限贷政策正式退出。10 月 21 日央行宣布 28 个月以来的首次降息。在货币环境逐步宽松后，一线城市率先出现市场回暖，10 月后住房价格跌幅迅速收窄并在年末出现环比上涨。其中，深圳市 12 月新建住宅价格环比上涨 1.69%，北京、上海、广州 12 月新建住房价格环比仍为下降，但降幅收窄。一线城市二手住房价格 10 月后表现突出，4 个城市连续 3 个月呈现二手住房价格环比上涨。

二、2015 年房地产市场形势展望

影响 2015 年房地产市场走势的因素主要包括宏观经济环境及调控政策，房地产市场自身供求关系以及开发企业资金状况等。综合考虑上述因素的影响，预计 2015 年房地产市场消化库存仍为主旋律，将继续维持调整态势。预计房地产开发投资增速继续下降至 10% 以下，房价水平稳中有降。经济结构调整及经济下行压力大、前期供应量大的地区房地产市场调整程度较高。

（一）宏观经济面临下行压力

我国经济增长正在经历由高速向中高速换挡的过程，2014 年 1~4 季度 GDP 增速分别为 7.4%、7.5%、7.3%、7.3%，全年 GDP 增长 7.4%，比上年低 0.3 个百分点。受周期性因素与结构性因素叠加的影响，预计 2015 年经济增长仍处于减速周期中，政府工作报告中将经济增长目标定为 7% 左右。经济增长的下行加大了房地产市场复苏的难度。

但货币政策环境将好于上年。中央经济工作会议定调 2015 年"坚持宏观政策要稳、微观政策要活、社会政策要托底的总体思路，保持宏观政策连续性和稳定性，继续实施积极的财政政策和稳健的货币政策。积极的财政政策要有力度，货币政策要更加注重松紧适度"。总体来看，2015 年货币政策环境好于 2014 年。

（二）受人口结构影响中长期住房需求增长将大大减缓

根据国家统计局的抽样调查数据分析，25~45 岁群体是购买住房的主要群体。1995~2015 年我国 25~44 岁人口数量不断增加，构成我国房地产发展的 20 年"人口

结构红利"时期。从中长期看，这种房地产发展的"人口结构红利"将不再持续。2016～2030 年我国 25～44 岁群体人口数量将持续下降，其中，2016～2020 年减少大约 1800 万人，2021～2025 年减少大约 2200 万人，2026～2030 年减少大约 3000 万人（见图 2-9）。初步估算，"十三五"时期我国城镇住房需求将保持年均大约 11 亿平方米的规模，增幅将大大减缓。

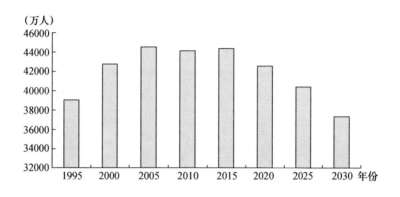

图 2-9 25～44 岁人口数量

数据来源：国家统计局。

（三）当前房地产市场依然高库存

以商品房待售面积/商品房竣工面积、商品房施工面积/商品房销售面积两个指标反映的房地产市场存货水平，自 2011 年以来持续上升且 2014 年上升速度加快，房地产市场的存货压力目前处于历史高位，远高于 2008 年金融危机影响时期（见图 2-10）。

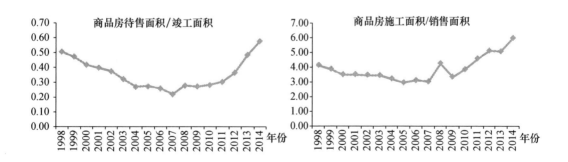

图 2-10 房地产市场库存水平继续上升

数据来源：国家统计局。

以北京、上海、广州、深圳、苏州、福州、泉州、惠州、南充、九江为代表的一线、二线和三四线城市，2014 年商品住宅可售面积均出现较大幅度增加，除北京外，其余城市可售面积均高于之前年份（2010～2013 年）的历史峰值。此外，上述城市以"年初商品住宅可售面积/过去两年商品住宅平均销售面积"衡量的 2015 年去库存时间均高于 2014 年。这表明 2015 年住房市场将仍处于去库存消化过程中。

（四）房地产企业资金压力接近历史高位

2014 年受房地产企业资金压力快速上升。房地产开发资金来源/房地产开发投资为1.67，本年房地产开发资金来源/房地产开发投资为1.27，均接近 2008 年的历史低位（见图 2－11）。

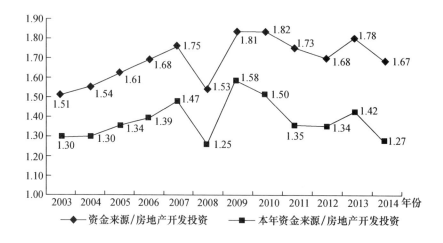

图 2－11　近年房地产开发企业资金来源情况

数据来源：国家统计局。

此外，2012 年第四季度开始券商基金资管业务"井喷式"发展，2012 年和 2013年资管业务规模分别增加了570%和175%，初步估计投向房地产的基金资管超过 3 万亿元。加上房地产信托发行规模，2013 年信托、基金占当年房地产开发资金来源的比例达到23%左右，规模大约3.5 万亿元。按照 2～3 年的投资回收期计算，2015 年房地产企业将面临信托基金的偿还高峰，将进一步加大企业的资金压力。

（五）房地产调控政策致力于保持市场平稳健康发展

2014 年 12 月 19 日召开的全国城乡建设工作会议指出，2015 年要保持房地产市场平稳健康发展。准确把握房地产市场运行中出现的新情况、新问题，积极应对，促进房地产市场平稳运行。要创新住房保障工作方法，既要按需新建公租房，又要注意通过市场筹集房源，实现"补砖头"和"补人头"并举，这将有助于消化市场存货。此外，国务院常务会议将住房消费列为我国未来重点推进的六大消费领域之一，住房潜在需求的释放有助于防止市场出现大幅波动。

专题篇 SPECIAL TOPIC

第 一 章

深化我国城镇基础设施投融资改革的思路、重点和措施

内容摘要： 我国城镇基础设施总体上仍处于短缺状态，市、县和建制镇的投资和发展水平差距较大，投资过度依赖土地收益，风险管理总体滞后。究其根源，不同层级政府间事权和支出责任不适应，投资决策缺乏足够的透明度，公众参与不足，政府监管不到位，市场不完善，制度不健全是主要原因。在新的发展阶段，深化城镇基础设施投融资改革，必须兼顾经济效率与社会公平，充分考虑产品特性、区域差异，理顺政府支持与市场决定关系，积极推进工具创新与融资平台治理，加强社会资本参与城镇基础设施建设的精细管理，科学防控投融资风险，加大改革力度与机制创新，逐步构建能适应不同城镇规模和发展水平，政府与市场互为补充、相互制约的多元化多层次的投融资体系。

城镇基础设施是指城镇生存和发展所必须具备的工程性基础设施和社会性基础设施的总称，具有高度的地域依附性和时空波动性，项目涉及的利益主体多，融资关系复杂。这里主要研究工程性基础设施，重点是城镇市政公用设施。

一、城镇基础设施的产品特性与投融资模式选择

（一）产品特性

从生产、消费以及组织供给来看，城镇基础设施具有如下特性：

市场的区域性。城镇基础设施服务不能跨地区贸易，所需服务只能由当地生产主体

提供，需求受城镇规模和发展潜力制约，影响因素一般包括当地人口规模与结构、经济发展水平与结构、自然气候环境与文化传统以及消费习惯等。

生产的垄断性。城镇基础设施的资产专属性和沉没资本高，转产难度大，网络化配给和规模经济效应导致的自然垄断特征明显，弱化了一些领域，尤其是配给环节的竞争性。

供给的联合性。在规划建设之初，城镇基础设施服务的消费群体就相对确定，而且服务群体的规模和范围、服务方式和产品价格在一定程度上会相互影响，需要消费者联合行动、共同确定，以确保行业运行的更加经济有效。

消费的不可替代性。在构成我们使用它们的各类产品成本中，城镇基础设施服务占比很小，但又不可或缺，一旦服务失败所造成的损失远大于供给成本，具有"社会不可替代性"，对供给的可靠性要求较高。

建设环境的差异性。资源环境不同，城镇基础设施的建设成本和运营成本不同；经济发展水平和政府财力不同，人们对服务价格承受能力不同；城镇规模、市场效益不同，投融资模式也不同。

政府作用的不可或缺性。城镇基础设施建设涉及范围广，需要协调的事项多，需要政府科学规划，合理确定其在城镇的空间布局和建设规模。同时，自然垄断特性决定了其服务的价格和质量水平必须接受相关政府部门的监管。

（二）投融资主体选择

城镇基础设施的产品特性决定了政府介入有其客观必然性，但是介入不等于政府直接生产。在传统的城镇基础设施服务供给过程中，政府集生产、组织安排和管理于一身，忽略了生产、融资、分配和监管内在的可分离性，也使部分管理者混淆了公共生产与公共供给的界限，将政府供给等同于政府直接生产。事实上，公共供给只是一种集体行动方式，政府只是服务的组织者、安排者。不同的产品特性、制度环境，适宜的供给方式不同，相应的投融资主体也不同（见表1-1）。一般而言，公共生产会导致官僚成本，私人生产会增加交易成本。城镇基础设施引进社会资本属于公共产品私人生产，需综合权衡其利弊对效率和公平的影响。

表1-1　城镇基础设施产品特征、供给方式及融资主体选择

产品特征	主要影响	政府介入目的	供给方式	融资主体
自然垄断、沉没成本	难以实现竞争性供给	避免竞争不足导致的无效	1. 政府直接供给 2. 管制下的私人供给	1. 公共部门 2. 私人主体

续表

产品特征	主要影响	政府介入目的	供给方式	融资主体
消费的战略重要性	风险分担激励不足	提高供给的可靠性	1. 政府股权控制 2. 政府直接供给	公共部门 + 私人主体
消费的普遍性	经济目标和社会目标差异	提高消费获得的可靠性，体现政府控制力	1. 政府股权控制 2. 规则干预	1. 公共部门 2. 私人主体
公共物品	市场机制不能供给	确保有效的集体行动	1. 志愿供应 2. 政府供应	公共部门
外部性	市场机制不能有效供给	消除外部性影响	1. 私人供给 + 公共补助 2. 政府供应	私人主体 + 公共部门
服务的不可分割性和广泛性	均衡布局，普遍供给	确定服务群体的规模和范围	多方协调，统筹供给	确定融资承担者范围
经营的网络特征和建设环境的复杂性	建设和经营环境复杂	组织协调，创造良好的建设和经营环境	不直接影响方式选择	对融资不产生直接影响

(三) 融资方式选择

效率准则要求根据主体的受益程度来确定相关费用的分担，谁受益，谁就应该付费。城镇基础设施的受益主体是多元的，既有直接受益者，也有间接受益者，相应的要求付费也应是多样的，即"使用者付费"（这里指使用者直接付费）、"集体付费"（实际上是使用者间接付费，使用者与付费者不对等）或介于二者之间的"混合付费"。不同的付费方式，决定了项目融资的参与者、融资工具、效率和风险控制。"集体付费"会激励一些不合理的消费，导致过度需求；同时强制性集体融资，也会导致一定的扭曲和效率损失。"使用者付费"在一定程度上会导致分配低效率，且服务价格涉及投资者、债权人和消费者各方利益，平衡协调难度大。需综合权衡利弊来选取适宜模式：在现阶段，收费能完全抵补成本项目的可实行"使用者付费"的市场化融资；收费不能完全抵补成本，达不到市场融资的要求，可采用市场融资与财政支持相结合的混合融资；集体付费或不直接收费的产品采用财政融资（见表1-2）。

表1-2　城镇基础设施相关行业的资金来源与融资方式

行业	产品类型	资金来源	融资方式
供水	可收费物品	使用者付费	市场融资

续表

行业	产品类型	资金来源	融资方式
燃气	可收费物品	使用者付费	市场融资
集中供热	可收费物品	使用者付费	市场融资
公共交通	公共物品	集体付费	财政融资
道路桥梁	可收费物品、公共物品	混合付费	混合融资
排水	公共物品	集体付费	财政融资
防洪	公共物品	集体付费	财政融资
园林绿化	可收费物品、公共物品	混合付费	混合融资
市容环境卫生	公共物品、可收费物品	集体付费、使用者付费	混合融资

（四）生产供给与投融资模式

特定的经济制度和社会价值取向，不同产品特性和行业管理制度的城镇基础设施，形成了不同的产品生产供给方式和投融资模式（见图1-1）：

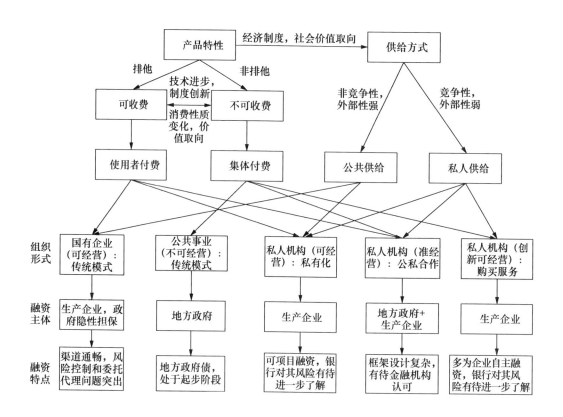

图1-1　城镇基础设施投融资模式及特点

（1）国有企业的市场化融资模式。主要特点是产品或服务可收费，资产和生产资料公共占有，生产主体为按市场化经营的国有企业，主要应用在城镇供水等收费可弥补成本领域，可利用的市场化融资工具较多。

（2）国有事业的财政融资模式。主要特点是产品或服务不能直接向使用者收费，或收费不能弥补成本，资产和生产资料公共占有，生产主体按财政事业单位管理。主要应用在城市免费道路、生态环境治理等不能收费或收费不能弥补成本的领域，市场化融资受到严格限制，资金来源主要为财政性资金。

（3）私人特许经营融资模式。主要特点是产品或服务可收费，私人机构通过获取特许经营权来提供服务，生产主体为按市场化经营的私有或股份企业。主要应用在社会资本参与的、收费可弥补成本的经营性项目，如城市供水工程、收费道路等，可利用的市场化融资工具较多。

（4）公私合作融资模式。主要特点是产品或服务可收费，但收费不能完全弥补成本，需政府补贴才能吸引社会投资者，生产主体为按市场化经营的私有或股份企业。主要应用在社会资本参与的、收费不能完全弥补成本的准经营性项目，如城市污水处理等，一般通过复杂的合约设计进行市场化融资。

（5）公共服务购买模式。主要特点是产品或服务不可收费，供给安排采用集体融资，但生产由私人部门提供，主要应用在城市园林绿化等不可收费的非经营性城镇基础设施，一般可通过信用结构设计进行市场化融资。

在模式选择时，凡能通过市场有效解决的，政府绝不干预；凡需政府发挥作用的，绝不能推给市场。国有企业和公共事业模式在传承历史的同时，继续完善内部治理、推动竞争；特性经营、公私合作模式，需完善法规，细化管理；公共服务购买处于探索阶段，应大胆鼓励适宜地方先试先行。

二、我国城镇基础设施投融资的现状、存在问题及成因

（一）我国城镇基础设施投融资现状

1981～2013 年，我国城市市政设施投资从 19.5 亿元增加到 16349.8 亿元，年均增长 22.9%，分别高于同期全社会投资和 GDP 现价增长率 2.3 个和 7.4 个百分点；各行业供给能力增速均快于城镇人口增长速度（年均 2.9%）和城镇建成区面积增长速度（年均 5.6%）。城镇基础设施建设多依赖于政府财政资金和银行贷款，2012 年，财政资金和银行贷款占其总投资的比重分别为 31.5% 和 29.8%，比全社会投资平均水平高

26.8 个和 17.2 个百分点。在财政性资金来源中,城市建设维护税、城镇公用事业附加费占比在不断下降,从 1986 年的 44.3%,下降到 2012 年的 13.8%;市政公用设施配套费、市政公用设施有偿使用费、土地出让转让金等其他收入占比在不断增加,从 1986 年的 26.9%,上升到 2012 年的 54.2%。

(二) 城镇基础设施投融资存在的主要问题

1. 城镇基础设施总体上仍处于短缺状态、质量水平不高

2012 年我国城市道路面积与城市面积之比为 3.32%,县城的道路面积与城镇面积之比为 2.05%,均不足 10%,远远低于发达国家 15%~30% 的水平。大城市地铁、轻轨等大容量轨道交通发展严重滞后。城市老城区部分设施陈旧,路网结构不合理,道路破损较严重,污水排放及处理等设施建设缺口较大。

2. 城市、县城和建制镇基础设施投资和发展水平差距巨大

2006~2013 年城市、县城和建制镇基础设施单位面积平均投资强度分别为 2326.4 万元/km²、1096.2 万元/km² 和 371.9 万元/km²,城市是县城的 2.12 倍,县城是建制镇的 2.94 倍。城市、县城和建制镇的人均投资强度分别为 2573.3 元/人、1264.8 元/人和 903.0 元/人,城市是县城的 2.1 倍,县城是建制镇的 1.4 倍。投入差距带来了设施水平的发展差异,2013 年,城市用水普及率、燃气普及率分别达到 97.6% 和 94.3%,建制镇只有 81.7% 和 19.5%;城市人均公园绿地面积 12.6 平方米,是建制镇的 5.25 倍。

3. 金融、中介咨询等市场发展不完善

目前,我国与城镇基础设施资金特性相匹配的金融产品较少,期限较长的资金供给不足,部分金融工具的市场化程度低。信用评级和担保等金融中介组织发展滞后,市场对风险价值不够重视。投资咨询市场发展不完全,一些标准性、规范性文件修订不及时,与实际情况有较大差距。建设市场的行政保护色彩浓,吸引社会资本参与城镇基础设施建设的市场发展不充分。

4. 城镇基础设施投资过度依赖土地收益

在城镇基础设施建设投入的财政性资金中,土地出让转让收入所占比重越来越高,从 2002 年的 9% 上升到 2012 年的 46.2%。虽然土地收入可以减缓地方政府的债务负担,但是土地出让是一次性收入,资源有限、市场波动性大,持续发展难以保障。

5. 风险管理难以满足实际要求

长期以来,我国城镇建设领域一直存在"重建设,轻管理"的问题,对风险管理

更是欠缺。项目决策阶段，风险评价的数据分析、评价方法和工具不完善，很难在不同主体间达成一致的风险分担预期。项目融资阶段，对各种融资工具风险控制的激励不足，风险分担缺乏权威的理论指引和政策规范，分散性风险控制往往无法达到预期效果。项目经营阶段缺乏有效的合同风险管理措施和争端解决机制。

（三）问题的成因分析

1. 历史欠账与现阶段城镇化快速推进叠加，阶段性供给能力相对不足

改革开放之前，我们城市发展的理念基本是"先生产、后生活"，不注重城市的综合服务功能，留了很多欠账。现阶段，城镇化快速推进，对城镇基础设施产生新的巨大需求，加上产业园区、开发区等因功能定位导致的服务设施结构性投资不足，多方因素叠加，致使阶段性供给相对不足。

2. 政府职能转变慢，监管不到位

在市场化改革进程中，我国已改变了政府集组织、生产、供给和监管于一体的模式，但在服务价格和质量水平等重点环节的监管不到位，难以平衡生产者和消费者之间的利益关系，大大影响了社会资本参与城市基础设施建设的市场化进程。虽初步形成了城镇基础设施多元化的投入格局，但建设主要依靠政府的局面没有改变，结果是政府不得依靠所控的土地资源和举债来发展。

3. 政府间事权和支出责任不对等，下级政府缺乏必要决策权

各级政府间，事权向基层政府下移，财权过度向上级政府集中，投资过度向本级政府所在地倾斜，上级政府对下级政府财政支持责任不清。加之地方政府缺乏必要的投资决策权，导致行政级别越低的城镇，基础设施水平越差。

4. 投资决策缺乏足够的透明度，公众参与不足

城镇基础设施投资与公众的利益紧密相关，普通民众应具有知情权和决策参与权。但是，在绝大多数城镇建设过程中，基本上都是行政官员决策，项目决策的透明化和公众参与程度不高，公众的真实需求得不到有效响应，有限的建设资金过多地使用到政府"形象工程"上。

5. 制度不健全，政策可操作性差

我国相关规章制度不少，但规章制度的规范性、约束性不强，尤其是政府部门对自身约束不严，致使政策落难实，可操作性差。行业和金融风险意识不足，风险管理制度建设滞后。地方政府债处于转轨阶段，相关政策不完善。

三、城镇基础设施发展的趋势特点与投资需求分析

（一）我国城镇化发展的新趋势、新要求

在经历了 20 多年的快速发展后，我国原来主要依靠劳动力廉价供给、土地等资源粗放消耗的建设型、数量扩张型的城镇发展模式难以持续，质量提升成为今后发展的重点与关键。在新的城镇发展阶段，《国家新型城镇化规划（2014～2020 年）》提出，紧紧围绕全面提高城镇化质量，加快转变城镇化发展方式，以人的城镇化为核心，走以人为本、四化同步、优化布局、生态文明、文化传承的中国特色新型城镇化道路。客观要求转变城镇基础设施投资、建设与管理思路。

一是通过改革不断弱化城市行政级别，将公共资源和公共权力均衡用于不同规模的城镇发展，要考虑和照顾中小城市（镇）的发展需要。二是大中小城市（镇）之间，在基础设施建设、公共服务体系构建、产业布局等方面，应进行统一规划，科学建设。大城市要将基础设施和公共服务不断向周边中小城市（镇）延伸，形成"以大带小"格局。中小城市（镇）要积极与大城市实现对接，在区域空间上与大城市形成梯级功能结构，为人口迁徙和产业转移创造条件。三是城镇基础设施在保障水、电、气、路、热等传统民生设施质量提升的同时，要注重安全、生态、环境和现代化服务设施建设。四是推进投融资和管理模式创新。

（二）未来投资的重点领域和资金需求预测

1. 投资重点领域

2015～2020 年，城市、县城和建制镇的投资重点有所不同，县城和建制镇以弥补历史欠账，改善民生为主；中小城市以完善城镇基本功能，保障城镇安全等重点领域为主；大城市与特大城市以加快城市基础设施转型升级，全面提升城市基础设施质量水平为主。

具体到各领域：一是加强城市道路交通基础设施建设；二是加大城市管网建设和改造力度；三是加大城市水、电、气、热等民生设施建设力度；四是以污水、垃圾处理为中心，建设现代化的环保环卫系统；五是建设优美舒适和谐的城市生态环境系统；六是建设安全可靠的城市防灾减灾系统；七是建设现代化的信息网络系统。

2. 资金需求预测

结合上述投资重点，预计 2014～2020 年城镇投资共计为 222090.3 亿元，其中城

市、县城和建制镇分别为 169490.7 亿元、37456.5 亿元和 15143.1 亿元（见表 1-3）。

表 1-3　2014～2020 年我国城镇基础设施投资估计

单位：亿元

行业与领域		行业合计	供水	燃气	集中供热	公共交通	道路桥梁	排水	防洪	园林绿化	市容环境卫生	其他
城市	2014～2015	39906.7	1096.2	878.9	1183.0	5828.6	20063.4	2065.1	670.1	4709.1	1240.5	2171.7
	2016～2020	129584.0	3089.9	2619.1	3606.7	19865.9	64445.0	6236.0	2082.1	16230.7	4497.8	6911.0
县城	2014～2015	8538.8	335.9	351.6	467.9	130.6	4184.8	662.1	177.3	1354.9	559.3	314.4
	2016～2020	28917.7	979.5	1243.3	1595.2	421.2	14256.6	2453.2	705.2	4672.9	2052.2	537.8
建制镇	2014～2015	3467.5	372.8	121.7	115.6	98.9	1433.7	448.0	184.9	333.2	212.1	146.7
	2016～2020	11675.6	1340.3	486.4	453.0	375.5	4869.9	1466.0	707.6	1036.7	650.5	289.7
城镇合计	2014～2015	51913.0	1804.9	1352.2	1766.6	6058.1	25681.9	3175.2	1032.3	6397.2	2011.9	2632.7
	2016～2020	170177.3	5409.7	4348.8	5654.9	20662.7	83571.4	10155.1	3495.5	21940.4	7200.4	7738.4

从各行业来看，2014～2020 年，供水、燃气、集中供热、公共交通、道路桥梁、排水、防洪、园林绿化、市容环境卫生和其他的投资分别为 7214.63 亿元、5700.95 亿元、7421.45 亿元、26720.84 亿元、109253.28 亿元、13330.30 亿元、4527.81 亿元、28337.57 亿元、9212.36 亿元和 10371.17 亿元。总体而言，道路桥梁、公共交通和园林绿化的投资占比较高（见图 1-2）。

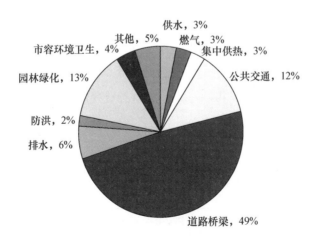

图 1-2　2014～2020 年城镇基础设施各行业投资占比

2014～2020 年，城镇基础设施投资平均增速为 7.89%，其中县城增速最快为

8.85%，建制镇次之为 8.68%，城市增速最低为 7.6%。城市、县城和建制镇因发展水平不同，行业增速呈现出一定的差异性（见图 1-3），城市的市容环境卫生、园林绿化和公共交通的增速较快，县城的防洪、排水和燃气增速较快，建制镇的供水、燃气和集中供热增速较快。基础设施投资的重点基本呈现出一个从建制镇的生产生活必需型，到县城的防灾减灾型，再到城市的改善生态环境和公共交通发展型的梯度变化特征。

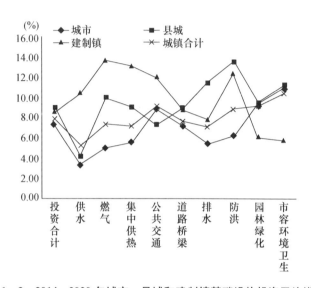

图 1-3　2014～2020 年城市、县城和建制镇基础设施投资平均增速

3. 资金来源分析

城市、县城和建制镇的资金来源结构不同。建制镇的中央财政拨款占比最高，县城次之，城市最低，2014～2020 年中央财政拨款平均增速建制镇也最快。城市的国内贷款占比最高，其次是县城和建制镇；因渠道结构调整，2014～2020 年县城的年平均贷款增速最快，其次是建制镇和城市。总体而言，县城和建制镇的财政性资金占比较高，城市的市场性资金占比较高（见表 1-4）。

表 1-4　2014～2020 年城镇基础设施投资资金来源

单位：%

	资金渠道	中央财政拨款	地方财政拨款	国内贷款	债券	利用外资	自筹资金	其他资金
城市	占各渠道来源比	1.11	33.97	30.19	3.34	1.37	25.88	4.15
	2014～2020 年平均增速	5.68	7.73	7.96	22.57	16.07	7.69	-8.19

续表

资金渠道		中央财政拨款	地方财政拨款	国内贷款	债券	利用外资	自筹资金	其他资金
县城	占各渠道来源比	5.68	54.27	9.72	1.38	1.44	22.05	5.46
	2014～2020 年平均增速	9.82	9.05	8.74	28.35	12.77	8.36	3.27
建制镇	占各渠道来源比	6.00	54.40	9.66	1.44	1.31	22.12	5.08
	2014～2020 年平均增速	10.52	8.92	8.46	28.25	11.22	8.24	1.50
城镇合计	占各渠道来源比	2.21	38.79	25.33	2.88	1.38	24.98	4.43
	2014～2020 年平均增速	8.34	8.15	8.02	23.18	15.15	7.82	-5.02

从各渠道来看，地方财政拨款、贷款和自筹仍是城镇基础设施建设最主要的资金来源，三者合计占到 89.1%。从增速来看，债券增速最快，其次是利用外资和中央财政拨款，究其原因，一是占比较低，二是发展政策环境变化。

四、我国城镇基础投融资的发展思路与战略重点

面对城镇基础设施发展的新特点新要求，我们必须转变发展思路，创新发展模式，突出发展重点。

（一）转变思路，创新发展理念

城镇基础设施投融资发展的总体思路是：处理好政府和市场关系，继续推进市场化改革，兼顾经济效率与社会公平，加强精细管理与改革创新，努力构建能适应不同城镇规模和发展水平，不同产品特点和区域特性，政府与市场互为补充，多元化、多层次、可持续的投融资体系。

理顺政府支持与市场决定关系。城镇基础产品特征是多样性的，政府和市场在其中所起的作用是不能互相替代的，在遵循市场资源配置决定性作用的同时，必须更好地发挥政府作用。必须通过科学的方法，把握好二者"结合"和"分工"的度，既避免政府的不必要支持与干预，也要杜绝过分市场化导致的价格失序、社会不公和服务水平下降，推动整个市场协同发展。

兼顾经济效率与社会公平。城镇基础设施投融资涉及公共资源配置，公共服务价格监管，在进行改革时，不仅要扩大竞争和追求效率，而且要兼顾公平，保护弱势群体，

切实使效率提高带来的成果能最大限度地实现社会共享，切实保证市场以效率为先，政府支持以公平为重。

重视产品特性与区域差异。产品特性决定了城镇基础设施可选的管理模式、可用的收费机制和可能的投资主体。经济发展水平、市场发育程度、社会资本实力等区域差异，直接影响项目的市场表现。在项目融资设计时，必须同时考虑产品特性与区域差异的关系，必须把二者有机地结合起来，综合考虑它们对投融资的影响。

适应发展水平与城镇规模。居民收入水平、政府财力和城市规模不同，对基础设施服务的需求不同，可选择的城镇基础设施服务供给方式也不同。必须把握好不同发展水平和不同城镇规模对供给方式和融资模式的影响，需要以政府支持为主的，绝不能以市场化为名而推卸责任。

加强精细管理与改革创新。目前，我国虽基本确立了市场化的城镇基础投融资体系，但制度政策过于笼统，实际可操作性差，还需在推进改革创新的同时，加强细化管理措施，明确管理方法、标准，落实责任主体，一面享受改革红利，另一面享有精细管理带来的效益。

（二）推进城镇基础设施投融资发展的战略重点

新的发展阶段，城镇基础设施投融资，一是要解决历史问题，化解和控制地方债务风险；二是要推进创新，满足新的不断增加的投融资需求；三是要加强改革，不断推进多元化、可持续的制度体系建设。

1. 完善地方债发行管理制度建设，加强风险防控

《新预算法》颁布实施之前，地方政府通过中央代发和地方自行发行的地方债券，以及其他变相的缺乏透明的方式融资，截至 2013 年 6 月底，负有偿还责任的债务108859.2 亿元，负有担保责任的债务 26655.8 亿元，可能承担一定救助责任的债务43393.7 亿元。《国务院关于加强地方政府性债务管理的意见》（国发〔2014〕43 号，以下简称《地方债务管理意见》）在明确存量债务处理的同时，也提出地方政府债券这一新的融资方式，但中央政府如何控制地方发债规模、省级以下政府如何通过省级政府发债、各级政府之间的债务风险控制责任如何划分等管理机制还不健全，主要靠行政管理的局面还没有改变；政府信用评级、信息公开等制度建设滞后，市场的风险约束作用不强，债务危机处理机制缺失，需进一步完善以加强风险防控。

2. 深化社会资本参与的全过程、全方位管理，提升其地位和作用

推进投资主体多元化，引进社会资本，是 21 世纪以来我国城镇基础设施投融资体制改革的重点，但由于操作层面制度的缺失，社会资本发展的实际情况与政策预期差距

较大。2014 年，《国务院关于创新重点领域投融资机制鼓励社会投资的指导意见》（国发〔2014〕60 号）进一步细化了引进社会资本的领域和合作机制，但对项目风险分担与管理政策仍不够明确，这不仅加大了社会资本参与城镇基础设施建设的交易成本，影响投资者的直接利润水平，还通过不确定的风险因素影响投资者的投资预期和投资意愿。财政部和发改委的近期发文，虽有所改观，但还需完善。

3. 结合政府存量债务处理，推进融资平台业务转型

融资平台在我国有其产生发展的客观环境，但在预算软约束的情况下，不仅自身没有强化内部管理的动力，而且也会导致与其有业务往来的市场主体放松应有的风险控制，致使整个业务链效率下降。《新预算法》和《地方债务管理意见》结束了融资平台为地方政府融资的功能，业务转型已是必然。但在这之前，作为一个地方政府相关命令和任务的"执行机构"，融资平台公司虽然名为具有独立法人，但多不具有投资决策权，在其发展过程中积累了大量非企业行为的政府性债务，业务转型与政府存量债务甄别处理交织在一起，涉及复杂的资产、债务和责任划分，既需时间也考验管理者智慧。

4. 推进金融创新，大力发展与城镇基础设施期限匹配的融资工具

城镇基础设施单个项目投资大、投资回收期长和现金流相对稳定，决定其最好利用期限较长，对现金流稳定性要求较高的工具。目前，虽然我国的融资工具很丰富，融资渠道也较多，但一些期限较长的融资工具，如保险债券投资计划、产业投资基金等不但所占市场比重较低，而且总体处于起步阶段，市场还很不成熟，需加大发展力度。

5. 深化改革创新，加强中小城市（镇）基础设施建设

中小城市（镇）产业发展基础差、政府财力弱；政府所控资源少，市场价值低，不易变现；产品市场规模不足，规模效益差，市场融资难；同时受财权向上级政府集中，投资向本级政府重点城市倾斜的长期影响，投资严重不足，与基本公共服务均等化要求的发展差距较大，必须通过改革和创新来解决。

五、规范融资平台治理与推进融资工具创新

推进我国城镇基础设施投融资市场的改革与发展，必须在遵循差异化的基础上，规范融资平台治理和鼓励融资工具创新。

（一）从发展的角度推进融资平台公司治理与转型

1. 融资平台的产生背景与发展方向

融资平台是政府创造的一种与社会资本合作，并按市场规则运行的融资工具的载

体，是我国政府投融资体制机制的创新，它与政府之间不涉及风险的转移和定价问题，便于政府部门管理。作为一个阶段性产物和过渡性工具，它的转型有两种形式：一是转化成为能够真正独立决策的市场化专业化的基础设施投融资公司；二是变成政府部门下属的投资促进管理部门，如公私合作（PPP）管理机构，失去市场化融资功能。

2. 规范融资平台续存阶段管理，有序推进公司业务转型

融资平台转型是需要时间和过程的，在过渡阶段仍需规范治理：一是按照国务院《地方债务管理意见》和《地方政府存量债务纳入预算管理清理甄别办法》（财预〔2014〕351号），对融资平台的债务进行梳理，属政府性的债务纳入预算管理，切实剥离平台公司所承担的政府性债务。二是明确转型方向，政府要坚持按经济规律和市场原则推进平台公司转型，市场化转型要考虑公司的投入与产出平衡，避免融资平台出现经营困难或信用危机；不具备市场化转型的一些资产业务，要按照资产市场属性进行拆分或合并，并推进事业化转型。三是推进市场化转型与建立现代企业制度相结合，完善公司治理结构，严禁平台公司转型过程中新增政府性债务，加强信息披露，明确公司转型过程中及转型后应当披露的信息范围、信息披露的频度，并建立对违规信息披露的惩罚机制。四是探索平台公司转型过程中及转型后与政府合作的新机制、新方式，按照引进社会资本的模式推进平台公司与政府合作，或作为政府实施机构与社会资本合作。五是完善公共性资产经营公司的破产机制，平台公司转型后仍涉及公共利益，很多资产难以清算，属于公共性资产经营公司，需建立专门的破产法规，建议出台《关于公共性资产经营公司破产重组管理办法》，明确公共性资产经营公司破产程序的启动、债务重组、相关方利益平衡等关键内容。

（二）大力发展专业化的城镇基础设施产业投资基金

专业化的城镇基础设施投资基金能够进入资金、技术、管理壁垒较高的基础设施领域，能为投资者创造稳定的回报。我国应借鉴国际专业化产业基金运作的成功经验，设立如城市轨道交通、城镇水务等更为专业的城镇基础设施投资基金。

1. 完善基金制度法规建设

目前，我国产业投资基金的试点工作已开展多年，但是由于种种原因，相关法规建设一直滞后。当务之急是根据试点经验，尽快出台国家层面的《产业投资基金管理暂行办法》，确保产业投资基金规范发展。

2. 加强专业化的基金管理机构和人才队伍建设

目前，制约基础设施产业投资基金发展的因素固然有体制上的问题，但更重要的是

专业性的问题。大多数基金管理公司对基础设施产业盈利模式和运营风险不够了解，缺乏专业的基础设施投融资经验，难以预期并保障投资收益。最现实做法就是借助专业咨询机构的人才队伍，推进基础设施产业投资基金的发展，或者由专业咨询机构参与共同设立基金管理公司，培育真正专注于基础设施投资的专业基金管理机构。

3. 完善基金退出机制

产业投资基金都有一定的存续期，完善的退出机制是产业基金发展的前提之一。一是通过将基金所投资的项目上市，实现基金的获利退出，以资本利得为投资者提供回报；二是争取实现基金自身上市，为基金的初始投资者提供流动性和带来可观的上市溢价收入。

（三）规范稳步发展地方政府债券

发债规则的不完善，监管不到位，不但会增加交易成本，影响市场的发展预期，严重的会影响宏观经济的稳定性。在新的政策环境下，省级政府由于缺乏实践经验，更需通过制度建设强化其债务管理水平。

1. 加强制度法规建设，推进地方债务管理市场化进程

目前，国家修订了《预算法》，出台了《地方债务管理意见》，但地方债市场依然依靠行政审批来规范和约束，市场在其中所起的约束作用有限，债券市场的风险与收益不对等，不利于提高地方债资金的使用效率。为此，可根据新修订的《预算法》，尽快出台《地方政府债务信息公开办法》、《地方政府信用评价管理办法》和《地方政府债务风险应急处置预案编写指南》，推进地方债务管理市场化进程。省级政府由于缺乏实践经验，更需通过制度建设强化管理，建议中央尽快出台《市县政府通过省级政府发行地方债指导意见》，以推进其规范发展。

2. 健全风险预警监管指标，强化地方债券发行的事前和过程监管

由于信息不对称和成本受益的不对等，地方政府总有积极发债而懒于风险管控的内在激励，强化地方债事前监管不但是各国实践的重点，也是完善相关制度框架的重要内容。我国新《预算法》要求国务院建立地方政府债务风险评估和预警机制、应急处置机制。一是强化债务资金用途管理。所融资金必须用于公益性建设项目，禁止非资本性支出。二是设置财政监管关键指标，控制债务规模，确保财政的可持续性。指标设计要突出对地方政府的偿债能力分析和债务可持续评价[①]，关键在于监测和进行早期干预，

---

① 具体为：债务（债息）与收入之比，控制标准以不超过60%为宜；偿债额度与总收入之比，以15%为宜；预算赤字与地方国内生产总值之比以3%为宜。

以防止地方政府从财务恶化走向无法偿还债务。

3. 提高财政和债务透明度，增强市场对地方政府借贷的约束作用

建立地方政府财政、债务公开制度，是对地方政府债务融资监管的必要手段。一是明确地方政府债务融资财务公开的标准和要求，可在"地方政府债务余额及综合财力统计表"①的基础上，按照权责发生制原则，进一步完善相关指标，增加地方政府关于公私合作方面的财务数据。二是明确财政公开的方式与媒介。三是积极推进信用评级，把信用评级和信息公开作为地方政府进入债券市场融资的前置条件。

4. 建立中长期政府融资规划，健全与债务规模相适应的财政调整机制

地方政府债务监管是一个在债务续存期内不间断的动态过程。为了确保地方债务负担处于可持续的轨道上，地方政府必须对债务可持续性进行评价，必须有一个相对明确的财政和融资规划，以根据资金平衡和风险控制要求，确定重大支出项目，以实现新《预算法》要求的跨期预算平衡。融资规划对不同情景的财政收支状况进行判断，提出相应的应对措施，明确预算支出的优先顺序、资金来源和财政调整策略，以便给投资者一个可靠的预期。融资规划要突出债务融资的可行性、风险控制，可由发展改革、财政、规划和国土部门共同制定，并经过本级人大批准实施。非规划内项目禁止使用政府债券融资。

5. 健全考核机制，完善中央政府对地方政府债务实施监督

地方政府有债务风险的信息优势和违约的内在激励，把地方政府作为风险控制的第一责任主体，有利于从总体上降低风险控制成本，降低风险违约水平。目前，仅靠中央政府通过对债券的发行规模来进行控制的方式，在各省市的债券余额累计到一定规模后就难以持续，相关的道德风险就会变成一个突出的问题，必须在规则和机制上加以完善。一是中央政府公布统一的对地方政府债务的管理目标、管理标准和具体考核要求；二是把债务风险管理纳入领导干部考核指标体系当中；三是把风险管理考核结果直接与进一步债务融资相挂钩。

（四）扩大保险债券投资计划的投资规模和范围

目前保险资金多通过间接的方式来投资基础设施项目，且对投资项目和资金使用的主体都有着极为严格的限制，一般只能适用于特大城市的重要城市基础设施。较高的安全性要求和风险控制标准，限制了其在城镇基础设施中的广泛应用，需根据实际情况进

---

① 《国家发展改革委办公厅关于进一步规范地方政府投融资平台公司发行债券行为有关问题的通知》（发改办财金〔2010〕2881号）。

行调整。

1. 扩大保险债券投资计划投资范围

原来的《保险产品指引》颁布时我国投融资投资政策环境已有较大变化，建议根据《国务院关于取消和下放一批行政审批项目等事项的决定》（国发〔2013〕19号）以及后续类似文件，修改其中第九条相关内容，把原保险资金债券投资计划的投资项目为获得国务院或者有关部委批准项目，放宽到国家批准规划实施的省级批准（含核准）项目。

2. 放宽偿债主体身份标准

《保险产品指引》在要求主体的一系列财务和偿债能力标准的同时，还包括身份标准，如"在中国境内、境外主板上市的公司或者上市公司的实际控制人，中央大型企业（集团）"。建议进一步严格偿债能力标准，放宽身份标准，如在目前不宜取消身份标准的情况下，可放宽身份标准的范围，如可增加"净资产超过100亿元，年收入超过300亿元的股份公司"。

（五）探索省级统筹市县的项目集合融资

小城市、县城和建制镇单独进行市场化融资难度较大，需进行融资创新。各地可成立省级基础设施行业投资公司，采取统贷统还的方式，统一各市（县）政府城镇基础设施的融资和建设，以解决各市县管理专业化水平低、市场融资难和政府市场信用低的不利局面。各市（县）政府，可根据当地基础设施建设筹资情况，自主确定、自愿参与，具体方案设计如下：

各市县城镇基础设施特许经营主体就需进行统一融资的基础设施工程与市（县）政府签订项目合作协议，获取规定期限内的特许经营权，年度收入应满足集合融资资本市场要求。市（县）政府以中央、省财政安排的有关专项资金、地方财政拨款、城市建设维护资金、城市土地出让收益、水资源费、相关基金当地政府留成部分、相关专项转移支付等资金作为履行项目合作协议的资金来源。

省级基础设施行业投资公司需与市（县）基础设施工程特许经营主体签订BT协议，约定由省级行业投资公司融资建设，特许经营主体分年度偿还建设资金。项目建成运行后，特许经营主体可自主经营基础设施获取经营收入，也可采用TOT向社会投资者出让特许经营权，经营收入或特许经营权出让收入优先用于偿还银行借款本息。

省级基础设施行业投资公司就市（县）申报的建设项目统一编制融资方案，统一向市场融资，定期汇总还款资金，偿还银行贷款。市（县）政府统筹安排项目行政审批、资本金及基础设施采购服务费及时到位。

银行及其他债务主体以运营主体特许经营协议、省级基础设施行业投资公司 BT 协议下享有的全部权益和收益质押，作为主信用结构。同时，对申请集合融资工程项目的市（县），由省财政部门对市（县）项目合作协议提供信用增级，即若市（县）财政未及时向指定的特许经营主体支付约定资金时，影响建设运营主体及时向省级基础设施行业投资公司划拨借款本息时，省财政部门将从市（县）财政的结算往来账户扣划相应资金直接垫付（见图 1－4）。

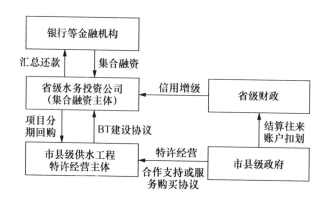

图 1－4　省级统筹市（县）供水工程项目集合融资示意图

六、加强社会资本参与城镇基础设施建设的精细管理

目前，我国关于社会资本参与城镇基础建设的制度框架已经确立，除了体制与能力等影响因素外，实践中的主要障碍在操作层面，关键是缺乏相关精细化的分类管理制度，致使交易成本太高，契约履行困难，多方难以达成一致预期。

（一）明确社会资本参与城镇基础设施的方式与领域

鼓励社会资本参与城镇基础设施建设必须完善相关制度，必须与政府部门的管理水平相适应，必须明确各模式在具体领域的适应性，切忌不切实际的盲目推进。社会资本的投资主体是多元的，不同主体的投资能力和管理水平差距较大，参与城镇基础设施偏好的领域和项目不同，客观要求不同的制度安排，甄选适宜的参与方式，明确政府和私人机构承担的责任，并实施相应的激励和风险分担机制（见表 1－5）。

表 1 – 5 社会资本不同参与方式的特点及适用领域比较

参与方式	参与阶段	融资所起作用	激励机制	风险分担	应用领域
融资租赁	建设期部分工程和设备的采购阶段	减缓财政支出压力，变部分财政集中支出项目为分期租金支出	投资的租金回报和资产残余价值回收	出租方承担技术风险和融资风险	大型项目的专业设备或部分专项工程
BT	建设阶段	1. 在资产不能变现情况下，改变政府资金支出的期限结构，缓解某一时间段的资金支付压力 2. 若资产能较快变现，政府通过 BT 融资，可得到项目的全部开发收益	利用 BT 项目公司的专业化管理，对建设项目的投资、质量和进度控制	BT 公司承担建设阶段的部分投资控制风险	一般用于无法直接向公众收费的非经营性项目或经营性项目的部分工程
PPP①	决策、建设和运营	缓解财政支出压力，提高政府资金使用效率	1. 技术管理激励 2. 建管一体的生命期成本控制激励 3. 风险分担激励	私人部门承担建设阶段的投资控制风险，技术风险和部分市场运营风险	收费不能完全弥补成本的可经营项目
BOT	建设、运营	减缓财政支出压力，在一定程度上增加消费者负担	1. 经营管理激励 2. 建管一体的生命期成本控制激励	特许经营机构承担建设风险，市场风险，技术风险	收费可以弥补成本的可经营项目
政府服务购买协议	建设、运营	变财政集中支出为分期支出，降低财政支付集中度	投资和运营管理的比较优势	建设风险，技术风险	产出标准易于界定，技术水平不复杂的非收费项目

（二）科学判断社会资本参与城镇基础设施建设的合理性

从理论上讲，只要制度框架设计合理，几乎所有的城镇基础设施服务都可以由私人部门提供。但一个项目引进社会资本是否有效，需要进行科学的比较和判断。具体可采用公共部门比较值的方法来确定，即把传统项目的成本或效益的现值与引进社会资本项目下的现值进行比较，若引进社会资本项目现值的成本小或效益大，则就可认为引进社会资本项目更能实现时间价值，即项目引进社会资本是有效率的。若涉及政府资金支持和服务购买的，还应分析政府财政负担的合理性和可持续性，并将其纳入政府中长期融

---

① 本书所称的公私合作项目是指公共部门和私人部门有资金合作的一种提供公共服务的实践模式，属于狭义的公私合作模式。

资规划当中。

（三）综合提升 BOT 在经营性项目中的应用水平

BOT 在我国最早以吸引外资为主，但很多 BOT 项目在合约履行中也遇到一定的问题，其中政府部门的管理能力、市场主体发育程度和法规的深化细化仍然是关键因素。

1. 提高政府对 BOT 项目的管理能力

BOT 项目涉及关系复杂，不但要求政府部门有关于市场预测和风险评估等方面的项目论证能力，还要有与社会资本合作的合约谈判能力、合约执行管理能力，以及产品服务的监管能力。如果政府部门管理水平跟不上，再好的项目在实施过程中也会产生偏差。加强政府管理能力建设，一是建立一种经验交流机制，通过对各行业典型的 BOT 成功案例的剖析，探讨各行业 BOT 项目的管理重点和关键点，推动政府部门管理水平的整体提高。二是根据 BOT 业务发展情况，加强管理队伍建设，至少要在各级投资管理部门的重大项目内，设专职人员来处理日常工作，接受专业培训，以提升专业化管理水平。

2. 加大对市场投资主体的培育

尽管 BOT 市场有了很大的发展，但社会资本的技术水平和管理能力仍显不足，尤其是缺乏把握项目风险的经验，在谈判过程中向政府要价太高，导致很多的项目是"谈而无果"。为此，一是搞好政策法规宣传，让更多的民间投资者了解 BOT 政策，了解 BOT 市场特征及其风险；二是搭建民间投资信息平台，发布权威可靠的社会资本和技术需求信息，推进社会资本和技术有机结合，整体提升社会资本的技术管理水平。

3. 完善细化政策法规

尽管我国有了一些关于 BOT 的法规，但总体以框架性的条文居多，实践中较难把握要领。一是建议有关部门结合相关法规，根据不同行业特点及其成功案例的运作经验，出台《城镇基础设施相关领域 BOT 项目投资指南》，以指导各方有序推进 BOT 项目的实施。二是根据实践中的问题，修改完善各行业通用特许经营协议的示范文本，对合同条款中的一些注意事项和重点环节进行相关解释，确实使合同文本起到通用和指导作用。

（四）强化公私合作模式（PPP）在准经营项目应用的全过程管理

有序实施公私合作项目，要科学选择适宜的推进项目，合理确定政府资金补助标准并进行科学合理的风险分担。

1. 完善公私合作项目可行性的分析方法与评价标准

公私合作项目，除了具有一般项目前期分析的必要性和可行性外，还必须论证选择公私合作模式的合理性、评估私人部门能力的可靠性、进行公私部门权责划分、风险分担以及复杂的合同谈判。公私合作项目中很多的风险已经转移到私人部门，风险条件与传统模式不同，在评估公共部门比较值分析和进行项目运作模式决策评价时，需要考虑转移的风险价值。建议国家发展改革委及相关部门尽快出台《公私合作项目评价方法与可行性报告编写指南》，明确项目评价内容、方法、判断标准以及统一风险条件的方法与参数。

2. 科学界定公共部门对项目的资金支持规模

在公私合作项目中，政府如何对项目进行支持需要科学分析。政府更关心资源配置效率和公共服务水平，若政府支持的资金不足，项目盈利能力弱，低于私人预期和银行风险控制要求，就会导致项目融资失败；若支持资金过多，则会影响有限公共资金的使用效率，降低本能提供的公共服务规模。在价格和市场预期既定的情况下，私人投资者则是关心自身的收益水平，希望政府补助越多越好。银行等金融机构，更关心项目债务性融资的本息偿还风险。政府、私人投资者和银行三个主体按照各自的资金使用目标或效率标准，运用自身的分析工具与方法，来决定在项目中的出资比例，在相互博弈中达到均衡稳定的项目融资结构，具体分析框架见图 1-5。当然，政府的资金支持与产品的最终服务价格有关，资金支持本质上是在平衡消费者和投资者利益，在一定程度上属于政府价值取向范畴（见图 1-5）。

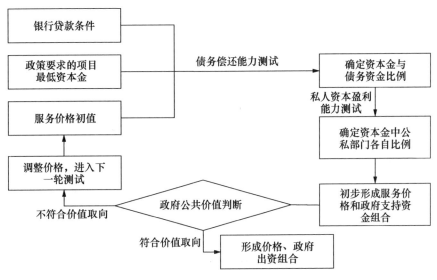

图 1-5　政府对公私合作项目资金支持的理论分析框架

3. 构建合理的风险分担框架

项目风险能否合理分担关系项目成败，而科学合理的风险分担分析方法，是各方增进共识，尽快达成风险分担协议的重要环节。公共部门是公共利益的代表，其风险控制和分担的出发点，首先是维护公共利益，其次是关注项目的资金使用效率，提高全社会的资源配置效率；风险分担参照标准，一是传统公共产品提供模式的成本和效率，二是社会资金的平均使用效率。私人部门仍以追求资金回报为主，在项目风险分担过程中的评估与控制核心是资金回报率和资金的投资安全，主要参照标准是相同风险条件下社会资金平均收益。对于银行等金融部门，由于面临对投资者有限追索和经营管理复杂性导致的项目抵押资产变现难等问题，更注重对项目未来现金流的风险分析，主要参考标准是类似行业的平均资金违约率。三类主体基于不同的目的和评价标准，建立各自的风险评价模型（见表 1-6），并根据评价结果，就项目面临的风险进行反复谈判，以实现项目风险成本最小，风险分担结果最满意。

表 1-6　公私合作项目风险分担的模型框架

主体	公共部门	私人部门	贷款银行
风险评估核心内容	资金最佳使用价值，公共利益	对投资回报的影响	贷款偿还风险
基本分析工具	项目经济费用效益评价	项目财务评价	项目贷款还本付息评价、财务现金流分析
风险分析方法	经济净现值、效益费用比和公共产品价格	财务净现值、效益费用比和公共产品价格	压力测试及其相关方法
风险评价标准	传统公共产品提供模式的成本与效率，社会资金平均使用效率	相同风险条件下社会资金平均收益水平	类似行业的资金平均违约率

4. 建立项目风险的动态管理机制

项目风险分担是一个在整个项目生命周期内不断进行的过程，在项目风险分担最集中的项目合作协议签署后，由于项目本身以及环境变化，还需不断地对风险因素进行识别、评估、分担和监控管理，有时还需对以前风险分担的结果进行调整，客观上需要建立风险动态调整机制。一是分析评估以前风险分担的合理性，并根据需要进行重新分配；二是分配以前没有预期到的新风险。风险动态调整必须本着合作、遵循行业惯例的精神，仍按照共同认可的分析框架进行调整和分担，进行项目全生命周期管理。

（五）积极尝试非经营性项目的政府购买服务

政府购买公共服务是指政府通过委托或招标，将公共部门原来直接提供的服务事项以契约的形式交给有资质的非政府机构来完成，并依据约定的服务结果支付相关费用的一种组织方式。政府购买服务是一个很宽泛的概念，这里仅指政府作为唯一的服务支付主体所采购的服务。

1. 把城镇基础设施公共服务纳入政府采购目录

相对其他方式而言，政府公共服务购买主要适用那些一次性投入不大，需不断更新投资和经常维护的，并难以直接向消费者收费的项目，如城镇园林绿化、城市水系环境治理、固体垃圾收集设施与服务等。目前，中央和省级的政府采购目录，都是根据《政府采购法》分为货物类、工程类和服务类，但目录中还是没有公共服务。建议在现有政府采购服务类一级目录下，增设公共服务二级目录，把城镇园林绿化、城市水系环境治理、固体垃圾收集设施与服务等适宜政府购买的项目纳入其中。

2. 科学确定服务购买价格

政府购买公共服务的价格一定要低于自己生产时的成本价格，否则就没有必要去购买。因此，确定和判断自身综合成本是购买前提，一般采用虚拟生产法，即估计服务假设由政府部门直接生产的相关成本，用资金时间价值理论确定。由于缺乏现实数据，相关成本估算还得由专业造价咨询机构，或者招标代理机构来承担。在综合成本确定后，把其作为政府采购的价格上限进行招标购买。在招标中，对于报价高于价格上线的视为废标，对于低于价格上限的进行综合评标，以确定合适的服务提供者。需要强调的是，购买价格受服务购买期限和项目资产设计经营期限而定，但都可通过时间价值理论来确定（详细见专题）。

3. 完善公共服务购买的组织与管理

一个公开、透明、规范的公共服务购买流程不仅能够提高购买的效率和质量，更重要的是它能规范政府购买公共服务行为，为监督主体提供一个明确的监督标准。为此，一是根据《政府采购法》、《招投标法》和《招标投标法实施条例》等法律，制定《政府公共服务采购管理办法》，明确政府购买服务的适用领域、标准、购买服务信息发布、购买流程、评标方法与程序、服务监督、资金支出等内容；二是健全组织机构，在现有的政府采购管理中心的基础上，增设公共服务购买管理部门；三是完善服务购买价的预算管理，增加公共服务购买财政支出预算科目，可先把原来相关行业的部分新增运营维护资金、固定资产建设资金以及其他可用的城镇建设资金作为初期采购资金；四是积极鼓励地方政府根据当地实际先试先行，开展地区试点和项目试点工作。

七、科学防控城镇基础设施投融资风险

任何风险都是相对一定主体而言的，本书所指风险是相对整个社会而言的。

（一）风险管理的新特点

1. 风险分担方式转变更需深入的风险评价与管理

传统的公共部门集组织、生产、融资、分配和监管于一体，公共部门是风险承担的唯一主体，不涉及风险分担、转移和风险定价相关问题。在城镇基础设施投融资中引入竞争机制，实现投资主体的多元化，对风险管理提出了新的要求，公共部门必须和私人部门就风险分担达成一致，而且为了实现总体风险成本最小目标，风险必须在各控制能力不同的主体之间进行合理分配，这需要在前期进行更深入的风险分析与评价。

2. 分散的、多样化的融资增加了风险统一控制的难度

目前，城镇基础设施不同的融资工具分别归口不同管理部门，各监管部门都致力于自身监管的融资工具的风险控制，忽略了融资主体其他工具可能带来的风险积聚和累计效应①，致使在运用各种工具分散融资的情况下，很难全面了解一个综合性融资主体的风险情况，需构建一个既分工负责，又整体协作配合的风险防控体系。

3. 不同的预期使风险控制更加复杂多变

不同的预期会导致不同的激励导向。地方政府是本级公共服务提供的责任主体，但在预期上级政府会对其债务最终负责或债务重组介入的情况下，地方政府会有更大的不顾自身财力的举债激励，金融贷款机构在政府"兜底"的预期下，也放松了应有的风险管理，使风险管理进一步复杂化，需加强预期管理。

（二）风险防范的主要措施

1. 明确项目风险评估和定价的方法、参数与标准，提升项目风险管理水平

在我国《建设项目经济评价方法与参数》（第三版）② 没有给出项目风险分析和评价所用参数和指标标准，也没有涉及针对建设项目风险转移的相关定价。建议在借鉴金融产品风险分析和定价的基础上，结合建设项目实际，尽快研究和出台《建设项目风险评估和定价指南》，明确建设项目风险评估的参数和标准、风险定价的方法、适用条件和具体参数指标。

2. 强化金融机构风险管理的主体地位，加大金融工具的风险管理力度

强化金融机构风险管理的主体地位，是风险管理的重要内容。银行要针对城镇基础设施投融资特点，加强对建设项目的评估和审查，综合判断抵押资产的真实价值和变现

---

① 目前，国家发改委与国家开发银行也在尝试性的搞一些"债贷结合"试点，但应用领域有限。
② 国家发改委、建设部：《建设项目经济评价方法与参数》，中国计划出版社 2006 年版。

能力，避免由于抵押不实或难以变现造成的偿付风险。各种票据、债券和股票，一定要按照发行要求，严格资金使用范围，规范信息披露，增强市场对发行主体的约束力。集合性信托产品，要强化资金托管机构、发起人的风险监管责任，提高对资金使用方的约束效果。

3. 完善项目风险防范体系，强化风险管理的协同效应

风险控制的核心目标就是让不同的风险由最有能力控制且成本最低的主体来承担，以实现风险总成本最小化。城镇基础设施建设涉及的项目公司及其投资主体、地方政府和中央政府，必须相互协作，强化风险管理的协同性，形成统一的风险防控体系。

项目公司及其投资主体按照设计的规模和标准向社会提供相应服务，主要承担和防控投资风险、市场风险、经营风险、财务风险。地方政府主要承担和防控公共服务安全供给风险、公共服务水平倒退风险、项目社会稳定影响风险、基层政府信誉风险、部分市场风险、不可抗力风险和地方政府债务风险。中央政府主要承担和防控经济安全风险、财政债务风险、金融风险和不可抗力风险，具体防控体系（见表1-7）。

表1-7　三级风险防范体系的风险控制比较

风险控制主体	所控制风险	主要防控责任	其他辅助防控责任	主要风险控制手段和工具
项目公司及其投资主体	完工风险、投资风险、技术质量风险、市场风险、经营风险、财务风险以及不可抗力风险	确保按照设计的规模和标准向社会提供相应的服务，实现投资者的成本回收、债务偿还和投资盈利	向项目所在地政府相关部门报告项目风险控制信息	风险内部控制、风险转移和风险自留
地方政府	公共服务安全供给风险、公共服务水平倒退风险、项目社会稳定风险、基层政府信誉风险、市场风险、不可抗力风险和政府债务风险	确保市场有效需求，实现有序有效供给，优化项目布局和建设条件，一般性不可抗力事件的救援和支持，不发生区域性债务风险	向上级政府相关部门报告项目风险控制信息	推进组织建设和人才培养，加强监管和风险预警，完善风险应急管理措施
中央政府	经济安全风险、财政债务风险、金融风险和不可抗力风险	保持宏观经济稳定，优化项目的政策和金融环境，重大不可抗力事件的救援和支持，不发生系统性债务风险	向社会公布行业或区域投融资风险相关内容	推进政策和制度建设，落实各级风险管理责任，加强监管和预警，完善风险应对措施

4. 落实风险信息管理主体，健全风险信息报告、公开和共享机制

为了降低信息不对称影响，克服"风险分头管理，难以达到整体控制目标"的弊

端，必须加强风险信息管理，强化信息交流，健全风险信息报告和公开制度。

（1）合理界定风险信息报告的项目范围与内容，凡按照权责发生能形成政府直接负债、间接债务和或有债务的项目，其相关机构至少每年通过行业主管部门向本级政府投资和财政部门报告相关内容，财政部门据此编制地方政府资产负债表。

（2）落实风险信息管理主体，投资主管部门会同行业管理部门，要完善投资项目的风险评价、统计管理工作；财政部门作为政府风险管理综合部门，要充分发挥政府中长期融资规划在风险控制中的作用，要按照统一的标准和要求，向上级政府反映相应的风险信息，发布本级政府资产负债表。

（3）在政府部门之间建立以财政部门为主，发改委、土地、金融、保险、证券、城建等参加的风险管理联席会议制度，定期或不定期对本级政府的债务信息、风险评价和应对措施进行交流，加强各部门风险监控和管理水平。

5. 建立地方政府债务违约风险分担机制，促进形成合理的风险损失预期

建立地方政府债务违约风险损失分担机制，能够规避道德风险，稳定损失预期。关键是明确在违约发生时，上级政府帮助下级政府进行财务调整和债务重组的介入条件、实施的具体程序和标准，妥善平衡保护债权人权利与确保地方公共服务有效提供的关系，确保公共服务在重组过程中仍能有效供给。

八、加大改革力度与机制创新

建立多层次的、政府与市场合理分工的城镇基础设施投融资体系是一个系统性工程，离不开相关配套改革和机制创新的支撑。

（一）加大相关领域改革力度

1. 打破垄断，促进城镇基础设施服务供给的市场竞争

促进城镇基础设施服务供给的市场竞争，必须打破垄断。一是横向拆分，人口在50万人以上城市的不同区域，可尝试由不同的主体来提供服务。二是纵向拆分，使具有自然垄断特性的网络性配给与其他竞争性生产业务分离，并把非自然垄断业务推向竞争性市场。三是为市场而竞争，特许经营项目要通过公开竞争的方式来选择经营主体。四是明确接入规制，垄断者在提供垄断性设施时，不得歧视性对待潜在进入者和自己部门的竞争。

2. 重视基层城镇基础设施建设，健全政府间建设成本分担机制

城镇供水、垃圾污水处理、排水防洪、防灾避险建设投资，是民生所系，是城市安全所需，但基层政府，尤其县级和本级政府非核心城镇财政困难更为突出。建议进一步

健全城镇基础设施建设成本分担机制，按照均衡性转移支付或资源枯竭型城市转移支付的方式，在中央和省级财政设立基础设施困难城镇转移支付科目，出台相应支持办法，明确对困难城镇的界定，资金支持标准、方式和管理程序。

3. 适应城镇化快速发展要求，积极推进政府跨区购买服务

随着城镇化水平的提高、城市规模的扩大，部分发达地区相邻城市（镇）之间的界限逐渐模糊。在这些地区可以打破公共服务必须由当地政府提供的传统做法，鼓励适宜地区先行先试，从规划和项目立项等方面着手推进政府跨区购买，以通过联合供给，提高服务供给的可靠性，共享规模效益。

（二）推进机制创新

1. 完善有广泛社会参与的需求决策约束机制

城镇基础设施决策是集体行动的重要内容之一，要重视真实需求对规划、投资和项目决策的约束作用。一是完善规划编制的公众参与机制，要充分发挥社区居民在规划编制中的参与作用，投资项目必须征求并落实属地社区居民代表的咨询意见。二是建立通畅的规划编制信息沟通渠道，使各方面的需求信息和项目环境条件信息都能进行充分的上下沟通。三是建立科学规范的规划编制程序，强化编制过程市场需求分析，坚决杜绝"规划跟着项目走"的不正常现象。四是建立规划落实考核制度，对不能执行的规划内容，相关部门要向社会通报其不能执行的原因。

2. 建立"静态"与"动态"相结合的价格形成和调整机制

城镇基础设施的服务价格一直是政府相关部门监管的重点，核心是平衡各方的利益。价格改革的方向应是充分发挥价格对产品或服务提供者的激励和约束作用。建立"静态"以参照当地的经营成本、管理水平、资金成本和居民收入水平为主，"动态"与物价总体变化水平、行业平均技术进步率、地区居民收入增长率和资本成本平均变化率相挂钩的，"静态"与"动态"相结合的价格形成和调整机制[①]。"静态"以平衡各方利益为主，权重以 70% ~80% 为宜；"动态"以建立激励相容的运行机制为主，权重

---

① 具体公式为：

$$Pt = s * (pd + pi + pg) + pb + h * [(pd * (1 + \Delta pda - \Delta pd) + pi * (1 + \Delta pia - \Delta pi) + pg * (1 + \Delta pga - \Delta pg)] + \Delta cpi * (pd + pi + pg + pb)$$

其中：S 为静态成本权重，pd、pi、pg 和 pb 分别为当地经营企业的单位直接生产成本、财务费用、经营管理费用和合理利润；

Δpd、Δpi 和 Δpg 分别为当地经营企业 t 时相对基期的直接生产成本、财务费用、经营管理费用的变化率；

h 为动态成本权重，为总体物价水平调整系数，Δpda、Δpia 和 Δpga 分别为行业 t 时相对基期的平均单位的直接生产成本、财务费用、经营管理费用的变化率。

以 20% ~ 30% 为宜。

3. 建立与服务部门利益挂钩的绩效评价和监管机制

竞争和自由选择是提高社会效率的重要手段。城镇基础设施服务难以建立直接的竞争性市场，必须通过建立与服务部门利益挂钩的绩效评价、监管和资金支付机制来弥补相关不足。一是成立由服务提供机构、用户代表、第三方专业机构和政府监管部门组成的绩效评估和质量监控小组，建立用户质量评价和服务满意度的信息反馈系统，对项目的目标实现程度、运营管理、资金使用、公共服务质量、公众满意度等绩效进行评价。二是政府监管部门依法对服务质量进行监管，根据评价结果按合约要求提出绩效整改意见。三是服务提供机构，要按照合同约定和行业标准要求，并根据政府部门的绩效整改意见，进行质量内部控制和提升绩效水平。四是资金支付部门，根据合同约定，严把资金支付关口，确保服务提供机构能真正提升绩效水平。

4. 构建政府必要"介入"的危机解决机制

政府是公共服务的最终提供者，不因其在生产环节引进私人主体而改变。当私人机构因某种原因依靠自身能力已不能很好地提供服务或出现危机时，为确保向公众持续提供合同规定的服务，政府有责任介入对危机的处理，并承担起公共服务的提供责任。政府应根据合同管理的风险评估情况，判断私营机构履约能力，制定相应的"介入"预案。当危机出现时，政府可以按照"介入"预案和合同约定来接管资产，终止合同，在找到替代服务机构之前，承担临时服务提供者，确保服务的持续性。

参考资料：

1. E. S. 萨瓦斯：《民营化与公私部门的伙伴关系》，中国人民大学出版社，2002 年。

2. 达霖·格里姆赛：莫文·K. 刘易斯：《公私合作伙伴关系：基础设施供给和项目融资的全球革命》，中国人民大学出版社，2008 年。

3. 欧亚 PPP 联络网：《欧亚基础设施建设公私合作（PPP）案例分析》，辽宁科学技术出版社，2010 年。

4. 蒂莫西·贝斯利：《守规则的代理人》，上海人民出版社，2009 年。

5. 刘珊珊：《地方政府债务融资及其风险管理：国际经验》，经济科学技术出版社，2011 年。

6. 詹姆斯·M. 布坎南：《公共物品的需求与供给》，上海人民出版社，2009 年。

7. 约瑟夫·E. 斯蒂格利茨：《社会主义向何处去——经济体制转型的理论与证据》，吉林人民出版社，2011 年。

8. 王喜军、王孟钧、陈辉华：《BOT 项目运作与管理实务》，中国建筑工业出版社，2008 年。

9. 周煊：《北京市城市基础设施建设吸引外资问题研究》，中国经济出版社，2010 年。

10. 王守清、柯永健：《特许经营项目融资（BOT、PFI 和 PPP)》，清华大学出版社，2008 年。

11. 张工等：《北京城市轨道交通投融资理论与实践创新》，清华大学出版社，北京交通大学出版社，2012 年。

12. 丁芸：《城市基础设施资金来源研究》，中国人民大学出版社，2007 年。

13. 毛腾飞：《中国城市基础设施建设投融资问题研究》，中国社会科学出版社，2007 年。

14. 约瑟夫·E. 斯蒂格利茨，《私有化——成功与失败》，中国人民大学出版社，2011 年。

15. 丁向阳：《基础设施市场化理论与实践》，经济科学出版社，2005 年。

16. 朴明根：《我国可持续发展中投融资模式创新与风险研究》，经济科学出版社，2009 年。

17. 柳学信：《中国基础设施产业市场化改革风险研究》，科学出版社，2009 年。

18. 王灏：《城市轨道交通投融资模式研究》，中国建筑工业出版社，2010 年。

19. 何佰洲、郑边江：《城市基础设施投融资制度演变与创新》，知识产权出版社，2006 年。

20. 周沅帆：《城投债——中国式市政债券》，中信出版社，2010 年。

21. 王宏新、唐建伟：《土地储备融资实务指南》，化学工业出版社，2011 年。

22. 张极井：《项目融资》，中信出版社，2003 年。

23. M. Fouzul Kabir Khan、Robert J. Parra：《大项目融资》，清华大学出版社，2005 年。

24. 金凤君：《基础设施与经济社会空间组织》，科学出版社，2012 年。

25. 约翰·维克斯、乔治·亚罗：《私有化的经济学分析》，重庆出版社，2006 年。

26. 张维迎：《博弈论与信息经济学》，上海人民出版社，2004 年。

27. 杨红云：《金融经济学》，武汉大学出版社，2000 年。

28. C. V. 布朗、P. M. 杰克逊：《公共部门经济学》，中国人民大学出版社，2000 年。

29. 约瑟夫·E. 斯蒂格利茨：《公共部门经济学》，中国人民大学出版社，2005 年。

第 二 章

城镇基础设施投融资模式选择

内容摘要：城镇基础设施是指城镇生存和发展所必须具备的工程性基础设施和社会性基础设施的总称。与一般的商品或服务相比，城镇基础设施服务的市场具有高度的地域依附和时空波动性，城镇基础设施服务生产具有自然垄断性、外部性和资产专属性，城镇基础设施服务的消费具有联合性、普遍性、战略重要性。城镇基础设不同的产品特性，决定了不同的行业管理模式和产品供给方式，在实践中形成多样的生产组织方式，并通过资本市场的制约和财政制度的影响，形成了各自独特的投融资模式。

一、城镇基础设施的内涵

基础设施源于军事用语，原指工程和军事设施的下部结构，20 世纪 40 年代由发展经济性引入经济领域，但其定义并不统一，而且不同国家、不同时期、不同视角，其内涵也不尽相同。在国际上，较为代表性的有：

（1）世界银行在其发表的《1994 年世界发展报告——为发展提供基础设施》[①] 把基础设施分为经济性基础设施和社会性基础设施两类，其中把经济基础设施定义为：永久性工程构筑、设备、设施和它们所提供的为居民所用和用于经济生产的服务，包括公用事业（电力、管道煤气、电信、供水、环境卫生设施和排污系统、固体废弃物的收集和处理系统），公共工程（大坝、灌渠和道路）以及其他交通部门（铁路、城市交通、海港、水运和机场）。社会基础设施，通常包括文教、医疗保健。

---

① 世界银行：《1994 世界发展报告——为发展提供基础设施》，中国财经出版社，1994 年。

（2）达霖·格里姆赛、莫文·K. 刘易斯[1]把基础设施分为四类：硬经济基础设施、软经济基础设施、硬社会基础设施和软社会基础设施。经济基础设施是向工商业界提供关键的中间业务，其主要功能是提高生产率，推动自主创新。"硬经济"设施包括道路、高速公路、桥梁、港口、铁路、机场、公共交通、电信以及电力和燃气的生产传输和配送。"软经济"基础设施包括职业培训、商业金融服务、研发促进和技术转让，以及鼓励出口的组织和实体间的生产合作。社会基础设施向居民提供基础服务，其主要作用是改善他们的生活量及福利，特别面向那些资源贫乏的人群。"硬社会"基础设施包括医院教育和培训大楼、水储存和处理设施、住房、排水管道、儿童保健机构、养老机构和监狱。"软社会"基础设施包括社会保障系统、各种社区服务以及环保机构。

（3）McGraw – Hill 图书公司出版的《经济百科全书》将基础设施定义为："基础设施是指那些对产出水平或生产效率有直接或间接的提高作用的经济项目，主要内容包括交通运输系统、发电设施、通信设施、金融设施、教育和卫生设施，以及一个组织有序的政府和政治体制。"与此相类似，Von Hirsh – hausen（2002）把基础设施定义为"经济代理机构可用的所有物质、制度和人文能力（personal capacities）的总和"，并划分为如下三类：一是物质基础是经济实物资本的一部分，成为其他直接生产性活动的投入；二是人文基础，包括对经济生产有帮助的人们的事业进取心、智力和其他技能；三是制度基础，包括塑造经济行为和决策制定过程的内部和外部规定。

在我国，1983 年，中共中央、国务院在《关于对北京市城市建设总体规划方案的批复》中首次提出"城市基础设施"一词。1985 年 7 月，原城乡建设环境保护部在北京召开的"城市基础设施学术讨论会"把城市基础设施定义为："城市基础设施是既为物质生产又为人民生活提供条件的公共设施，是城市赖以生存和发展的基础。"[2] 在《城市规划基本术语标准》GB/T50280—98（以下简称《规划术语》）的解释中，"城市基础设施"是指城市生存和发展所必须具备的工程性基础设施和社会性基础设施的总称。工程性基础设施一般指能源供应、给水排水、交通运输、邮电通信、环境保护、防灾安全等工程设施。社会性基础设施则包括文化教育、医疗卫生、科技体育等设施。《规划术语》对城市基础定义的突出的特点：一是没有"公共"二字，二是进行了领域细化。总体看，《规划术语》定义的城市基础设施较为宽泛，超出"硬经济"基础设施的范畴。

---

[1] 达霖·格里姆赛、莫文·K. 刘易斯：《公私合作伙伴关系：基础设施供给和项目融资的全球革命》，中国人民大学出版社，2008 年。

[2] 余池明、张海荣：《城市基础设施投融资》，中国计划出版社，2004 年。

在管理实践中，我国与城市基础设施相类似的概念还有"市政公用事业"和"市政基础设施"等。在原建设部《关于加强市政公用事业监管的意见》①（以下简称《监管意见》）中，对"市政公用事业"的定义是：为城镇居民生产生活提供必需的普遍服务的行业，主要包括城市供水排水和污水处理、供气、集中供热、城市道路和公共交通、环境卫生和垃圾处理以及园林绿化等。同时强调，市政公用事业是城市重要的基础设施，明确了其属于城市基础设施的范畴属性。与《规划术语》的定义相比，《监管意见》的变化：一是在地域范围上把城市扩展到城镇。二是在领域上仅限工程性基础设施，而且还不包括其中的有跨地区联合经营特征的能源和邮电通信。由此可见，《监管意见》中强调的城市基础设施有其相对的特殊性。

关于城镇基础设施，虽然目前没有统一的定义，但作为基础设施在城镇地区的延伸，同时参考城市基础设施的定义，我们认为：城镇基础设施是指城镇生存和发展所必须具备的工程性基础设施和社会性基础设施的总称，其涵盖的领域与城市基础定义相同。本书主要研究工程性基础设施，重点是城镇市政公用设施。

二、城镇基础设施的基本特征

与一般的商品或服务相比，城镇基础设施在市场、生产和消费等方面有其自身特性。

（一）城镇基础设施服务的市场特征——具有高度的地域依附和时空波动性

由于服务的不可移动性，作为城镇发展所必需的基础设施服务，必须由当地提供，且仅能服务当地市场，即基础设施服务市场是有限区域市场，地域分割和依附特性明显。

从市场需求的影响因素看，一般包括当地人口规模与结构、经济发展水平与产业结构、自然气候环境与文化传统以及消费习惯等。由于基础设施服务不能跨地区贸易，那么在这有限区域市场内，当地需求对市场的波动冲击就更为明显。此外，与一般竞争性产品相比，基础设施服务的供给组织方式对消费需求的影响较大，其中一个重要原因是基础设施服务价格受供给组织方式和服务范围的影响较大。

从服务的组织供给看，由于基础设施服务生产的自然垄断特性，服务提供者必须单独面对整个市场的波动，而不像竞争市场那样，众多的相互竞争者共同面对一个市场，

---

① 建城〔2005〕154 号。

单个的服务提供者可通过加强企业管理、提高服务水平、改变营销策略等方式来提高自身的竞争优势，保持、扩大市场份额，以减缓总体市场需求下降对自身的不利影响，减少市场波动对自身的影响。

从市场供需平衡看，由于基础设施的生命周期相对较长，市场受当地人口和经济发展水平的累计影响明显，其市场需求在时空上呈现一定的波动性，即项目服务的当地市场需求随着时间在不断变化。相反，城镇基础设施服务的供给能力，受城镇基础设施投资规模大、建设期长等自然特征的影响，变化频率相对需求则明显小得多，致使城镇基础设施服务的供需在更多的时间内呈现出的是匹配程度差或不匹配（见图2-1）。虽然通过分期建设可以缓解这种不匹配程度，但是分期不能太多，因为项目扩建期间必然会影响服务的提供水平，且一般分期建设会增加项目总成本，这就需要综合分析供需不匹配损失和分期建设损失的轻重程度，以确定合理的分期建设次数。当然，一个重要的环节就是要充分考虑城镇未来发展的需要，要对城镇发展对基础设施的要求有个超前判断，科学规划，然后再确定合理的供给方案。

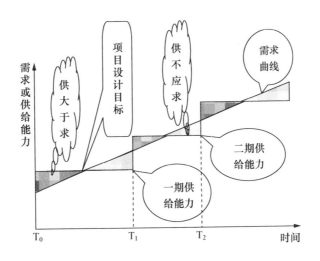

图2-1 城镇基础设施供需匹配的一般时空波动特征

（二）城镇基础设施服务生产特性——自然垄断性、外部性和资产专属性

相对其他领域，城镇基础设施的一次性投资大，资产的专属性和沉没资本高，固定成本在总成本中比例较高，不能转产或转产难度大，在一定程度上弱化了其经营过程中的竞争性。同时，供水、排水、供热、供气等城镇基础设施，具有明显的网络化配给特

征和规模经济效应，导致城镇基础设施服务的自然垄断特征。不过，这些自然垄断特征更多地体现在基础设施服务的配给领域，在消费和生产环节还是有明显的竞争性。

外部性在所有的经济活动中或多或少都存在，但是在基础设施领域中更为明显。很多城市基础设施领域的受益和成本并不是由交易的一方承担，而是由多方来分摊的，如轨道交通、城市水系治理和城市公园绿化等都会导致周围土地和物业的升值，其收益的外部性明显。

城镇基础设施服务的普遍性要求和不可贸易性，要求城镇基础设施必须根据需求在全城镇范围内进行相对均衡的布局，其网络特性更增加了政府协调机制不到位不能有效供给的可能性。

（三）城镇基础设施服务的消费特性——联合性、普遍性、战略重要性

城镇基础设施具有一定的公共物品特性，在城镇的一定区域范围，即便是那些不想购买此类服务的人，也不会被排除在希望购买此类服务人所创造的利益之外，如城市环境治理、城市免费公路等具有典型的非竞争性和非排他性的区域性公共产品特性。

与一般产品不同，在规划建设之初，城镇基础设施服务的消费群体就相对确定，而且服务群体的规模和范围、服务方式和产品价格在一定程度上会相互影响，理论上需要消费者联合行动、共同确定，以确保行业运行的更加经济有效。而且很多服务在不同消费者之间的差异相对不明显，消费者也缺乏足够的单独选择权，这样确保进行联合消费的有效性。

此外，城镇基础设施服务具有"战略上的重要性"或服务的"社会不可替代性"。城镇基础设施服务通常具有普遍服务性，在构成使用它们的各类产品成本中很小但又不可或缺的部分，一旦服务失败所造成的损失相对于供给成本来说是相当大的。而且城镇基础设施能从总体上能显著改善当地的生产和生活方式，同时在一定程度上影响当地的发展潜力，这增加了对政府承担最终提供责任的要求。

三、影响投融资模式选择的几个重点因素

项目投融资模式选择的背后利益关系和制约因素很复杂，是一项几乎涉及项目方方面面的抉择，其中最为重要的是以下几方面因素。

（一）产品特性、行业管理直接影响融资主体选择

城镇基础设施的产品特性决定了政府介入有其客观必然性。城镇基础设施的自然垄

断和显著的沉没成本表明竞争性供给不可能普遍实现，那么政府管制或直接供给是避免因缺乏竞争导致私人供给无效的主要手段。城镇基础设施服务对经济社会发展的战略重要性和普遍性意味着，政府要对产品的供给有一定的控制力，以便在特殊情况下能迅速行动和反映，从而在价值取向上，不愿依赖竞争力强但协调成本高的私营部门供给。一些城镇基础设施具有外部性和公共物品特征，市场机制不能有效提供相关产品，需集体行动来协调解决，关键是避免受益和承担费用不对等造成的低效。基础设施服务的不可分割性和服务规模的广泛性，需政府统一协调确定合理的供给规模和空间布局，确保供需有效衔接，避免结构失衡。基础设施的网络特征和建设环境的复杂性增加了在政府协调机制不到位时不能达到有效供给的可能性。基于上述原因，基础设施供给的政府介入是确保高效率实现的必不可少的因素。在实践中，很多国家的城镇基础设施是由公共部门拥有、管理、融资和提供。

城镇基础设施服务供给的政府介入或提供不等于政府直接生产。在传统的城镇基础设施服务供给过程中，政府介入更多的是表现为政府的直接生产，集生产、组织安排和管理于一身，忽略了其内在的生产、融资、分配和监管的可分离性特征，也使部分管理者混淆了公共生产与公共供给的界限。事实上，公共供给仅是一种组织方式，政府只是基础设施服务供给集体行动的组织者，产品服务的安排者，他决定基础设施用什么方式组织供给，为谁提供，谁来生产，服务的规模和水平如何，以及成本如何分担等内容，而公共生产只是其中的一种环节。在实践中，不同的城镇基础设施，其产品特性不同，适宜的提供方式也不同。

制度环境、政府政策目标和选择偏好决定城镇基础设施不同的组织供给方式。通常公共部门、私人部门、公私合作和志愿供应等都是可能的方式，但政府在选择基础设施的供给方式时，不仅仅是偏好，效率和公平也是制约选择的关键因素。当然，基础设施服务供给，涵盖了配置、生产、融资和分配等环节，这种生产、融资和分配的可分离性，也对政府职能产生不同的要求。

不同的政府介入方式、组织生产方式要求不同的投融资主体。城镇基础设施的产品特性，受益群体的不同禀赋偏好，社会的不同选择取向和政策目标，决定了不同的政府介入方式、产品生产组织和供给模式，进而影响可能的融资主体、融资模式和资金渠道的选择，具体各种影响的分析比较结果（见表2-1）。从分析结果看，不同的基础设施服务供给方式，有不同的适用条件和比较优势。相比而言，公共供给会导致官僚成本提高，私人供给会增加交易成本，具体各方式的选择需根据比较优势进行综合权衡。

表 2-1　城镇基础设施产品特征、供给方式及融资选择

产品特征	主要影响	政府介入目的	供给方式	融资影响
自然垄断、沉没成本	难以实现竞争性供给	避免竞争不足导致的无效	1. 政府直接供给 2. 管制下的私人供给	1. 公共融资① 2. 私人融资
消费的战略重要性	风险分担激励不足	提高供给的可靠性	1. 政府股权控制 2. 政府直接供给	公共融资 + 私人融资
消费的普遍性	经济目标和社会目标差异	提高消费获得的可靠性，体现政府控制力	1. 政府股权控制 2. 规则干预	1. 公共融资 2. 私人融资
公共物品	市场机制不能供给	确保有效的集体行动	1. 志愿供应 2. 政府供应	公共融资
外部性	市场机制不能有效供给	消除外部性影响	1. 私人供给+公共补助 2. 政府供应	私人融资 + 公共融资
服务的不可分割性和广泛性	均衡布局，普遍供给	确定服务群体的规模和范围	多方协调，统筹供给	确定融资承担者范围
经营的网络特征和建设环境的复杂性	建设和经营环境复杂	组织协调，创造良好的建设和经营环境	不直接影响方式的选择	对融资不产生直接影响

（二）产品或服务能否收费是融资模式选择的最直接影响因素

效率标准要求根据主体的受益程度来确定相关费用的分担。在基础设施的使用过程中，谁受益，谁就应该付费。但是基础设施的受益主体不是单一的，而是一个多元体，有直接受益，有间接受益，到底谁应该为之埋单，有时很难界定和难以操作？就消费者而言，基础设施的使用，提高了消费者的生活质量和工作效益，所以消费者应该在得到效益的同时为基础设施埋单。从政府的角度讲，基础设施的建设和使用都对其有利，一方面，基础设施建设和使用，促进了当地经济，增加了政府财政收入，当地居民都会间接受益，政府作为集体的代表，理应进行集体付费；另一方面，政府还要负责社会的和谐发展和公平，对于偏远地区和城镇低收入消费者的基础设施供给，也是政府责无旁贷的责任，似乎政府更应该埋单。既然受益主体是多元的，且受益有直接和间接之分，那么付费也应是多样的，理论上可根据各主体的受益程度来确定相关费用的分担。通常，从成本的最终承担者的承担方式来看，城镇基础设施融资的资金来源可分为"使用者

---

① 此处的公共融资指的是集体成员共同融资。

付费"（这里指使用者直接付费）、"集体付费"（实际上为使用者间接付费）或介于二者之间的"混合付费"（见表2-2）。

表2-2 城镇基础设施相关行业的最终来源与融资方式

行业	产品类型	资金来源	融资方式
供水	可收费物品	使用者付费	市场融资
燃气	可收费物品	使用者付费	市场融资
集中供热	可收费物品	使用者付费	市场融资
公共交通	公共物品	集体付费	财政融资
道路桥梁	可收费物品、公共物品	混合付费	混合融资
排水	公共物品	集体付费	财政融资
防洪	公共物品	集体付费	财政融资
园林绿化	可收费物品、公共物品	混合付费	混合融资
市容环境卫生	公共物品、可收费物品	集体付费、使用者付费	混合融资

"集体付费"会造成一定融资和配置的效率损失。"集体付费"更多的是体现"能力原则"，主要是针对消费排他困难或有共同消费特征的一些产品或服务，如公共产品，是为了排除因为"搭便车"而导致的产品提供困难，而采取的需要集体行动的一种融资方式。当集体行动的规模较小，成员具有共同的价值和利益时，非正式的社会压力就足以保证每人贡献他应该贡献的那一部分，可提供集体志愿融资。当集体人数众多，且追求的利益多元化，则志愿集体行动是无法有效实施，需国家的强制措施来保证，这样集体成员就成了"被强制的搭车者"，其结果：一是造成成本和受益的不对等，会掩盖真实需求，导致过度需求，因为需求与成本支付无关，会激励一些不合理的消费；二是强制性的集体融资，需依靠政治决策，自身也会导致一定的扭曲和效率损失；三是消费者缺乏足够的选择权。

"使用者付费"更多的是体现"受益原则"，但在一定程度上会导致分配低效率。"使用者付费"主要是针对可收费物品，更利于提供了解市场真实需求，有利于提高资源配置效率，减少融资扭曲，但是"使用者付费"可能排斥潜在的消费者，导致分配的低效。"使用者付费"和"集体付费"都会造成一定的效率损失，只不过产生损失的环节不同，实践中很难对这些损失进行评价和判断。但是需要强调的是，因"使用者付费"造成的分配效率损失还有其他的方式加以弥补，而且弥补方式也易操作。

不同的付费方式决定不同的融资渠道。"集体付费"与"使用者付费"不是绝对对立的，如同影响公共供给的因素一样，有许多具备"使用者付费"条件的产品或服务，也采用"集体付费"的方式融资。当然，随着技术进步和管理创新，也会使一些原来需"集体付费"物品的排他成为可能，进而变成"使用者付费"。城镇基础设施融资资金的最终来源，虽从根本上不能决定项目的融资模式，但是它能影响项目的参与主体、融资工具选择、效率和风险控制。而且，对于"使用者付费"的收费价格的确定，涉及投资者、债权人和消费者各方的利益，是"使用者付费"产品项目融资设计的关键。一般情况下，收费能完全抵补成本的项目则可实行市场化融资；若收费不能完全抵补成本，达不到市场融资的要求，可采用混合融资，即市场与财政结合起来融资；集体付费的产品一般采用财政融资。总体而言，产品或服务能否收费是融资模式选择的最直接影响因素。

（三）能否负债融资决定了可用的融资工具和可能的资金来源

可负债融资扩大了项目的建设资金来源。通常，城镇基础设施经济寿命和服务期较长，负债融资能体现"代际公平"和"受益原则"，避免"穷代建设，富代享受"，使债务期限与资产的经济寿命相对应，债务偿还与资产贬值相对应。城镇基础设施债务性融资可以扩大资金来源、缓解财政压力，通过市场约束机制，提高资金使用效率，促进资本市场发展，关键是采取什么样的渠道和方式进行负债融资。各国按照项目最终资金来源渠道的不同，一般进行分别管理。需要"集体付费"，其负债融资的主体应为"集体"或其代理人，如现在的地方政府债。需要"使用者付费"的，债务主体多为服务的直接生产和提供者，方式和渠道为各种债务性融资工具。

城镇基础设施债务性融资的关键是债务风险管理。一方面，由于借贷风险的收益和成本难以完全对等，地方政府或直接生产者更有积极性冒险扩大债务性融资，而一般性的证券法规又难以满足对地方政府谨慎财政管理和对特殊目的机构的公司治理要求；另一方面，债权人因预期上级政府对债务危机救助，也会放松对城镇基础设施融资的风险管理，加之在预算软约束下的国有金融机构难以避免的道德风险，风险管理问题就更为突出。因此，加强城镇基础设施债务性融资的过程监管和风险预期损失管理（类似国外的破产机制）是极其重要和必需的。它们二者是相互促进的，没有风险预期损失管理，过程监管就会变成过度的行政干预，完全变成中央政府与地方政府之间的博弈，限制了资本市场在监督借贷债务状况的作用；而且，风险预期损失管理可以增强社会资本参与基础设施建设的积极性，形成合理的风险收益定价，促进竞争性城镇基础设施融资市场的发展。当然，不同的债务工具，不同的承担主体，债务的风险管理会有所不同。

（四）资本市场发展及其监管政策是影响融资的决定性因素

完善资本市场是一个渐进的过程。尽管城镇基础设施投融资市场的改革和发展能促进资本市场的发展，但资本市场完善程度仍是城镇基础设施投融资最重要的制约因素。它不但制约着城镇基础设施投融资模式，也影响着其可利用的资金规模、渠道、工具和资金配置效率。一般情况下，完善的资本市场，离不开竞争和有效监管。竞争的资本市场，不但能使同一市场中各金融机构相互竞争，也能在各金融市场和各种金融工具间产生竞争，使融资主体有更多的选择权。在竞争性的资本市场中，丰富的金融产品和工具是必不可少的，每一种金融工具都有其特定偏好的投资者和融资主体，都有相应的风险控制机制和风险承担者，以及比较优势的适用条件。但是，建立竞争性的资本市场是一个渐进的过程，它离不开银行、信用评级、担保、保险和基金等金融机构的发展，也离不开相应政策的完善，更离不开投资者的储蓄能力和对不同类型收益产品的风险认识。所有这些都是一个渐进的过程，尤其是监管框架及其政策的制定，必须兼顾解决当期问题和实现最终目标，根据实际情况逐步完善。从发达国家资本市场的发展看，最终的资本市场制度及其结构体系都与本国资本市场历史演进变化有关，同时反映本国特定的文化和经济环境，呈现出一定的差异性。

融资模式设计必须考虑我国资本市场的实际情况。目前，我国信用评级和担保等金融直接机构发展相对滞后，非银行领域的市场化程度较低，与实际需要有较大差距，在一定程度上会影响城镇基础设施竞争性融资市场的发展。但是，在推进城镇基础设施投融资制度改革和模式设计时，必须要注意到我国资本市场不断发展和完善的渐进过程，必须在立足实际的基础上，充分结合其将来可能的发展趋势来推进具体的改革措施。

（五）政府间责任与财权的不对等决定融资过程还需考虑协调发展

城镇基础设施服务由当地政府提供符合效率原则。从以上分析得知，很多城镇基础设施服务需要通过集体行动来提供，若不是志愿的或一致的集体行动，其结果大多会产生一定的扭曲和低效，而且这样的扭曲和低效会随着集体行动规模的扩大而增加（当然，前提是成员利益追求多元化和价值差异明显）。因此，缩小集体行动的范围是提高行动效率的必要环节。当然，一些城镇基础设施具有规模经济的自然垄断特点，加之成员利益差异性相对较小，集体行动的规模和范围可相对扩大。总之，从城镇基础的供给和分配效率看，城镇基础设施服务应由包含大多数受益者的最小公共单位来提供，即城镇基础设施服务主要由当地政府提供。这其实也就是公共产品相对优势的"分权定理"，主要内涵是：与上级或中央政府相比，当地政府更接近自己的公众，了解本地居民对公共产品的偏好；当地居民更能有效把握对不同数量和种类的公共产品服务的需求；集体行动范围的缩小，会降低交易和协调成本。

财政制度及地区差异决定融资过程还需考虑协调发展。当然，这种分析是基于当地政府的财政收支独立，不受上级政府影响而言的。在我国，中央和地方实行分税制，但地方政府的税收仍受国家税收政策影响较大，转移支付也基本有由上级政府确定，同时财政支出又受国家的福利和工资政策影响较大，可以说地方政府的财力，在很大程度上是受中央政府影响。这样，效率标准要求的责任分权与相对集权的财权之间产生一定的不协调，在一定程度影响效率标准的实施效果。而且，我国地区间发展水平差异较大，若仅以效率为标准，由此导致的基础设施的差异会进一步加剧地区间的不平衡。因此，在城镇基础设施实施公共融资的过程中，还需考虑地区间的能力差异和协调发展问题；在相关的融资风险控制过程中，也应注意政府间财政关系的实际情况。

四、生产组织方式与融资模式选择

在特定的经济制度和社会价值取向下，城镇基础不同的产品特性和地区特点，决定了不同的行业管理模式和产品的供给方式，实践中形成多样的生产组织机构和融资主体，加之不同的资本市场和财政制度影响，形成了城镇基础设施不同的投融资模式。

（1）国有企业的市场化融资模式。主要特点是产品或服务可收费，资产和生产资料公共占有，生产主体为按市场化经营的国有企业，主要应用在城镇供水等收费可弥补成本领域，可利用的市场化融资工具较多。

（2）国有事业的财政融资模式。主要特点是产品或服务不能直接向使用者收费，或收费不能弥补成本，资产和生产资料公共占有，生产主体按财政事业单位管理。主要应用在城市免费道路、生态环境治理等不能收费或收费不能弥补成本的领域，市场化融资受到严格限制，资金来源主要为财政性资金。

（3）私人特许经营融资模式。主要特点是产品或服务可收费，私人机构通过获取特许经营权来提供服务，生产主体为按市场化经营的私有或股份企业。主要应用在社会资本参与的，收费可弥补成本的经营性项目，如城市供水工程、收费道路等，可利用的市场化融资工具较多。

（4）公私合作融资模式。主要特点是产品或服务可收费，但收费不能完全弥补成本，需政府补贴才能吸引社会投资者，生产主体为按市场化经营的私有或股份企业。主要应用在社会资本参与的，收费不能完全弥补成本的准经营性项目，如城市污水处理等，一般通过复杂的合约设计进行市场化融资。

（5）公共服务购买模式。主要特点是产品或服务不可收费，供给安排采用集体融资，但生产由私人部门提供，主要应用在城市园林绿化等不可收费的非经营性城镇基础设施，一般可通过信用结构设计进行市场化融资。

需要强调的是，在具体模式选择时，既要重视传统影响，又要突破其束缚，凡能通过市场有效解决的，政府绝不干预；凡需政府发挥作用的，绝不能推给市场。第一、第二种为传统模式，需进一步完善内部治理结构，扩大竞争；第三、第四种为实现投资主体多元化的主要模式，需完善法规，细化管理；第五种模式仍是处于探索阶段，应大胆鼓励适宜地方先试先行。

参考资料：

1. E. S. 萨瓦斯：《民营化与公私部门的伙伴关系》，中国人民大学出版社，2002 年。

2. 达霖·格里姆赛、莫文·K. 刘易斯：《公私合作伙伴关系：基础设施供给和项目融资的全球革命》，中国人民大学出版社，2008 年。

3. 欧亚 PPP 联络网：《欧亚基础设施建设公私合作（PPP）案例分析》，辽宁科学技术出版社，2010 年。

4. 蒂莫西·贝斯利：《守规则的代理人》，上海人民出版社，2009 年。

5. 詹姆斯·M. 布坎南：《公共物品的需求与供给》，上海人民出版社，2009 年。

6. 约瑟夫·E. 斯蒂格利茨：《私有化——成功与失败》，中国人民大学出版社，2011 年。

7. 约翰·维克斯、乔治·亚罗：《私有化的经济学分析》，重庆出版社，2006 年。

8. C. V. 布朗、P. M. 杰克逊：《公共部门经济学》，中国人民大学出版社，2000 年。

9. 约瑟夫·E. 斯蒂格利茨：《公共部门经济学》，中国人民大学出版社，2005 年。

第 三 章
城镇基础设施投融资制度背景

内容摘要：改革开放以来，随着我国投资体制改革的深入，城镇基础设施投融资在总体上也经历了税费改革，投资的市场化、多元化，融资平台公司发展与规范，地方政府债务治理等发展阶段，发展了较为丰富的融资工具，形成了较为固定的融资模式，制度建设日趋完善，政策治理能力在不断提高。

一、我国城镇基础设施投融资的制度变化

我国城镇基础设施投融资的制度变迁，与我国改革开放的总体进程和投资体制改革在各领域的推进程度有关，从政策效果看，初步可以分为如下几个阶段。

（一）起步阶段（1978～1986 年）——"拨改贷"和税费改革

这一时期，原有"统收统支"的财政体制被打破，基本建设投资由传统的财政无偿拨款方式向有偿使用的"拨改贷"过渡。1980 年 11 月，国务院同意国家计委、国家建委、财政部、中国人民建设银行《关于实行基本建设拨款改贷款的报告》，凡有还款能力的企业进行基本建设所需资金都可以贷款，贷款业务由中国人民建设银行负责办理，贷款基金由国家财政从当年基本建设预算拨款中拨给；地方财政用机动财力安排的基本建设贷款基金，由省、市、自治区在地方自筹基本建设资金中解决。

以"分灶吃饭"为基本特征的财政体制安排第一次把地方政府放到了自主财政的基础上，也造成了城镇基础设施投资责任的地方化。地方政府财权和事权都有所扩大，税费改革使地方政府掌握的财政资金有所增加，城镇基础设施融资仍以财政投入为主。1978 年，第三次全国城市工作会议《关于加强城市建设工作的意见〉中规定，在全国

47 个城市试行从上年工商利润中提取 5% 的城市维护费，作为城市维护和建设资金，首次为城市建设建立了稳定的资金渠道。1984 年 10 月，中共中央十二届三中全会通过《中共中央关于经济体制改革的决定》，对地方政府加强基础设施建设和改善投资环境发挥了积极的指导作用。1985 年，全国 113 个城市试行收取"市政公用设施配套费"和"城市公用设施增容费"。同年，国务院颁布《城市维护建设税暂行条例》，取消 1979 年开征的城市维护费，改征城市维护建设税。1986 年年初，国务院批准《关于加强城市集中供热管理工作报告的通知》，提出解决城市集中供热的建设资金的方式：一是地方自筹；二是向受益单位集资；三是从城市维护建设税中适当拿出部分资金补助城市民用于集中供热热网的建设；四是国家根据情况，可给予部分节能投资，以补助热力建设。这一方法在该年后期扩展到自来水、煤气和污水处理厂领域。

这一时期，开始推进了城镇建设实施领域的市场化进程。借鉴国际先进的技术经济评价方法，重新规范建设项目前期工作的程序、内容和工作深度，成立了中国国际工程咨询公司，将可行性研究报告及评估纳入了项目决策程序；在建筑施工领域推行投资包干责任制，对勘察设计单位推行技术经济承包责任制，推进建筑材料和设备供应单位实行企业化经营；试行建筑安装工程招标投标和工程承包制，引进了市场竞争机制。

（二）拓展阶段（1987～1992 年）——政府间投资分工、贷款建设和土地有偿出让

这一时期，开始确立了中央和地方政府之间的投资合理分工。1988 年，国务院颁布了《关于投资管理体制的近期改革方案》，合理划分中央和地方政府的投资范围，将预算内基本建设投资分为经营性和非经营性两类管理，经营性基本建设基金，不再由行业管理部门直接管理，由国家计委通过计划下达给国家专业投资公司，主要用于计划内的基础设施和基础工业重点工程。为了稳定中央与地方的财政关系，进一步调动地方的积极性，在原定财政体制的基础上，对包干办法进行改进，实行"财政包干"体制，城市政府支配自有财力的权限扩大。与此同时，中央政府也正式结束了为地方支出提供资金的责任。城市政府的职能从提供服务转变到为服务筹措资金。

1987 年，国务院发出《关于加强城市建设工作的通知》，首次提出了城市建设综合开发原则，开辟了城市和桥梁"贷款建设，收费还贷"的路子。1989 年，国务院在《关于加强国有土地使用权有偿出让收入管理的通知》中规定：土地使用权有偿出让收入，40% 上缴中央财政，60% 留归地方财政，主要用于城市建设和土地开发，专款专用。在此期间，专业银行地方分支机构的广泛存在和地方性银行机构的大量设立，为城市政府干预银行信贷活动提供了便利条件。地方政府有了金融控制诉求，整个金融市场变成了各级政府的"钱袋子"，金融业替代了财政和税收制度的功能，"信贷资金财政

化"现象严重。城镇政府通过对地方金融资源的控制，使地方财政能力通过上升的金融能力得以补充，银行信贷资金成为城镇政府弥补财政投资资金不足的重要资金来源。

（三）转轨阶段（1993~2003 年）——推进市场化进程和多元融资

这一时期，城镇基础设施投融资体制在改革中不断发展。1992 年，《中共中央关于建立社会主义市场经济体制若干问题的决定》中提出要深化投资体制改革，将项目投资划分为竞争性、基础性和公益性三类，竞争性项目投资由企业自主决策，自担风险，所需贷款由商业银行自主决定，自负盈亏。地方政府负责城镇基础设施建设，基础性项目建设要鼓励和吸引各方投资参与，这标志着投融资体制改革开始了新的阶段。1994 年 3 月，成立国家开发银行，负责发放包括城市基础设施在内的重大基础设施建设项目的政策性贷款。1996 年 4 月，原国家计委发布《关于实行建设项目法人责任制的暂行规定》，要求基础设施的投资建设必须按《公司法》成立项目法人，以明确投资收益和风险的主体统一。同年 8 月 23 日，国务院发布《国务院关于固定资产投资项目试行资本金制度的通知》，规定各种经营性投资项目必须首先落实资本金才能进行建设。2000 年 5 月，建设部发布施行《城市市政公用事业利用外资暂行规定》，对公用事业积极利用外资进行了明确规定。2002 年 12 月，建设部印发《关于加快市政公用行业市场化进程的意见》，提出加快推进市政公用行业市场化进程，引入竞争机制，建政府特许经营制度，尽快形成与社会主义市场经济体制相适应的市政公用行业市场体系。

在 1993 年分税制后，随着财权与事权关系的调整，城镇政府需要为自己负责的公共服务融通更多资金，但我国的《预算法》规定，地方政府不能发行地方债，则土地财政开始成为政府融资的重要依托，"土地财政"逐渐成为一些地方政府用来缓解财政收入不足和筹集城市建设发展资金的重要手段。与此同时，从 1992 年 7 月上海市成立城市建设投资开发总公司开始，各地相继成立了各类城市投资公司，由政府授权的专业融资平台以政府注资、银行贷款、企业举债的形式，通过吸引社会资金等多种办法，全方位筹措城市建设资金。1995 年《商业银行法》颁布实施，商业银行与中央银行完全分离，商业银行改革进入加速发展阶段，城市政府融资的外部约束增强。2002 年《信托投资公司资金信托管理暂行办法》实施后，资金信托业务得到快速、规范发展，信托业成为地方政府筹集资金、发展地方事业、直接从事经济活动的一个重要途径。

这一时期，信托业成为地方政府筹集资金、发展地方事业、直接从事经济活动的一个重要途径。到 1998 年，全国有 244 家信托投资公司，资产达 6183 亿元。1998 年 10 月，中国广东省国际信托投资公司发生债务危机，最终导致公司破产清算。2002 年《信托投资公司资金信托管理暂行办法》实施后，资金信托业务得到快速、规范发展，很多基础设施项目通过资金信托计划获得融资，如 5.5 亿元的上海外环隧道项目建设信托计划、天津滨海新区 3.5 亿元基础设施建设信托等。

（四）深化阶段（2004 年至今）——进行系统改革和加强风险控制

这一时期，改革力度和变革的系统性作用明显，突出表现为平台公司发展与治理，引进社会资本和地方债务管理与发展。

平台公司的发展与治理。这一时期，城市政府发展经济的冲动十分强烈，2004 年 7 月，国务院颁布实施了《关于投资体制改革的决定》，首次提出了对企业投资和政府投资实行分类管理的改革理念和改革思想，对政府投资运作实施全方位、全过程的管理和监督，标志着我国投融资体制改革进入新阶段。同年，我国加快土地市场改革，城市经营性土地全部实行"招拍挂"，土地财政成为城镇基础设施建设的主要动力。与此同时，作为政府授权基础设施和公共服务建设与经营的机构，通过政府资产注入和银行贷款，各地政府性融资平台迅速发展，而"土地财政 + 政府性融资平台 + 政策性银行和国有商业银行"的地方政府融资基本模式，也成为城镇基础设施投资扩张的最有效途径。2010 年，国务院发布了《国务院关于加强地方政府融资平台公司管理有关问题的通知》（国发〔2010〕19 号），加强地方政府融资平台的治理和债务风险控制，界定政府和平台公司关系。2013 年 9 月，国务院发布《国务院关于加强城市基础设施建设的意见》（国发〔2013〕36 号）提出：推进投融资体制和运营机制改革；建立政府与市场合理分工的城市基础设施投融资体制；积极创新金融产品和业务，建立完善多层次、多元化的城市基础设施投融资体系。

引进社会资本发展。2004 年 3 月，原建设部颁布的《市政公用事业特许经营管理办法》是我国市政公用事业领域利用民间资本和外商投资的一项重要制度安排。2005 年 2 月，国务院发布的《关于鼓励支持和引导个体私营等非公有制经济发展的若干意见》（俗称"旧 36 条"）明确提出：支持非公有资本积极参与城镇供水、供气、供热、公共交通、污水垃圾处理等城镇基础设施的投资、建设与运营。2009 年 11 月住房和城乡建设部出台《关于进一步深化市政公用事业市场化改革的若干意见》，进一步明确市政公用事业市场化改革的基本路径是：运行机制市场化、投资主体多元化、运营主体专业化、政府监管规范化。2010 年 5 月，为进一步鼓励和引导民间投资，国务院又发布了《关于鼓励和引导民间投资健康发展的若干意见》〔（国发〔2010〕13 号），以下简称"新 36 条"〕，再次明确提出鼓励民间资本参与市政公用事业建设，鼓励民间资本积极参与市政公用企事业单位的改组改制。2014 年，《国务院关于创新重点领域投融资机制鼓励社会投资的指导意见》（国发〔2014〕60 号）进一步细化了引进社会资本的领域和合作机制，加速了社会资本参与城镇基础设施建设的进程。

防范债务风险，发展地方政府债券。2009 年，我国首次允许地方政府发行 2000 亿元人民币债券。中央代发地方债，财政部代理地方发债，列入省级预算管理。2011 年，财政部发布《2011 年地方政府自行发债试点办法》（财库〔2011〕141 号，以下简称《地方债试点办法》）开始试点地方政府自行发债。2014 年 8 月，我国修改了《预算法》，明确赋予地方政府适度举债权；同年 9 月，《国务院关于加强地方政府性债务管理的意见》（国发〔2014〕43 号）强化地方债务风险防范，提出地方政府债券管理相关措施。

二、我国城镇基础设施投融资的制度特点

经过多年的改革与发展，城镇基础设施投融资体制呈现出如下的特点。

（一）政府主导和政府的强力推动

我国的城镇基础设施的建设是在政府的主导和强力推动下进行的。地方政府不仅在规划层面实施严格的管理与控制，使基础设施建设充分反映政府的意志；而且，地方政府也是城镇建设的主要出资者。如在城镇建设资金来源中，地方政府财政性资金比例长期保持在较高水平上。20 世纪 90 年代中期以前，比例保持在 85% 以上，2006～2011 年，地方财政性资金占全部城建资金来源的比例平均为 66.8%。虽然地方政府并不直接从事城镇基础设施的投资、融资和建设活动，而是由地方政府融资平台代理完成；但是，融资平台并非真正意义上的、符合风险收益一体化要求的投融资主体，项目的决策、融资、建设、经营和管理仍由城镇政府决定，融资平台的自主权较小。

（二）构建了比较完善的融资模式

地方政府组建各式各样的政府性投资公司，并以财政性资金注入、国有资产注资、土地收益以及赋予特许经营权等方式进行扶持，代替政府行使投融资职能，成为融资平台和载体，承担政府项目投资、融资和建设任务。国家开发银行及国有商业银行对地方政府进行大额授信，发放打捆贷款，在地方政府承诺，地方人大同意纳入地方财政预算确保还本付息的前提下，建立银行与政府的金融合作关系。在基本融资模式中，地方政府对融资平台有着直接的财政投入。与此同时，对今后的财政投入有一个承诺，即承诺对未来无偿还能力的项目进行拨款。这样就容易获得商业银行的认可和支持。由于直接投入和未来承诺都是以土地财政为基础的，随着土地收益的不断增加，注入融资平台的

资本金规模也不断扩大，这从根本上增加了融资平台的资本实力。基本融资模式还在地方政府和商业银行之间构建起了风险控制机制，有利于加强对政府投资的有效监督和管理，提高了政府的投资效率。

（三）不断创新投资方式和融资工具

城镇基础设施的投融资过程也是地方政府的创新过程。城镇政府除了增加地方财政拨款、稳定传统城建资金来源以外，还积极针对不同城市基础设施的特点，积极探索新型融资方式。在各地城市基础设施建设中，BOT、BOOT、BOO 等方式并被广泛运用于水务、交通、电力、通信、环保等项目之中。随着我国投融资体制改革的深入，越来越多的公益性及基础设施项目采用 BT 方式进行建设，普遍运作良好。我国的一些城镇基础设施建设项目，如电厂、水厂、港口等，其当前及未来现金流产生稳定，资产权益相对独立，风险性小，本身具有较强的投资价值，也开始探索 ABS 资产证券化方式。随着金融市场的稳步发展，城镇基础设施融资工具创新步伐加快，包括证券市场融资工具（主要包括股票融资、创业板上市、城投债等）、非金融企业债务融资工具（短期融资券、中期票据）和其他融资工具（包括委托贷款、信托投资、融资租赁等）也有较大发展。

（四）政府调控和管理体制逐步建立

城镇政府通过土地利用规划和城市规划对城市用地规模、结构、性质和功能进行严格的控制与监管，使城镇基础设施投资按照政府规划的要求有序进行。全面推行的城市土地储备制度，从根本上解决这些问题，更好地发挥城市土地资源的作用，使土地资源由低效利用转为高效利用。政府对城镇基础设施的宏观调控，由过去单一的行政手段发展到综合运用经济、法律和必要的行政手段，进行以间接调控方式为主的有效调控。政府通过灵活运用投资补助、贴息、价格等多种手段，引导社会投资，优化投资结构。对公益性城市基础设施项目逐步推行代建制，即由政府或其授权机构择优选择专业化的项目管理单位，负责项目的前期和建设阶段的实施管理工作，严格控制项目投资、质量和工期，竣工验收后交付给使用单位或管理单位。城建基础设施项目的勘察设计、施工、监理都实行了招投标制度，在一定程度上节约了成本、减少了腐败现象的发生。

参考资料：

1. 谢锐君：《我国市政公用事业的公私合作模式》。

2. 唐兴霖、周军：《公私合作制（PPP）可行性：以城市轨道交通为例的分析》。

3. 余辉、秦虹:《公私合作制的中国试验》,世纪出版集团,2005 年。

4.《昆明固废资源化处理探索新模式》,http://www. sina. com. cn,2009 年 12 月 14 日。

5. 姜婷:《我国城市公用基础设施民营化融资模式研究》,http://www. tjchengjian. com/。

6. 张燎:《对中国基础设施和公用事业中公私协作机制的现状观察和思考》,http://news. h2o – china. com/html/2009/11/。

第 四 章

我国城镇基础设施投融资现状及存在问题

内容摘要： 我国城镇化取得了巨大的成就，已经进入了以城市社会为主的新阶段，城镇基础设施投资对经济发展的总体适应性增强。但是，与此同时，城镇基础设施投融资中的问题也越来越明显地暴露出来，包括基础设施建设水平和质量不高，地区间和城市间投入差距明显，投资决策不民主、不透明，融资平台功能定位出现偏差，政府的债务风险有加大趋势，监管缺失造成市场秩序混乱等。探索新型城镇基础设施投融资道路具有现实的紧迫性。

一、城镇基础设施投资规模

1978～2011 年，我国城市市政公用设施建设投资由 12 亿元增加到 13934 亿元，年均增长 25.2%，分别高于同期全社会投资和 GDP 现价增长率 5.6 个和 9.3 个百分点，城市基础设施投资明显超前于投资和经济增长，成为我国工业化和城镇化的重要推动力量（见表 4－1）。

表 4－1　1990 年以来城市市政设施投资与全社会投资和 GDP 的比较

年份	市政设施投资（亿元）	全社会投资（亿元）	GDP（亿元）	市政设施投资占比（％）	
				全社会投资	GDP
1990	121.2	4517	18668	2.68	0.65
1995	807.6	20019	60794	4.03	1.33
2000	1890.7	32918	99215	5.74	1.91
2005	5602.2	88774	184937	6.31	3.03
2010	13363.9	278122	401513	4.81	3.33
2011	13934.2	311485	473104	4.47	2.95
1991～2011 年增速（％）	25.35	22.34	16.64		

注：增长率为现价。

数据来源：根据《中国城乡建设统计年鉴 2011 年》、《2012 中国统计年鉴》数据计算。

（一）城镇基础设施投资有一定的周期性

改革开放以来，我国城市建设投资出现了五次较为明显的周期变化。第一周期是1980～1983年，增速由1980年的1.4%提高到1982年的39.5%，又下降到1983年的3.7%；第二周期是1984～1989年，增速由1983年的3.7%提高到1985年的53.5%，又下降到1989年的-5.5%；第三周期是1989～1999年，增速由1989年的-5.5%提高到1993年的84.3%，又下降到1999年的7.7%；第四周期是1999～2006年，增速由1999年的7.7%提高到2003年的42.9%，又下降到2006年的2.9%；第五周期是2006～2011年，增速由2006年的2.9%提高到2009年的44.4%，又下降到2011年的4.3%（见图4-1）。

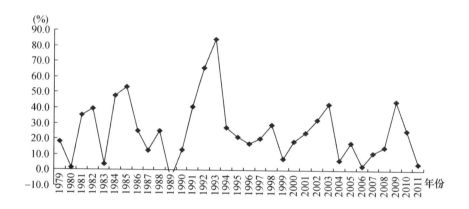

图4-1 城市市政公用设施建设投资增长率

数据来源：《中国城市建设统计年鉴2011年》，中国计划出版社，2012年。

（二）近年城镇基础设施投资增速已低于全社会投资增速，占全社会投资比重下降

改革开放以来，城市市政公用设施建设投资增长呈现前高后低态势。1990～2003年，除1994年外，市政设施投资增速均高于全社会投资增速，平均高出10.7个百分点（市政设施和全社会投资平均增速分别为30.5%和19.8%）。2004～2011年，除为应对金融危机政府扩大基础设施投资规模的2009年、2010年外，市政设施投资增速均低于全社会投资增速（分别为15.3%和24.0%），期间平均低8.7个百分点（见图4-2）。由于近年来市政设施投资增速低于全社会投资增速，市政设施投资占全社会投资的比重在从1990年的2.7%提高到2003年的最高点8.0%之后，近年来呈逐年下降趋势，2011年下降为4.5%，比最高点下降了3.6个百分点，比重下降幅度达到44.3%。

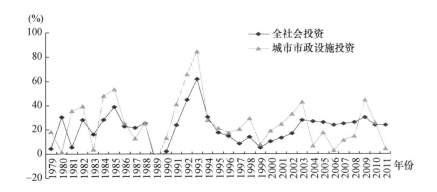

图 4 - 2 城市市政设施投资与全社会投资增速比较

数据来源：根据《中国城乡建设统计年鉴 2011 年》、《2012 中国统计年鉴》相关数据计算。

（三）城镇基础设施投资规模随经济发展而不断扩大

改革开放以来，市政设施投资增速在 2/3 以上的年份都高于 GDP 增速，1981 ~ 2011 年年均增速（24.8%）比同期 GDP 增速（16.2%，现价）高 8.7 个百分点。市政设施投资与 GDP 之比总体上呈逐年提高趋势，由 1981 年的 0.4% 提高到 2010 年的 3.3%（见图 4 - 3）。

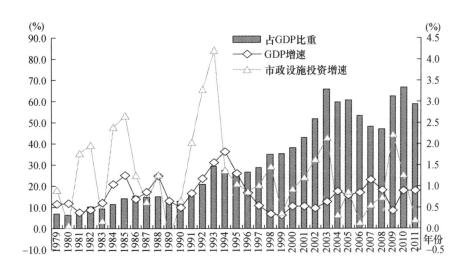

图 4 - 3 1979 年以来城市市政公用设施投资与 GDP 比较

数据来源：根据《中国城乡建设统计年鉴 2011 年》、《2012 中国统计年鉴》相关数据计算。

以上统计口径为 657 个设市城市，我们将 1627 个县城和 19683 个建制镇的相关数据进行汇总，得到全部城镇基础设施投资规模。2006～2011 年，我国全部城镇基础设施投资由 7076 亿元增加到 17962 亿元，占全社会投资的比例平均为 6%，占 GDP 的比例平均为 3.5%（见表 4 - 2）。世界银行《1994 年世界发展报告》中指出，发展中国家对新建基础设施的投资相当于其国民产出的 4% 和投资总额的 1/5。[①] 长期以来，一些学者将这一指标作为评价我国城镇基础设施规模合理性的标准。如果以这一标准衡量，我国近年来城镇基础设施投资占 GDP 的比例略低世行标准，而占全部投资的比例则明显偏低。

表 4 - 2　城镇基础设施投资及占全社会投资和 GDP 的比例

年份	投资总额（亿元）	全社会投资（%）	GDP（%）
2006	7076	6.4	3.3
2007	7844.8	5.7	2.9
2008	9239.6	5.3	2.9
2009	13120.8	5.8	3.9
2010	16961.5	6.7	4.2
2011	17962	5.8	3.8
年均		6.0	3.5

数据来源：《中国城乡建设统计年鉴 2011 年》，中国计划出版社，2012 年。

但是，由于世界银行报告中所指的基础设施包括电力、电信、铁路、港口、机场等我国市政基础设施统计中所不包括的内容，所以世界银行的统计口径明显大于我国城镇基础设施的统计口径。[②] 如果将上述行业投资加入城镇基础设施投资中去，我国基础设施占全部投资和 GDP 的比例将达到 18.4% 和 12%。可见，同口径比例，我国基础设施占 GDP 的比例远高于所谓世行标准，只是占全部投资比例略低于世行标准，而这也是由于我国投资率过高，投资相对规模过大形成的。

（四）城镇基础设施投资规模随城镇化进程而迅速增加

改革开放后的 30 多年，我国城镇化水平迅速上升。1979～1990 年，城镇化率由 19% 提高到 26.4%。20 世纪 90 年代以后，我国的城镇化进程发展更快，城镇化率由

---

① 世界银行：《1994 年世界发展报告——为发展提供基础设施》，中国财政经济出版社，1994 年。
② 2011 年，我国电力、电信、铁路、港口、机场投资就达 3.9 万亿元，占全部投资和 GDP 的比例分别达到 12.5% 和 8.2%。

1991 年的 27% 迅速提高到 2011 年的 51.3%，年均提高 1.14 个百分点。1996 年以后，城镇化速度明显加快，城镇化率年均提高 1.4 个百分点。城镇人口已由改革开放之初的 1.7 亿人，提高到 2011 年的 6.9 亿人。与改革之初相比，城镇人口增加了 5.2 亿人。与发达国家城镇化快速发展时期相比，我国的城镇化速度明显超前。按照联合国经社理事会的统计，发达国家在 1950 年的时候，城镇化水平就达到了 50% 以上，而欠发达国家将要到 2019 年达到。我国 2010 年城镇化已达到 50%，也就是说有一半以上人口居住在城镇，这是一个历史性的跨越，表明我国已经进入了城市社会。

随着城市基础设施的不断完善，城市规模也在不断扩大。截至 2011 年年末，我国共有设市城市 657 个。与 2002 年相比，我国城市总数减少了 2 个，超大城市数量略有增加，中等城市增加较多，而人口介于 50 万～200 万人的城市和小城市数量明显减少。人口规模达到 500 万人以上的城市 11 个，重庆、上海、北京的人口均在 1000 万人以上。2011 年，我国城市城区总人口达 3.54 亿人，是 1981 年的 2.5 倍；占全国总人口的比重由 1981 年的 14.4% 提高到 2011 年的 26.2%。城市区域范围不断扩大。2011 年城市城区面积达 18.36 万平方公里。其中，建成区面积达 4.36 万平方公里，是 1981 年的 5.9 倍；城市建设用地面积 4.18 万平方公里，是 1981 年的 6.2 倍。

经济发展、城镇化水平提高，必然要求城镇基础设施投资规模的扩大，以与之相适应。从城镇基础设施投资与城镇化水平比较看，城镇基础设施投资规模不仅随城镇人口增长和城镇化水平提高而扩大，而且呈加速扩大趋势（见表 4-3）。2011 年与 2000 年相比，城镇人口增加了 50.5%，而城镇基础设施投资却增加了 680.7%。每 1 个百分点的城镇化率所对应的城镇基础设施投资规模，由 2000 年的 69.9 亿元提高到 2011 年的 379.4 亿元，相当于 2001～2011 年间城镇化率每提高 1 个百分点，平均的基础设施投资规模就达到 6883.6 亿元。

表 4-3　全国城市数量及人口、面积情况

年份	城市个数（个）	城区人口（亿人）	建成区面积（万平方公里）	城市建设用地（万平方公里）
1981	226	1.44	0.74	0.67
1985	324	2.09	0.93	0.85
1991	479	2.95	1.4	1.29
1995	640	3.78	1.92	2.2
2001	662	3.57	2.4	2.4
2005	661	3.59	3.25	2.96
2011	657	3.54	4.36	4.18

数据来源：《中国城市建设统计年鉴 2011 年》，中国计划出版社，2012 年。

总体来讲，我国城镇基础设施投资对经济发展的总体适应性较强。20 世纪 90 年代以前，投入强度相对较弱，之后逐渐增强，特别是 2000 年以后，投入强度明显增大，对城镇化的保障程度越来越好（见图 4 – 4）。

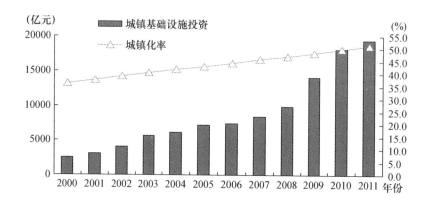

图 4 – 4 2000 ~ 2011 年城镇基础设施投资与城镇化率变动关系

数据来源：根据《中国城乡建设统计年鉴 2011 年》、《2012 中国统计年鉴》相关数据计算。

二、城镇基础设施投资结构

本部分主要分析城镇基础设施投资的行业结构、地区结构、城市结构及其适应性。

（一）公共交通、道路桥梁和园林绿化是城镇基础设施投资的主要行业

城市基础设施投资涉及供水、燃气、集中供热、公共交通、道路桥梁、排水、防洪、园林绿化和市容环境卫生等领域。1979 ~ 2011 年，上述行业投资分别占全部市政公用设施投资的 13.8%、6.5%、3.1%、8.3%、36.4%、7.9%、1.6%、5.2% 和 2.4%。1979 ~ 2011 年，供水行业投资比例由 23.9% 迅速下降到 3.1%，燃气行业投资比例由 4.2% 上升到 1991 年的 14.5%，之后逐步下降到 2011 年的 2.4%；集中供热投资比例变化不大；公共交通投资比例由 1979 年的 12.7% 下降到 2003 年的 6.3%，之后，由于城市轨道交通投资的迅猛增长，投资比例趋于上升；道路桥梁投资比例由 21.8% 上升到 50.8%；排水投资由 1979 年的 8.5% 下降到 2011 年的 5.5%；园林绿化投资比例明显上升，而垃圾等市容环境投资比例则保持平稳（见表 4 – 4）。市政建设投资的大头主要在道路桥梁、公共交通、园林绿化等地上的设施建设方面，而供水、排水、集中供热等地下设施投资则相对薄弱，且重要性不断下降。

表4-4　各类市政设施投资占城市基础设施投资的比例　　　　（%）

年份	供水	燃气	集中供热	公共交通	道路桥梁	排水	防洪	园林绿化	市容环境卫生	其他
1979	23.9	4.2		12.7	21.8	8.5	0.7	2.8	0.7	23.9
1985	12.7	12.8		9.4	29.1	8.8	1.4	5.2	3.1	17.7
1988	20.4	9.9	2.5	5.3	31.4	8.8	1.4	3.0	2.3	14.9
1991	17.7	14.5	3.7	5.7	30.3	9.4	1.2	2.9	2.1	12.5
1993	13.4	6.7	2.1	4.2	36.8	7.1	1.1	2.5	2.0	24.1
1998	10.9	5.5	2.5	5.8	41.7	10.5	2.4	5.3	2.5	12.8
2000	7.5	3.7	3.6	8.2	39.0	7.9	2.2	7.6	4.5	15.7
2001	7.2	3.2	3.5	8.3	36.4	9.5	3.0	6.9	2.2	19.8
2002	5.5	2.8	3.9	9.4	37.9	8.8	4.3	7.7	2.1	17.6
2003	4.1	3.0	3.3	6.3	45.7	8.4	2.8	7.2	2.2	17.0
2004	4.7	3.1	3.6	6.9	44.7	7.4	2.1	7.5	2.3	17.6
2005	4.0	2.5	3.9	8.5	45.4	6.6	2.1	7.3	2.6	16.9
2006	3.6	2.7	3.9	10.5	52.0	5.8	1.5	7.4	3.0	9.6
2007	3.6	2.5	3.6	13.3	46.6	6.4	2.2	8.2	2.2	11.5
2008	4.0	2.2	3.7	14.1	48.6	6.7	1.6	8.8	3.0	7.2
2009	3.5	1.7	3.5	16.3	46.5	6.9	1.4	8.6	3.0	8.7
2010	3.2	2.2	3.2	13.6	50.1	6.7	1.5	10.1	2.3	7.1
2011	3.1	2.4	3.1	13.9	50.8	5.5	1.7	11.1	2.8	5.5

数据来源：《中国城市建设统计年鉴2011年》，中国计划出版社，2012年。

　　通过长期不懈的基础设施投资，我国城市市政设施建设取得明显成果。城市供水能力增强。到2011年，城市供水管道长度达到57.3万公里，1979～2011年年均增长8.8%。全国地级及以上城市供水总量达513.4亿吨，用水普及率达到97%。管道天然气广泛应用于居民生活、工业、商业、汽车等各个领域。天然气管道长度达到29.9万公里，年均增长21%。全国天然气供应总量达到678.8亿立方米。城市道路建设大幅增加。城市道路长度达到30.9万公里，年均增长7.7%。1979～2011年，全国城市生活垃圾无害化处理厂由12座增加到677座。城市污水处理快速发展。1979～2011年，全国城市排水管道长度由1.9万公里提高到41.4万公里。污水处理厂数量由1979年的37座，发展到2010年的1588座，污水处理量达到337亿立方米（见表4-5）。

表4－5　各类市政设施发展水平

年份	供水管道（公里）	天然气管道（公里）	供热水管道（公里）	城市道路（公里）	排水管道（公里）	污水处理厂（座）	垃圾处理厂（座）	公园绿地（公顷）	防洪堤（公里）
1979	35984	560	280	26966	19556	37	12	21637	3443
1985	67350	2312	954	38282	31556	51	14	32766	5998
1988	86231	6186	2193	56818	50678	69	29	52047	12894
1991	102299	8054	3952	88791	61601	87	169	61233	13892
1993	123007	8889	5161	104897	75207	108	499	73052	16729
1998	225361	25429	27375	145163	125943	398	655	120326	18880
2000	254561	33655	35819	159617	141758	427	660	143146	20981
2001	289338	39556	43926	176016	158128	452	741	163023	23798
2002	312605	47652	48601	191399	173042	537	651	188826	25503
2003	333289	57845	58028	208052	198645	612	575	219514	29426
2004	358410	71411	64263	222964	218881	708	559	252286	29515
2005	379332	92043	71338	247015	241056	792	471	283263	41269
2006	430426	121498	79943	241351	261379	815	419	309544	38820
2007	447229	155271	88870	246172	291933	883	458	332654	32274
2008	480084	184084	104551	259740	315220	1018	509	359468	33147
2009	510399	218778	110490	269141	343892	1214	567	401584	34698
2010	539778	256429	124051	294000	369553	1444	628	441276	36153
2011	573774	298972	133957	308897	414074	1588	677	482620	35051
年均增长率（％）	8.8	21	20.6	7.7	9.7	12.1	13	9.9	7.3

数据来源：《中国城市建设统计年鉴2011年》，中国计划出版社，2012年。

（二）不同地区城市基础设施投资也存在一定的差距

2006年，东部地区人均城市基础设施投资分别是中部和西部地区的1.8倍和1.2倍；2010年，分别是1.5倍和1.4倍；2011年，三个地区间的差距缩小。从各省区来看，差距更加明显。2006年，山西、贵州的人均城市基础设施投资只有400多元，而北京超过4000元，江苏超过了3000元；2010年，西藏、甘肃、宁夏、贵州、新疆、海南、河南只有1000多元，而福建、江西、广东、广西、重庆则超过了5000元；2011年，河南、宁夏、甘肃只有1000多元，而天津、北京、江苏、重庆则在4000～5000元（见表4－6）。从各年平均水平看，人均投入较多的省市包括：北京、天津、内蒙古、江苏、广西；人均投入较少的省区包括河南、宁夏、甘肃、吉林、黑龙江。

表4-6 各地区人均城市基础设施投资　　　　　　单位：元

年份 地区	2006	2007	2008	2009	2010	2011
东部地区	2052.4	2183.7	2519.3	3540.0	4863.0	3950.9
中部地区	1161.0	1439.2	1736.7	2432.3	3262.9	3965.5
西部地区	1668.3	1803.2	1939.3	2971.9	3490.9	3814.4
全国	1730.3	1907.1	2197.2	3123.1	4042.2	3932.2
北京	4043.5	4152.2	3606.7	5750.7	5065.2	4790.4
天津	2522.0	2299.3	2892.0	4810.3	10238.5	10501.7
河北	1958.0	2248.2	2482.0	4171.3	5859.7	4898.5
山西	429.2	1058.0	1333.3	2797.8	2522.3	3194.0
内蒙古	1756.1	1747.3	2895.5	3810.2	5198.9	8048.4
辽宁	1277.2	1690.4	2114.5	3096.8	3400.6	3761.6
吉林	1158.4	1053.7	1062.5	1725.0	2173.9	2268.3
黑龙江	801.5	888.7	1163.3	1471.7	2351.1	2787.6
上海	2440.8	2610.3	3654.7	3794.9	2072.1	1870.5
江苏	3000.9	2873.4	3196.2	4053.4	5560.7	5036.5
浙江	2291.8	2602.0	2965.4	3392.9	3792.6	3843.4
安徽	1612.6	2356.8	2556.4	3449.5	4287.0	5530.8
福建	2865.3	4130.7	3969.4	3927.1	5133.3	5721.3
江西	1279.2	1502.1	1773.7	2643.8	5524.9	6907.5
山东	1899.4	1817.1	1913.5	2843.6	3057.0	2998.5
河南	767.4	699.1	751.9	1044.1	1245.8	1292.3
湖北	1248.3	1737.6	2108.0	2760.4	3801.0	4459.3
湖南	1834.0	2374.5	2817.8	3575.3	4509.1	4881.8
广东	857.7	892.6	1170.6	2291.4	5871.2	2583.6
广西	1897.8	1971.2	2295.8	4335.8	6253.6	4986.6
海南	1801.2	1336.9	1510.4	1595.7	1428.6	3367.9
重庆	2811.2	2862.7	3695.7	4887.5	6919.4	8190.5
四川	1885.4	1895.2	1766.4	2202.2	2440.0	2477.6
贵州	459.3	1152.2	805.1	1638.7	1884.1	3649.2
云南	1392.4	1038.1	1407.9	5447.5	5026.0	4162.6
西藏	3478.3	2333.3	961.5	1538.5	1120.0	1333.3
陕西	1657.8	1962.1	2847.2	4002.7	4569.5	4109.9
甘肃	1540.0	1673.6	1045.1	1466.4	1899.0	1866.8
青海	1414.1	1280.0	1443.3	1153.8	2385.3	3487.2
宁夏	1223.4	1276.6	1275.5	1230.8	1818.2	1637.7
新疆	1004.1	1181.3	1240.3	1977.4	1803.3	3085.7
东部/中部	1.77	1.52	1.45	1.46	1.49	1.00
东部/西部	1.23	1.21	1.30	1.19	1.39	1.04

数据来源：《中国城市建设统计年鉴2011年》，中国计划出版社，2012年。

从各地区城市基础设施发展水平看，差距也是比较明显的。2011 年，东部地区用水普及率达到 99% 以上，而中部和西部地区分别只有 94%～95%；燃气普及率差距更显著，东部达到 97%，而中部和西分别只有 87.2% 和 85.7%；建成区供水管道密度，东部地区达到 16.2 公里/平方公里，而中部和西部地区分别只有 9.6 公里/平方公里和 9.4 公里/平方公里；建成区排水管道密度的差距同样明显，东部分别是中部和西部的 1.4 倍和 1.6 倍；东部地区的污水处理率达到 84.3%，中部和西部地区分别只有 82.8% 和 81.8%；中部地区的生活垃圾处理率较低，分别低于东部和西部地区 10 个百分点（见表 4 - 7）。

表 4 - 7　2011 年三大地区城市基础设施水平

指标	用水普及率	燃气普及率	建成区供水管道密度	人均道路面积	建成区排水管道密度	污水处理率	人均公园绿地面积	生活垃圾处理率
单位	%	%	公里/平方公里	平方米	公里/平方公里	%	平方米	%
全国	97	92.4	13.1	13.7	9.5	83.6	11.8	91.9
东部地区	99.1	97	16.2	14.5	11.2	84.3	12.5	95.5
中部地区	94.7	87.2	9.6	13.3	7.8	82.8	10.7	84.2
西部地区	94	85.7	9.4	11.9	6.8	81.8	11.4	93.8

数据来源：《中国城市建设统计年鉴 2011 年》，中国计划出版社，2012 年。

我们对各省区上述城市基础设施指标进行标准化①，然后相加得到各省基础设施的标准化指数，可以看出各省区城市基础设施总体发展水平（见图 4 - 5），东部地区标准化指数达到 8.65，中部地区为 7.26，西部地区为 7.16。这大体反映出了三大地区城市基础设施的综合水平差距。在各省区中，城市基础设施综合水平较高的省区是天津、江苏、山东、上海和浙江，较低的省区是黑龙江、河南、吉林、贵州、甘肃和新疆。

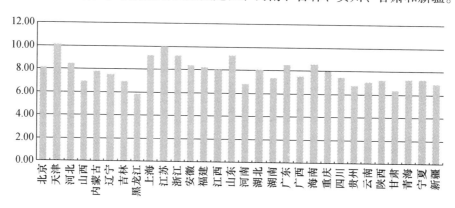

图 4 - 5　各省区城市基础设施标准化指数

① 标准化即用各省区相关指标数据除以全国的数据。

（三）城市、县城和建制镇的基础设施投入水平存在显著差距

2011 年，城市基础设施投资达到 13934 亿元，而县城和建制镇分别只有 2859 亿元和 1168 亿元；城市基础设施人均投资额达到 3936 元，而县城和建制镇分别只有 2216 元和 811 元，城市人均水平分别是县城和建制镇的 1.8 倍和 4.8 倍。而 2006~2011 年，城市基础设施总投资达到 5.7 万亿元，而县城和建制镇分别只有 9800 亿元和 4912 亿元，城市分别是县城和建制镇的 5.8 倍和 11.6 倍（见表 4-8）。

表 4-8　2011 年各类城镇基础设施人均投资额

地区	人口（亿人）	投资（亿元）	人均投资额（元）
城市	3.54	13934	3936
县城	1.29	2859	2216
建制镇	1.44	1168	811

数据来源：《中国城乡建设统计年鉴 2011 年》，中国计划出版社，2012 年。

投入的差距带来了设施水平的明显差异。2011 年，城市用水普及率达到 97%，而县城和建制镇分别只有 86.1% 和 79.8%；城市燃气普及率高达 92.4%，而县城和建制镇分别只有 66.5% 和 46%；城市污水处理率达到 83.6%，高于县城 13 个百分点；城市建成区绿地率达到 35.3%，而县城只有 22.2%；人均公园绿地面积，城市为 11.8 平方米，而县城和建制镇分别只有 8.5 平方米和 2 平方米。到"十一五"末期，全国尚有约 10% 的设市城市和约 30% 的县没有垃圾无害化处理设施。超过 1/3 的城市正深陷垃圾围城的困局（见表 4-9）。

表 4-9　2011 年城市、县城和建制镇市政设施发展水平

指标	单位	城市	县城	建制镇
用水普及率	%	97	86.1	79.8
人均日生活用水量	升	170.9	118.7	100.7
燃气普及率	%	92.4	66.5	46.1
污水处理率	%	83.6	70.4	—
人均道路面积	平方米	13.7	13.4	11.7
建成区绿地率	%	35.3	22.2	—
人均公园绿地面积	平方米	11.8	8.5	2
每万人拥有公厕	个	2.95	2.8	—

数据来源：《中国城市建设统计年鉴 2011 年》，中国计划出版社，2012 年。

三、城镇基础设施融资渠道

随着我国经济快速增长，财政收入大幅增长，政府掌握的土地等公共资源价值不断上涨，资本市场稳步发展，市场功能日趋深化，融资工具逐步完善，为城镇基础设施融资渠道拓展发挥了重要作用。

（一）财政拨款和国内贷款是城镇基础设施投资资金的主要来源

从城镇基础设施投资的资金来源看，2002～2011 年，资金来源总额由 2001 年的 2578.5 亿元增加到 2011 年的 17873.3 亿元，年均增长 21.4%，略高于城镇基础设施投资增速。其中，财政拨款增长最快，年均增长 27.9%，比同期城镇基础设施投资年均增速高 6.5 个百分点，占资金来源的比重由 2001 年的 22.1% 提高到 2011 年的 37.2%。国内贷款年均增长 20.8%，略低于同期城镇基础设施投资年均增速 0.5 个百分点，占资金来源的比重保持在 24%～34% 之间。自筹资金和其他资金的年均增速分别为 19.6% 和 15.1%，低于同期城镇基础设施投资年均增速 1.8 个和 6.3 个百分点，占资金来源的比重分别由 2001 年的 33.3% 和 13.6% 下降为 2011 年的 28.9% 和 8.0%（见表 4－10）。

表 4－10　城镇基础设施建设投资资金来源构成　　　　单位：亿元、%

	年份	合计	财政拨款	国内贷款	债券	利用外资	自筹资金	其他资金
	2001	2578.5	570.0	657.6	18.4	122.5	859.6	350.5
	2002	3275.1	736.4	814.8	8.6	123.7	1141.8	449.8
	2003	4885.7	1018.6	1533.5	19.1	116.9	1700.6	497.0
	2004	5241.3	1189.9	1578.5	10.8	126.5	1757.1	578.5
资	2005	6277.5	1353.6	1915.0	7.4	211.4	2196.5	593.6
金	2006	6550.6	1798.8	2007.5	19.2	123.5	2118.7	482.9
额	2007	7306.6	2488.1	1904.9	49.8	100.3	2236.7	526.9
	2008	8738.2	2916.5	2189.0	29.5	122.7	2783.5	697.0
	2009	13084.3	3752.0	4419.0	136.3	101.5	3493.1	1182.2
	2010	16427.9	5262.9	5026.3	53.5	163.3	4486.2	1435.6
	2011	17873.3	6656.0	4363.7	116.3	142.7	5160.4	1434.2

续表

	年份	合计	财政拨款	国内贷款	债券	利用外资	自筹资金	其他资金
增长率	2002	27.0	29.2	23.9	-53.2	1.0	32.8	28.3
	2003	49.2	38.3	88.2	122.4	-5.5	48.9	10.5
	2004	7.3	16.8	2.9	-43.5	8.2	3.3	16.4
	2005	19.8	13.8	21.3	-31.1	67.2	25.0	2.6
	2006	4.3	32.9	4.8	158.0	-41.6	-3.5	-18.7
	2007	11.5	38.3	-5.1	159.4	-18.8	5.6	9.1
	2008	19.6	17.2	14.9	-40.8	22.3	24.4	32.3
	2009	49.7	28.6	101.9	362.7	-17.2	25.5	69.6
	2010	25.6	40.3	13.7	-60.8	60.9	28.4	21.4
	2011	8.8	26.5	-13.2	117.6	-12.6	15.0	-0.1
	2002~2011	21.4	27.9	20.8	20.3	1.5	19.6	15.1
比重	2001		22.1	25.5	0.7	4.7	33.3	13.6
	2002		22.5	24.9	0.3	3.8	34.9	13.7
	2003		20.8	31.4	0.4	2.4	34.8	10.2
	2004		22.7	30.1	0.2	2.4	33.5	11.0
	2005		21.6	30.5	0.1	3.4	35.0	9.5
	2006		27.5	30.6	0.3	1.9	32.3	7.4
	2007		34.1	26.1	0.7	1.4	30.6	7.2
	2008		33.4	25.1	0.3	1.4	31.9	8.0
	2009		28.7	33.8	1.0	0.8	26.7	9.0
	2010		32.0	30.6	0.3	1.0	27.3	8.7
	2011		37.2	24.4	0.7	0.8	28.9	8.0

注：资金来源合计数不含上年末结余资金。

数据来源：《中国城市建设统计年鉴 2011 年》，中国计划出版社，2012 年。

与全社会和城镇投资的资金来源结构相比较，城镇基础设施投资资金来源更多地依赖于政府财政资金和银行贷款，而自筹和其他资金的比重明显偏低。

2001 年，城镇基础设施投资资金来源中财政资金的比重，分别比全社会投资和城镇投资的财政资金比重高 15.4 个和 14.8 个百分点；银行贷款的比重分别高 6.4 个和 3.8 个百分点；自筹和其他资金的比重分别低 22.7 个和 18.9 个百分点。2011 年，城镇基础设施投资资金来源中财政资金的比重，分别比全社会投资和城镇投资的财政资金比重高 32.9 个和 32.8 个百分点；银行贷款的比重分别高 11.0 个和 10.8 个百分点；自筹和其他资金的比重分别低 44.0 个和 43.5 个百分点，即不到全社会投资和城镇投资的财政资金比重的一半（见图 4 - 6）。

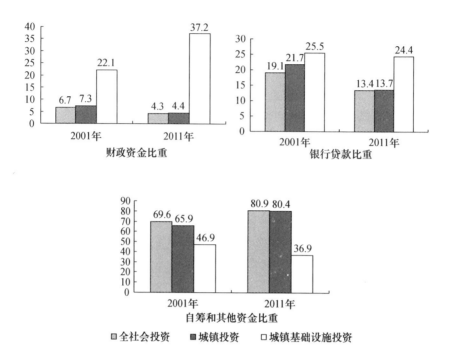

图 4 - 6 城镇基础设施投资与全社会投资和城镇投资资金来源结构比较

城镇基础设施投资资金来源结构与全社会投资和城镇投资资金来源结构表现出来的这种差异，主要是由城镇基础设施的特性所决定的。城镇基础设施是国民生活不可或缺的公共基础设施，具有很强的公益性特征，其投资大、建设周期长、投资收益率低甚至有些领域的投资项目本身根本不产生直接的经济收益。因而，以高投资回报为目的的社会资本一般不会过多参与城镇基础设施投资建设，城镇基础设施在很大程度上需要政府投资或由政府授权的机构（企业）进行投资建设，这种状况必然导致基础设施投资资金来源将更多地依赖于财政资金和银行贷款，而自筹和其他资金的比重必定比一般行业的比重要低。同时，近年来财政资金比重的提高，既是国家公共财政状况良好的表现，同时也在很大程度上体现了市政基础设施的建设发展应更多由政府举办的思路，是政府重视改善民生、提高城市运行效率和质量的表现。

（二）城市维护建设资金投入以地方政府为主

城市维护建设资金是用于城市维护和建设的资金，既包括中央、省、市以及市以下政府拨款、城市维护建设税、城市公用事业附加等财政收入，也包括市政公用设施配套费、市政公用设施有偿使用费、土地出让转让金、资产置换收入等政府性收入，还包括银行贷款和企事业单位自筹资金。由于城市维护建设资金收入来源比较全面，且城市建设投资通常占城市维护建设资金的 60%~70%，因此，可以用城市维护建设资金近似说明城市建设的融资情况。

1986~2011 年，全国城市维护建设资金由 144 亿元增加到 17433 亿元，年均增长 21.2%。中央政府拨款由 1986 年的 13.9 亿元上升到 2011 年的 138.3 亿元，占全部资金来源的比例由 9.6% 下降到 0.8%，中央政府在城建领域的作用明显降低。地方政府资金①由 127.6 亿元增加到了 11643 亿元，地方政府资金占全部城市维护建设资金的比例由 1986 年的 88.2% 逐步下降到 2011 年的 66.8%。贷款融资规模由 1986 年的 3.2 亿元迅速增加到 2011 年的 3692 亿元，比例由 2.2% 上升到 21.2%，其中，2000 年以后的一些年份，贷款比例还曾达到 30% 左右；利用外资规模由 0.07 亿元增加到 54.7 亿元，比例由 1986 年的 0.05% 上升到 1997 年的 12.7%，之后逐步下降到 2011 年的 0.3%。1996~2011 年，企事业单位自筹资金由 119.4 亿元增加到 1904.4 亿元，融资比例由 14% 上升到 2002 年的 19%，之后又下降到 2011 年的 10.9%。可见，地方政府资金在城市基础设施的建设与运营中一直发挥着重要的主导作用，1998 年亚洲金融危机以后，银行贷款地位显著上升，银行和社会资金更多地进入到城市建设和维护领域（见表 4-11）。

表 4-11　城市维护建设资金来源比例

单位:%

年份	地方政府资金	中央政府资金	国内贷款	利用外资	自筹资金
1986	88.2	9.6	2.2	0.1	
1987	86.9	9.3	3.8	0.0	
1988	89.9	5.7	4.1	0.3	
1989	92.0	5.0	2.4	0.5	
1990	89.4	5.2	4.2	1.2	
1991	83.6	3.8	8.6	4.0	
1992	86.5	3.4	8.2	1.9	
1993	85.3	4.6	7.7	2.4	

---

① 地方政府资金包括：省、市以及市以下政府拨款、城市维护建设税、城市公用事业附加、市政公用设施配套费、市政公用设施有偿使用费、土地出让转让金、资产置换收入等地方用于城市建设的财政性收入。

续表

年份	地方政府资金	中央政府资金	国内贷款	利用外资	自筹资金
1994	88.0	3.2	6.1	2.7	
1995	87.8	2.8	6.2	3.3	
1996	66.8	1.2	11.3	6.6	14.1
1997	61.4	1.3	14.9	12.7	9.7
1998	56.6	4.5	21.4	5.2	12.3
1999	52.9	6.5	23.0	3.0	14.6
2000	52.4	5.8	20.9	4.3	16.8
2001	48.7	3.5	29.4	2.2	16.2
2002	48.9	2.4	27.7	1.9	19.0
2003	47.5	1.8	31.1	1.6	18.0
2004	53.0	1.0	27.5	1.4	17.1
2005	48.9	1.1	30.8	1.7	17.4
2006	55.9	0.9	27.9	0.8	14.4
2007	64.5	0.5	22.3	0.5	12.2
2008	64.2	0.9	21.8	0.6	12.6
2009	55.8	0.9	31.5	0.3	11.5
2010	57.6	1.2	29.3	0.4	11.5
2011	66.8	0.8	21.2	0.3	10.9

数据来源：住房和城乡建设部综合财务司：《中国城市建设统计年鉴2011年》，中国计划出版社，2012年。

（三）城市建设维护建设税和土地收入是城镇基础设施政府性资金的重要来源

1986年，全国城市建设维护税只有40亿元，到2011年，增加到1339亿元。但是，城市建设维护税占地方政府融资总额的比例却逐年下降，平均占11%。同样，城镇公用事业附加占比也在逐步下降，到2011年只占全部地方政府财政性资金的1.4%。地方政府拨款在城建财政性资金中占有重要位置，1986年比例曾达到27.6%，之后趋于下降。1998年亚洲金融危机以后，地方政府拨款比例逐步上升，到2006年达到最高点30%，年均近20%。其他收入始终都是地方政府资金最主要的来源，占地方政府资金的比例也由1986年的26.9%上升到2011年的69.5%，平均占地方政府资金的一半左右（见表4-12）。

表 4 – 12 各类地方政府财政性资金比例（以全部财政性资金为 100）　单位:%

年份	城市维护建设税	城镇公用事业附加	地方财政拨款	水资源费	其他收入
1986	31.9	12.4	27.6	1.3	26.9
1987	31.1	12.4	15.8	1.6	39.1
1988	31.7	11.6	10.9	1.5	44.3
1989	35.7	11.7	10.1	1.5	41.0
1990	34.6	12.0	10.5	1.5	41.4
1991	31.3	12.1	12.5	1.6	42.5
1992	22.9	9.1	16.9	1.2	49.8
1993	19.8	6.6	12.0	1.0	60.6
1994	19.6	7.0	10.1	0.8	62.6
1995	20.7	6.6	10.7	0.8	61.3
1996	27.9	9.8	15.2	1.1	46.0
1997	28.0	8.2	16.9	0.9	46.0
1998	26.6	7.5	19.5	0.8	45.7
1999	25.5	7.3	19.9	0.9	46.4
2000	22.8	5.2	20.0	1.0	51.1
2001	22.0	4.0	26.3	0.9	46.7
2002	20.5	3.2	25.4	0.8	50.1
2003	18.3	2.7	26.3	0.8	51.9
2004	16.0	2.1	23.9	0.7	57.2
2005	20.8	2.1	30.0	0.9	46.2
2006	16.3	2.2	30.9	0.7	50.0
2007	13.1	1.7	25.7	0.6	58.9
2008	13.4	1.6	25.7	0.5	58.8
2009	11.7	1.5	33.7	0.4	52.8
2010	11.9	1.3	20.1	0.4	66.4
2011	11.5	1.4	17.0	0.6	69.5
平均	22.5	6.3	19.8	0.9	50.5

数据来源:《中国城市建设统计年鉴 2011 年》，中国计划出版社，2012 年。

真正支撑城市建设投资扩张的还是包括市政公用设施配套费、市政公用设施有偿使用费、土地出让转让金在内的地方政府预算外收入的增长。2004～2011 年，市政公用设施配套费由 86.6 亿元上升到 580.5 亿元，年均增长 23.5%，市政公用设施有偿使用费由 89.4 亿元上升到 377.5 亿元，年均增长 17.4%，土地出让收入由 283 亿元迅速上升到 6586 亿元，年均增长 41.9%（见表 4-13）。土地收益占全部城市维护建设资金的比例由 2002 年的 9% 提高到 2011 年的 37.8%，土地收益占地方政府财政性资金的比例由 18.3% 提高到 56.6%。地方政府城建融资对土地收益的依赖可见一斑。

表 4-13　市政建设其他资金情况　　　　　　　　　　　　单位：亿元

年份	市政公用设施配套费	市政公用设施有偿使用费	土地出让转让收入
2002	86.6	89.4	283.0
2003	94.4	106.1	506.8
2004	106.8	122.7	1099.6
2005	142.9	145.5	594.5
2006	210.0	197.1	881.9
2007	268.1	291.6	1668.7
2008	331.8	263.3	2105.4
2009	325.6	258.9	2636
2010	491.2	304.9	4071
2011	580.5	377.5	6586.5
年均增长（%）	23.5	17.4	41.9

数据来源：《中国城市建设统计年鉴 2011 年》，中国计划出版社，2012 年。

四、城镇基础设施投融资的问题

（一）基础设施建设水平和质量不高

尽管我国城镇基础设施建设规模不断扩大，但是，水平和质量并不高，主要表现在：一是地铁、轻轨等大容量轨道交通发展严重滞后，造成路面交通压力越来越大，大中城市交通拥堵现象日益突出，影响了城市生活的效率和质量，制约了城市的可持续发展。二是注重地面以上建筑的光鲜靓丽，忽视地下设施的建设和功能完善，导致供水、排水、热力管网等地下设施难以满足城市发展的需要，夏季水淹城市成为常态。三是城市污水处理率、生活垃圾无害化处理率在一些城市仍然偏低，目前仍有大量污水未经过有效处理就排入水域，生活垃圾未经无害化处理就简易堆放，对环境造成了极大的威胁。

（二）地区间和城市间投入差距明显

城镇基础设施投入差距反映在不同地区和城市的发展水平上。目前，北京、上海、广州等东部大城市的城镇化率均超过了80%，但中西部地区的城镇化率仍然很低。东部城镇资金实力雄厚，城镇基础设施投入多，而中西部地区与之相比则差距较大。城市发展规模也严重不均衡，截至2011年年末，全国有13个城市人口超过1000万人，但是城市平均人口却只有52万人。从国家层面讲，北上广等少数城市长期得到国家的政策支持和集中投入，举办奥运会、亚运会、世博会使这几个城市基础设施水平提前了十多年。而从省市县级政府层面讲，都把中心城市、中心城区和中心镇作为各级财政投入的重心，基础设施投资过度集中于这些城镇。城镇间设施投资差距越拉越大，城镇间差距日益扩大，小城镇日益衰落。

（三）政府主导对民营资本产生挤出

尽管政策允许民营企业的存在，甚至试图鼓励社会资本继续扩大投资，但近年来政府干预和主导越来越明显地对民营企业和私人部门产生挤出效应。这使城镇基础设施公私合作受到很大限制，呈现日渐萎缩的现象。在公路交通领域，现在不单单采用BOT、收费经营权转让模式的收费公路项目大幅减少，即便是有，也多由政府的交通投融资平台投资或者国有控股的交通工程企业中标。水务环保行业原本是社会资本介入最多的行业。但是，由于2007年以来的国有产权转让所谓"高溢价"现象，加之出现过哈尔滨、无锡两个城市的非正常停水事件，让地方政府对水务企业引入私人资本变得异常敏感和慎重。2008年国际金融危机以来，地级以上城市的供水项目招商基本上停止，污水厂项目招商大幅度减少。

（四）投资决策不民主、不透明

城镇基础设施投资与公众的利益紧密相关，普通民众应该具有知情权和决策参与权。但是，在绝大多数城镇建设过程中，都是少数政府官员说了算，项目决策的透明度和公众参与度不高。政府官员常以提高决策效率为名，无视甚至阻碍决策民主进程。很多政府投资项目的工程咨询往往流于形式，专家意见得不到实质性的尊重，行政首长干预项目决策的现象依然大量存在，项目决策的"一言堂"现象或"首长工程"在实践中难以完全禁绝，项目决策的民主化和科学化仍然有待进一步提高。因此，现实中往往会出现政府想"为民"办事而不被社会公众理解，以及很多政府"形象工程"大行其道。

（五）融资平台功能定位出现偏差

地方政府融资平台承担了大量的公益性项目建设任务，资金投入量大，基本无回报或收益极少，导致资产质量不断下降，"造血"功能越来越差。地方政府将融资平台作为一个单纯的融资工具，而忽视了融资平台作为政府投资主体或出资人代表应有的投资功能，导致融资平台公司"被迫"为地方政府投资建设项目借债，沦为地方政府的"取款机"。融资平台公司自身投资功能的缺失和追求投资收益的动力和压力不足，也在相当大程度上影响了融资平台自身还贷机制和风险防范机制的构建。长期以来，在融资平台的运作过程中，政府的干预非常严重，项目投资、融资和经营的决策权并不在融资平台公司手中，平台公司事实上仅担当着"执行者"的角色，没有成为真正意义上的、符合风险收益一体化要求的投融资主体。

（六）政府的债务风险有加大趋势

在城镇基础设施建设过程中，债务融资成为最便捷的方式，从而形成了大量的政府债务，尽管这些债务不是以政府直接债务形式出现，而是以或有和隐性的形式存在。由于融资平台向银行的贷款依赖政府信用的担保，当平台公司无力偿债时，通常是向财政部门提出更多的补贴要求，从而会增加财政支出负担，形成财政风险。如果融资平台通过资本市场直接融资，包括发行城投债、中期票据和短期融资券等，当存在支付困难时，也会形成对财政风险的传导。从债务管理角度看，融资平台债务未纳入政府的预算管理，也无相应财政管理制度，实际上在一定程度上脱离了人大的监督，进一步放大了财政风险。另外，各地举债融资方式不一，且多头举债，举债程序不透明，不仅商业银行难以全面掌握，而且政府对融资平台的负债和担保状况也未必完全清楚，不利于风险的控制。

（七）监管缺失造成市场秩序混乱

公私合作模式下，政府部门要着力建立相应的管理监督机制，保证公用事业的正常运行、维护公共利益不受损害。但是，在实际操作过程中，政府却没有能力在生产者和消费者之间取得平衡点。以最重要的价格监管为例，政府或者在成本信息掌握上存在缺陷，在监管方式上存在很大随意性，从而导致公用企业成本约束软化；或者定价过低而政府又不提供价格补贴，导致运营企业陷入困境。另外，各监管部门之间的职能相互交又，监管措施之间很难协调，无法形成完整的监管体系。由于缺乏有效协调机制和争端解决机制，当条块之间冲突时，企业夹在中间无所适从。而当作为监管者的政府与企业发生纠纷时，又缺乏有效的纠纷解决机制，司法机构欠缺独立性。私人投资者起诉政府的诉讼请求很少受到支持，这无疑会大大影响私人部门参与城市基础设施和公用事业建设的信心。

五、经验与启示

（一） 准确把握城镇政府的投资范围

要按照市场经济的客观要求，确定政府投资城镇基础设施的方向与领域，切实强化公共性、基础性和外部性较强领域的投资。诸如城市道路、排水、园林绿化、市容环境公共卫生等，在任何情况下都是政府必须确保的内容。政府投资范围不是一成不变的。随着经济的发展和财力的增强，政府投资的方向和领域也应有所扩大，原有准公益性的基础设施，政府也应增加投入，减轻城镇居民的负担。

（二） 清晰划分政府间的投资责任

有必要清楚划分城镇基础设施的投资责任，不仅涉及中央政府对地方政府，还有省内各级地方政府的投资责任划分。依法明确城镇政府的资源配置主体职能，同时，中央政府和省级和地市级政府要尽快解决横向财政不平衡问题，使欠发达地区有足够的财力履行城镇政府的基本职能，提供与其他地区大致相等的基础设施和公共服务。中央及省级政府要明确对直辖市和省会城市不再提供城市建设补助资金。

（三） 建立地方政府的稳定财源

财产税是各国城镇政府的主要税种。我国开征的财产课税税种中，只有房产税、契税、车船使用税和土地增值税。长期以来不征收地价税、不动产税、遗产税和赠予税，使财产税的收入作用受到很大的限制。未来要逐步列入征收范围，同时还要对某些特殊消费行为、超标房产、地方名产征收奢侈税，以进一步充实城镇政府收入。要根据事权与财权匹配的原则，将上述税种的收入主要留给城镇政府，以提高其筹资能力。

（四） 允许城镇政府发行市政债券

发债券是分税制下城镇政府应当拥有的权力，要允许资信能力强、还债有保障的地方政府发行债券，用于满足具有稳定收入来源的城镇基础设施的资金需要。地方政府债务管理法规建设，使地方政府债务管理有法可依。一是对政府举债规模应进行限制，可以根据可支配财力确定相应比例。二是应当明确政府举债只能用于公共财政负担领域的资本支出。三是地方政府举债应经中央政府和地方人大审批。

（五）拓展公私合作的方式

对于新建的基础设施，政府可以采用建设—转让—经营（BTO）、建设—经营—转让（BOT）、建设—拥有—经营（BOO）等形式与民营企业合作。对于已有的基础设施，政府可以通过出售、租赁、运营和维护合同承包等形式与民营企业合作。推广城市运营商建设模式，可以打通土地一级和二级市场，在房地产开发的同时，由城市运营商同步完成市政设施、社区医院、学校、文化设施的建设，从而免去了土地一级开发的成本和招拍挂的复杂程序，也免去了政府土地财政的负担。

（六）完善投资决策体系

不断扩大社会公众参与政府投资项目决策的力度和深度。健全实行政府投资项目决策公示和重大项目决策听证制度。凡不涉及国家机密的城镇基础设施投资项目，要逐步建立在正式决策前向社会公示的制度，让社会公众知晓并积极参与项目决策过程。仿照价格听证制度，逐步建立起重大政府投资项目决策听证制度。试行由当地民众公决，将民众投票结果作为项目选择与取舍的重要参数的制度。

（七）实现融资平台准确定位

融资平台应该定位为以政府出资和公共资源为依托，以市场化方式运作，承担特定基础设施和公共服务融资和建设任务的"特定目的公司"，主要承担准公益性项目的投融资责任，由项目自身收益偿还债务，必要时政府给予适当财政补贴。主要的公益性项目，则应该依靠财政投入，通过发行政府债券从公开市场融资，并以地方政府财政收入进行偿还。

（八）加强政府的监督与管理

基础设施建设涉及社会公共利益和社会安全，对政府监管提出了更高、更严格的要求，政府应重点对各类投资模式资本金注入、融资、资金运用等环节采取有效控制和监管，注重对政府项目的设计、施工进度、建设质量等进行监督和管理，政府有权向投资方提出管理上、组织上、技术上的整改措施，努力提高在基础设施产品和服务的标准、价格、服务水平和建设经营中的监管能力。

参考资料：

1. 陈明星、陆大道、查良松：《中国城市化与经济发展水平关系的国际比较》，《地理研究》2009 年第 2 期。

2. 丁建勋：《基础设施投资与经济增长——我国基础设施投资最优规模估计》，《山西财经大学学报》2007 年第 2 期。

3. 顾金亮、郭晓东：《我国市政公用基础设施的投资不足与对策分析》，《建筑经济》2007 年第 2 期。

4. 蒋时节、刘贵文、李世蓉：《基础设施投资与城市化之间的相关性分析》，《城市发展研究》2005 年第 2 期。

5. 涂岩：《论发达国家推进城市化进程的经验及启示》，《理论界》2011 年第 2 期。

6. 宋序彤：《关于我国市政公用基础设施投资建设发展的报告》，《城市发展研究》2005 年第 5、第 6 期。

7. 武力超、孙浦阳：《基础设施发展水平对中国城市化进程的影响》，《中国人口·资源与环境》2010 年第 8 期。

8. 余池明、张海荣：《城市基础设施投融资》，中国计划出版社，2004 年。

9. 赵庆海、费利群、马兆龙：《世界城市发展的未来趋势及对我国的昭示》，《开发研究》2008 年第 2 期。

第 五 章

我国城镇基础设施建设特点
及投资需求预测

内容摘要： 我国城镇基础设施质和量大幅提升，但阶段性特点明显，供需矛盾依然突出；投资持续增长，但投资力度仍有差距；涌现出一些新经验、新模式，但资金来源仍以政府投资为主。新型城镇化产生巨大需求，未来投资仍将保持较高增长，需要市场化多元化投资，进一步发挥政府主导作用，并积极促进民间资本参与；重点是支持中小城市（镇）加强基础设施建设；培育机构投资者，扩大吸引外资，大力发展资本市场。

一、我国城镇基础设施建设的新特点

（一）城镇基础设施质和量大幅提升，但供需矛盾依然突出

随着改革开放的不断深入，我国城镇基础设施建设取得了巨大成就，从其发展历程看，表现出以下特点：

1. 城镇基础设施配置水平，服务功能和人居环境质量全面提高

在城市人口不断增长的情况下，不仅城市基础设施总量不断增加，城市基础设施人均配置水平也有了较大幅度提高。截至 2011 年年底，城市用水普及率达 97.04%，燃气普及率达 92.41%，每万人拥有公共交通车辆 11.8 标台，人均道路面积为 13.75m²，污水处理率 83.63%（其中污水处理厂集中处理率为 78.08%），生活垃圾无害化处理率达 79.85%，城市建成区绿化覆盖率达 39.22%，人均公共绿地面积为 11.80m²。与 2000

年相比，城市市政公用基础设施总量和公用产品供应总量增长迅速。其中天然气供气总量增长8.6倍，城市道路长度增加2.4倍，道路面积增长2.4倍；城市供水管道长度增加2.3倍，每万人拥有公交车辆标台数增加2.2倍、城市公共绿地面积增长2.6倍；城市蒸气和热水供热能力分别增加了1.2倍和3.5倍；供热面积增长了4.7倍；污水处理厂由481座增加到4542座，污水处理能力增长了6.7倍。城市垃圾处理设施也有相应的发展，城市垃圾无害化处理设施能力增加2.2倍。

2. 供需矛盾依然存在，一些设施领域还比较严重

我国正处于城镇化快速发展、消费结构升级和生活质量全面提高的发展阶段，在面临城市规模不断扩张的背景下，出现了既有需求和新增需求对于现有基础设施供给能力的双重挤压，造成基础设施供给能力的不足，供需矛盾依然存在，且在部分设施中还比较严重。主要表现在：一是市政公用设施服务的覆盖面还不足，还没有一项设施的服务能够100%的覆盖。尤其是城市燃气、热力管网等市政设施不能有效满足城市发展。二是城市老城区部分设施陈旧，如路网结构不很合理，道路破损严重，停车配套设施不足，地下管网综合差、配套不足等。据有关调查，目前全国使用年限达50年以上的供水管网约占全国供水管网总量的6%。许多城市的燃气管网运行时间在20年以上，严重腐蚀、老化，已进入事故"易发期"。近几年各大城市夏季内涝严重，导致许多城市出现"看海"现象。三是环境设施建设滞后，垃圾收集清运和处理、污水排放及处理等设施建设缺口较大，垃圾无害化及污水处理设施处理能力远不能对城市垃圾和污水进行有效处理。四是城市公共交通建设还不适应经济社会发展需要。2011年我国城市道路面积与城市面积之比为3.07%，县城的道路面积与城市面积之比为2.05%，均不足10%，远远低于发达国家15%~30%的水平。近年来，家用轿车呈现强劲的发展势头，数量激增远超出预期，尤其是北京、上海、重庆、广州、成都等大都市，交通拥堵严重，城市道路交通压力越来越大。

3. 城镇间基础设施水平差异较大

从总体上看，东部地区城镇基础设施水平要优于中、西部地区，如燃气普及率，2011年东部地区为98.11%，中部地区为90.14%，西部地区为85.59%，东部地区要比中部地区高约8个百分点，比西部地区高约13个百分点。其他行业也表现为相同的特征，污水处理率、生活垃圾无害化处理率指标东、中、西部发展的不平衡性更为显著（见表5-1、表5-2）。

值得注意的是，在城市序列中，中部城市在10项基础设施水平统计指标中有3项处于最低值，东北地区城市有5项指标处于最低值；县城序列中，东北地区县城在10项基础设施水平统计指标中有8项处于最低值；建制镇序列中，东北地区建制镇在7项

表 5 - 1　各地区城市基础设施水平（2011 年）

地区	人均日生活用水量（升）	用水普及率(%)	燃气普及率（%）	人均道路面积(m²)	万人拥有公交车辆（标台）	污水处理率（%）	污水处理厂集中处理率(%)	人均公园绿地面积(m²)	生活垃圾处理率（%）	生活垃圾无害化处理率（%）
全国	170.94	97.04	92.41	13.75	11.81	83.63	78.08	11.80	91.89	79.84
东部	182.66	99.28	98.11	15.16	13.45	85.25	81.77	12.26	96.06	87.37
东北	122.5	93.95	88.38	11.46	10.49	74.76	70.26	10.85	77.66	57.78
中部	163.36	96.42	90.14	13.81	9.60	86.84	79.71	10.56	92.17	80.76
西部	166.60	94.32	85.59	12.83	11.02	79.74	75.09	11.44	92.06	81.59

数据来源：根据历年《中国城乡建设统计年鉴》整理。

表 5 - 2　各地区县城基础设施水平（2011 年）

地区	用水普及率（%）	燃气普及率（%）	建成区供水管道密度（km/km²）	建成区排水管道密度（km/km²）	人均道路面积（m²）	污水处理率（%）	人均公园绿地面积（m²）	建成区绿化覆盖率（%）	生活垃圾处理率（%）	生活垃圾无害化处理率（%）
全国	86.09	66.52	9.98	7.01	13.42	70.41	8.46	26.81	67.02	40.47
东部	94.03	89.29	12.28	7.99	17.01	71.92	10.61	35.70	76.85	56.97
东北	76.07	56.81	10.65	5.22	10.35	48.75	8.22	20.74	49.42	27.29
中部	85.19	64.73	9.12	7.37	12.87	75.59	8.00	27.18	67.00	31.66
西部	85.52	56.67	9.25	6.26	12.44	53.93	7.81	23.71	67.98	41.99

数据来源：根据历年《中国城乡建设统计年鉴》整理。

指标中有 3 项处于最低值。说明东北、中部地区城市不但目前投资水平相对较低，城镇基础设施水平的差距也较大，如果按这种状况发展下去，东北和中部城市与全国城市平均水平的差距还将继续拉大。因此，需要对中部和东北地区城镇基础设施建设发展问题进行更深入的研究，进一步促进中部崛起和东北振兴（见表 5 - 3）。

表 5 - 3　各地区建制镇基础设施水平（2011 年）

地区	用水普及率（%）	燃气普及率（%）	排水管道暗渠（km/km²）	人均道路面积（m²）	人均公园绿地面积（m²）	绿化覆盖率（%）	绿地率（%）
全国	79.80	46.10	5.30	11.70	2.03	15.00	8.00
东部	87.46	65.15	6.05	13.77	3.08	18.67	11.03
东北	74.70	23.03	2.23	12.37	1.00	7.03	2.30
中部	73.05	29.42	4.86	10.28	1.25	16.33	6.92
西部	75.08	26.75	3.61	9.83	0.81	8.57	4.41

数据来源：根据历年《中国城乡建设统计年鉴》整理。

4. 中小城镇基础设施薄弱，服务保障及可持续发展能力低

从目前小城镇保有的基础设施现状看，总体设施水平低、服务功能不完善、承载能力较弱、建设严重滞后，严重制约小城镇集聚带动功能的发挥。截至 2011 年底，全国建制镇用水普及率 79.8%，低于设市城市和县城平均水平 17.2 个和 6.3 个百分点；人均公园绿地面积 2.3m²，低于城市和县城平均水平 9.5m² 和 6.2m²；燃气普及率 46.1%，低于城市和县城平均水平 46.3 个和 20.4 个百分点。尤其是排水、污水处理以及垃圾收集、清运、无害化处理等环境基础设施非常薄弱。目前 17072 个建制镇仅建有污水处理厂 1651 个、污水处理设施 8125 个，仅占建制镇总数的 57.27%，并且采取的处理工艺简单。100% 的小城镇没有垃圾无害化处理设施，小城镇垃圾乱堆乱放现象严重。由于工业及外来人口的急剧增长，小城镇原有的基础设施不堪重负，主要表现在给排水、电力供应、垃圾处理及小城镇公共环境已远不能适应经济发展的需要。

（二）城镇基础设施结构具有阶段性特点，发展进入新阶段

近年来，我国城镇基础设施结构具有以下阶段性特点：

1. 我国城镇供排水设施建设进入新阶段

供水设施投资比重从初期的 20% 左右，到 20 世纪 90 年代以后逐渐下降到 10% 左右，进入 21 世纪后该比重更是低于排水设施投资比重，降到 5% 以下。2000 年为 7.54%，降至 2011 年的 3.77%，供水设施建设需求逐年下降。说明我国城镇基础设施建设已开始从重视给水设施的建设转为重视排水设施的建设，目前我国城镇供排水设施建设进入污水处理设施建设新阶段。其主要特征：一是污水处理设施建设持续增长，并将在未来的几年内保持这一势头。二是全国平均污水处理率大幅度提高。截至 2011 年，我国共建成污水处理厂 4542 座，形成污水处理能力近 1.5 亿吨/日，污水处理率设市城市达到 83.63%，县城达到 70.41%。三是城市排水设施建设投资近年来增长幅度较大，由 2000 年的 149.3 亿元增加到 2010 年的 1328.1 亿元。但其占城镇基础设施总投资的比例却徘徊在 7%~8% 的水平，说明城市排水设施建设的投资与相关行业相比增加的并不显著，城市排水管网和污水处理设施的建设还需要增加投资力度，才能逐步偿还多年来城市排水设施建设的欠账。

2. 城市道路和公共交通建设进一步加快

道路桥梁的建设始终占据投资比重的首位，进入 90 年代以来，特别是进入 21 世纪以来，道路桥梁所占的投资比重有较大幅度的提高，由 30% 左右提高到 40% 左右，到 2011 年更是达到 45.11%，投资额已达到 8951.4 亿元。这是城市路桥建设投资发展的重要特征，也说明城市路桥在城镇基础设施建设中的重要地位。从 2000 年来，城市公

共交通投资持续增加，特别是"十一五"期间有较大的增长。2000年城镇公交投资155.7亿元，占总投资的8.24%；到2006年全国突破500亿元，2008年超过1000亿元，2011年达到1937.1亿元，占总投资的10.79%，反映近年来各大城市轨道交通大建设的新情况。轨道交通的大发展，对缓解大城市交通堵塞起重要作用。但是，快速增长的建设规模和运营里程也积累了越来越多的建设成本偿付和运营亏损分担，特别是在财政基础相对薄弱的中、西部地区城市，仅靠财政投入和银行贷款保证建设、运营的既有模式实际上难以持续。

3. 大城市园林绿化建设大发展

城市园林绿化设施建设投资增长的速度明显高于相关其他行业投资的增长，占总投资的比重从1998年开始有了明显增加，特别是"十一五"期间增长很快。2007年突破500亿元，2009年突破1000亿元，2010年为1831.5亿元，2011年达到2112.4亿元，占总投资的11.76%，这一增长速度是前所未有的。这表明，人们对保护生态环境、提高城市环境质量的意识在不断增强，城市园林绿化工作日益得到各级政府和群众的广泛支持。另外，也反映了一些城市大建森林城市的"冒进"现象。

4. 防洪等地下设施、隐蔽设施建设逐步引起人们的重视

1997年全国发生严重洪涝灾害后，特别是2004年7月10日北京暴雨事件，不到两个小时的降雨让整个北京市的交通陷入瘫痪。10多座立交桥下积水深达2米，一些地下商场、地铁站也被雨水所淹。这样的事件在全国很多城市都出现过。由此，引起城市政府对防洪等地下设施、隐蔽设施建设的重视，纷纷加大防洪设施建设的投资力度，投资规模逐年增加，2002年突破100亿元，2009年之后达到200亿～300亿元地方规模。

（三）城镇基础设施投资持续增长，但投资力度仍有差距

1. 城镇基础设施投资持续增长，力度逐年加大

我国城镇基础设施投资总量一直处于高速增长的时期，但投资增幅波动也较大。剔除不正常年份，大部分年份的城市基础设施投资增长幅度都在两位数以上，最高增幅年份高达85.56%，最低年份（1989年）增长率－5.48%（负增长）。据统计，"十五"期间共投资24380.9亿元，年均投资4876.2亿元，年递增27.12%。"十一五"期间共投资54243.3亿元，年均投资10848.7亿元，年递增24.99%（剔除2006年特殊年份）。2000～2011年全国城镇基础设施投资从2075.7亿元增加到17961.9亿元，11年间城镇基础设施投资规模增长了7.7倍，平均年增长18.10%，占同期全社会固定资产投资比重平均为6.60%。

城镇基础设施投资力度逐年加大。用基础设施投资与GDP的比值可以反映基础设施与经济发展总量的关系，基础设施投资占固定资产投资的比例可以反映基础设施与城市建设投入的关系。在城市经济快速发展的同时，城市基础设施建设也会迅速发展，而加大城市基础设施建设投资的力度，也会带动和刺激城市经济的发展，这种互动的关系客观上要求两者之间保持合理的比例关系（见表5-4）。

表5-4 全国历年城镇基础设施固定资产投资　　　　单位：%

时间	国内生产总值增长率	全社会投资增长率	城镇基础设施投资		
			增长率	占同期全社会固定资产投资比重	占同期国内生产总值比重
"八五"	12.28	35.60	48.04	4.04	1.35
"九五"	8.62	10.58	18.06	5.52	1.82
"十五"	9.76	22.04	27.12	8.31	3.37
"十一五"	11.22	25.68	20.81	6.02	3.45
2011	9.3	23.80	5.90	5.77	3.80
1981~2011年平均	9.98	22.00	24.70	4.92	2.15
2000~2011年平均	9.67	20.46	18.10	6.60	3.18

在2000~2011年，我国城镇基础设施投资占全社会固定资产投资比例由2000年的6.31%，增加到2005年的7.66%及"十五"平均8.31%，然后逐步回落到2011年的5.77%。城镇基础设施投资占GDP的比例由2000年的2.10%，逐步提高到2010年的4.23%，2011年下降到3.8%；"十五"期间平均为3.37%，"十一五"期间平均为3.45%。从更长时期的分析，1990年以来，我国城镇基础设施投资增长速度始终高于国内生产总值GDP年增长速度，这应是现阶段我国城镇化快速发展的一个重要特征，并且这一特征必将持续地保持相当长的一个时期。

2. 城镇之间投资力度不均

从城镇之间基础设施投资分配来看，2001~2011年（剔除2003年）城镇基础设施投资10年平均，设市城市占80.73%，县城占12.12%，建制镇仅占7.15%。2010~2011年设市城市的投资比重有所下降，2011年占到77.58%，县城投资比重有所增加，提高到15%以上，而建制镇投资比重不但没有提高，反而下降，2011年为6.51%（见表5-5）。

表5-5　城镇投资比重

单位:%

项目 ＼ 年份	2001	2002	2003	2004	2005	2006	2007	2008	2009	2010	2011
城市投资占总额比重%	80.84	82.18	88.93	81.33	82.42	81.48	81.83	79.75	81.11	78.79	77.58
县城投资占比	11.60	10.85	11.08	11.22	10.58	10.33	10.35	12.41	12.82	15.15	15.92
建制镇投资占比	7.57	6.98	—	7.30	7.01	8.20	7.83	7.86	6.09	6.06	6.51

表5-6　城镇获得投资的水平

项目 ＼ 年份	2001	2002	2003	2004	2005	2006	2007	2008	2009	2010	2011	2001~2011 平均
单位面积投资强度（万元/km^2）												
城市	979	1203	1577	1567	1723	1713	1810	2030	2793	3337	3196	2192.8
县城	324	393	500	558	581	553	570	776	1081	1550	1646	853.2
建制镇	111.6	130.4	—	191.0	201.0	185.9	216.0	240.7	254.9	323.4	345.0	220.4
人均投资强度（元/人）												
城市	658.8	887.27	1320.2	1396.5	1560.5	1731.3	1910.4	2199.5	3120.7	3775.1	3936.2	2249.6
县城	374.9	463.15	604.02	684.17	719.10	664.0	700.0	963.11	1367.0	2039.5	2216.7	1079.6
建制镇	169.3	193.43	—	298.60	321.62	414.3	468.7	526.09	578.26	739.57	811.11	502.3

　　从城镇基础设施的投资水平看，2001~2011年单位面积投资强度10年平均值，设市城市为2192.8万元/km^2，县城为853.2万元/km^2，建制镇为220.4万元/km^2，大城市是县城的2.57倍，是普通镇的9.95倍；县城是普通镇的3.87倍。单位面积投资强度的增长率也可看出不同城镇间的差异，普通城镇的投资强度增长较小。2001~2011年人均投资强度10年平均值，设市城市为2249.6元/人，县城为1079.6元/人，建制镇为502.3元/人，设市城市是县城的2.08倍，是普通镇的4.48倍；县城是普通镇的2.15倍。

　　3. 与国外相比较仍有差距

　　表5-7列出了美国、日本、加拿大和原西德在20世纪50~70年代城市化过程中城市基础设施建设投资情况的统计数据。尽管不同国家统计范围不尽一致，但仍可进行某些相关比较。数据表明，发达国家在20世纪50~70年代，城市部分基础设施统计投资占固定资产投资比例一般在7.1%~12.6%，占GDP的比例一般在1.2%~4.0%；而我国的统计数据，2000~2011年城镇基础设施投资占全社会固定资产投资的6.60%，

接近发达国家比例的低限；占 GDP 的 3.18%，还未达到发达国家的高限。同时，由于我国统计的范围比相关国家的统计更宽一些，该比例数字的合理范围应比表中相关国家的数字再高 1~2 个百分点。所以，未来我国城镇基础设施建设投资所占相关比例还将持续地增加，但其增加的幅度将趋缓。

表 5-7　有关国家城市基础设施建设投资情况

国别（城市）	统计年份	投资统计范围	统计投资占国家固定资产总投资比例（%）	统计投资占 GDP 比例（%）
美国	1950~1980	城市给水、排水、道路、燃气、园林	7.13~10.23	1.18~1.75
日本	1960~1980	城市给水、排水、道路、燃气、园林、环卫	9.79~12.58	3.28~4.06
加拿大	1974~1976	城市给水、排水、道路、燃气、园林	8.46~9.15	1.60~2.04
西德	1976~1980	城市给水、排水、道路、燃气	7.3~9.0	1.7~1.9
联合国推荐	1976	市政基础设施（广义）	>10	3~5
世界银行调查部分发展中国家比例	1980~1989	市政基础设施（广义）	20	2~3
中国	2000~2005	城市给水、排水、道路、桥梁、燃气、供热、防洪、园林、环卫和其他	8.31	3.37
	2006~2010		6.02	3.45
	2011		5.77	3.80

注：国外统计数据引自中国建筑技术发展中心市政技术情报部，国外城市建设与统计资料。

（四）城镇基础设施资金来源仍以政府投资为主，并出现很多新模式

财政投入比重整体呈现大幅上升趋势，增速快。2000 年财政投入占城镇基础设施投资总额的 12.76%，到 2005 年达到 22.02%，在"十一五"期间平均达到 34.80%，2011 年占到 41.97%。反映政府在城市基础设施投资领域介入过深，由于路径依赖，政府在城镇基础设施某些领域还在充当唯一的投资者。另外，各级政府为获取城市基础设施投资资金而大量负债，政府债务风险问题日益突出（见表 5-8）。

表 5-8　城镇基础设施投入中的政府与市场渠道

项目　　年份	投资总额亿元	财政拨款			市场投入		
		投资额亿元	占比%	增长率%	投资额亿元	占比%	增长率%
1990	121.2	7.4	6.11		113.8	93.89	
1995	807.5	24.2	3.00	-13.27	783.3	97.00	22.86
2000	1740.5	222.0	12.76	27.74	1518.5	87.24	18.69
2005	5949.9	1309.7	22.02	13.36	4640.2	77.98	20.86
2010	15999.0	5822.0	36.40	32.22	10177.0	63.60	19.00
2011	17149.1	7197.2	41.97	23.62	9951.9	58.03	-2.22

中央预算内投资占城建资金的比重总体上呈下降趋势。由 1985 年的 21.79% 下降到 2011 年的 2.10%（其中，在 1999 年和 2000 年受亚洲金融风暴影响，政府加大了基础设施的投入，中央财政拨款比例分别达到 11.96% 和 12.76%）。中央财政拨款已不再是城镇基础设施资金的主要来源。地方财政拨款所占比例"十五"平均 19.36%，在"十一五"大幅提高，平均占到 32.34%，为总资金规模的近 1/3，2011 年更是达到 38.99%。财政性资金中很大一部分来源于土地收益，土地收益已成为市政建设资金链中的重要一环，是地方政府取得银行贷款的重要资金保证。

随着经济体制改革的不断深化，我国基础设施建设的投融资体制改革逐步展开。1997 年以后，各地区和大小城市纷纷组建了多种形式的政策性投融资公司。传统的政策性投融资公司模式在运作中遇到了不少障碍，出现很多问题，特别是近年来政府投融资平台的信贷风险问题已引起有关部门的高度重视。针对存在的弊端，一些城市政府积极改革：一是给予政策性投融资公司更多的主动权；二是从单一融资渠道向融资市场化拓展，探索新的投融资模式，涌现出一批市场化投融资创新模式，如重庆"政府主导"运作模式、上海"公司化"运作模式、成都"城乡统筹"运作模式。

二、我国城镇基础设施建设的新趋势

自 20 世纪 90 年代中期以来，我国城镇化进入了快速推进阶段，2011 年我国城镇化率首次突破 50%，达到 51.27%，城镇人口首次超过农村人口。《国家新型城镇化规划（2014~2020 年）》提出，紧紧围绕全面提高城镇化质量，加快转变城镇化发展方式，以人的城镇化为核心，要求从"建设型"向"人本型"转变，由此带动城镇化的重点、主体、成本、布局以及城市建设等将随之发生变化。新型城镇化更加重视城镇化质量，强调适度和健康的城镇化发展速度，要求"适度的城镇化增速"、"投资环境的改善"和"人居环境质量的提升"。新型城镇化的基本特征:一是由"单线推进"转向"两线均衡"转变。继续提高城镇化水平,进一步吸纳和转移农村人口;同时提高城镇化质量,给予农民工市民待遇,以此推动城镇化的持续发展。二是由"板块式"向"网格式"转变。以城市群为主要载体推动城镇化。着眼于8亿~10亿人城镇人口的目标,跳出单个城市的发展局限,重点建设一批城市群,以城市群内大中小城市的相互协调、带动和促进,实现城市功能和优势互补,推动城镇化持续健康发展。三是由"扩空间"向"提功能"转变。把城镇化发展的重心向提高城镇承载能力上转移,提高城市就业吸纳能力和基础设施水平。

新型城镇化战略为我国城镇基础设施建设发展创造了机遇,同时也提出更高、更新的要求,我国城镇基础设施建设未来发展的新趋势。

(一) 新型城镇化对城镇基础设施建设的新要求

2011年我国城镇化水平超过50%,进入城市社会,城市建设也将由注重速度和规模转变为更加重视质量和水平:

1. 城市基础设施现代化

一个现代化城市,应是能为其性质、职能、活动、管理等提供与其生产力水平相一致的经济和环境条件;一个现代化城市,应是一个开放的大系统,而以交通、通信、能源供应为基础的,高效能的城市基础设施是城市发展及其现代化的物质基础。要实现城市现代化,首先要求城市基础设施现代化。城市现代化对城市基础设施的基本要求是:高效能、高效益的基础设施运行系统,良好的城市环境质量,高度社会化协作交流的最佳地域条件。城市基础设施现代化建设,今后重点抓好六个方面:一是建设便捷的内外交通系统。二是建设完善的城市水、电、气、热供应系统。三是建设现代化的信息网络系统。四是以污水、垃圾处理为中心,建设现代化的环保环卫系统。五是建设优美舒适和谐的城市生态环境系统。六是建设安全可靠的城市防灾减灾系统。

2. 实施城镇基础设施扩容提升工程

全面实施城镇基础设施扩容提升工程,城市道路建设与改造,城镇供水能力,供水管网建设,污水处理能力、垃圾处理能力,中心城市管道天然气建设。一是编制完善专项规划,合理确定设计标准。二是加快重点项目建设。其中,重点加快中心城市轨道交通建设,加快城市道路、立交桥、过街天桥、地下通道、停车场等城市交通设施建设。重点加快污水、垃圾处理项目建设,推进城市污水深度处理设施和污泥处理处置项目建设。城市燃气配套设施建设,逐步实现城市燃气设施向重点镇延伸。推进中水回用工程建设,积极推进生活垃圾焚烧和水泥窑协同处理工程建设。生态设施项目建设方面,重点推进城市河道综合整治、城市游园绿地建设。抓好市容市貌、环境卫生、市政公用设施、园林绿化等方面的精细化管理，加强城乡结合部、城中村等热点、难点地区环境整治。

3. 资源环境保护将是下一阶段的重点

以人为本，按科学发展观要求，城镇基础设施建设的内容更丰富，可持续发展。尽管城市环境卫生设施建设投资近年来也有了一定幅度的增长。但是其投资占总投资的比例始终徘徊在 2%～3%，2011 年该项投资达到了 633.9 亿元。从总体上讲，投资力度还很不够。

在未来的几年间，我国污水处理设施投资需求依然强劲，特别是中西部地区及小城镇面临更大的投资压力。一是小城镇污水处理设施建设刚刚起步。以前，我国的水污染控制工作重点放在了城市生活污水和工业废水处理上，而针对小城镇污水处理工作的进程十分缓慢，污水管道建设状况十分薄弱。二是大型污水处理设施建设初步完成，中小规模污水处理设施成为主流。据统计，截至 2011 年，已建成的污水处理厂中，城市平均处理能力 7.12 万吨/日座，县城为 1.85 万吨/日座，建制镇为 6738 吨/日座。污水管道建设的落后，凸显了推广分散处理的必要性。三是管网、污泥处理处置等配套设施建设投资需求较大。根据规划，配套管网建设投资需求远高于污水处理厂。然而地方政府对配套管网建设的投资力度与投资需求之间产生了较大的缺口，这使管网配套设施建设滞后，从而导致大量建成的污水处理厂成为"晒太阳"工程，污水实际处理量远远低于设计水平。此外，污泥的处理处置问题也普遍未得到解决。

4. 民生建设普遍受到重视

在"十一五"大规模投入的基础上，未来 5 年民生建设仍然是重中之重。如广东提出要完善公共文化基础设施，到 2015 年，全省市县图书馆、文化馆、博物馆文化设施全部达标，珠三角地区达到全国一流水平。推进重大文化工程建设，加大城镇电影院线、文化信息共享工程等的建设力度。显然，"十二五"，民生领域的投资范围还将随着需求的变化和政府财力扩大进一步扩大，同时，更加强调发展质量的提高。"十二五"规划提出了全面提升基础设施水平，加快面向大众的城镇公共文化、体育设施建设，增强城镇综合承载能力的任务。

5. 技术进步带动城镇基础设施新发展

新技术、新材料不断得到应用，技术和装备水平普遍提升，例如为了提高饮用水的水质标准，自来水厂进行净水工艺技术改造，除常规处理工艺外，实施预处理工艺，同时对供水管网、供水检测、供水计量、再生水生产等普遍进行技术更新和升级。原有设施的改造、升级和换代成为重要建设内容。未来基础设施的发展不仅仅局限于传统思想上解决道路交通，供水、供电、通信等基础设施，以及教育、科技、医疗卫生等社会领域基础建设问题，更是要通过高度信息化、可持续化、低碳型、高效化，高品质化来推动基础设施的发展。

（二）城镇基础设施建设需要市场化、多元化投资

由于社会资本进入基础设施投融资领域的难度较大，各地纷纷成立城市建设投资公司之类的经济实体作为基础设施资产市场化的载体，受政府授权或委托，统一负责城市和地区基础设施资产的投资和经营。2009 年是地方融资平台爆发性增长的一年，连财政基础最弱、底子最薄的县乡政府都在挖空心思建立投融资平台，中国人民银行 2009年末披露的数据显示，我国地方政府融资平台达到 3800 多个，其实，如果按照国发〔2010〕19 号文①细则定性的宽口径计算，投融资平台的数量恐怕至少达到 8000 个以上。曾一度出现一个地级市同时并存 10 多个平台的情形，建委、发改委、国土局、财政局、国资委、园林局、开发区等都设有融资平台。一些地方性融资平台的负债率高达94%，有的地方甚至高达 400%，而国际上平均为 80%～120%。世界银行在 2012 年一份研究报告中指出，中国目前在城镇基础设施发展方面，面临的最大问题就是资金短缺，而"城市建设投资公司"的产生对解决这一问题的作用越来越大。但是，地方融资平台设立和管理的不规范，积累巨额的债务，风险难以控制，应引起相关部门高度的重视。

事实上，当前地方政府已经面临着巨大的财政收支缺口，如果其他配套改革措施跟不上，地方政府的财政收支缺口将进一步扩大。地方政府应对财政收支缺口较为普遍的做法是通过城投公司等平台进行融资，中央政府也试图通过代发地方债予以缓解。但不管通过何种方式举债，若没有体制方面的变革，地方政府的收支水平不会有明显改善，负债水平也不会发生太大变化。根据审计署报告，从债务余额与当年可用财力的比例看，2010 年我国有 7 个省、10 个市和 14 个县超过 100%，最高超过 300%。可以说，地方政府债务风险已经成为我国经济金融领域的核心风险之一，如果没有在制度层面对此加以解决，政府主导的快速城镇化很可能会加快引爆上述风险。

当务之急是转变各级政府对城镇化的认识，并将城镇化与改革大局紧密结合。首先，城镇化的正确定位是促进人的全面发展，如果未来还是简单地将城镇化定位为"投资拉动经济增长"的着力点，那么大规模的城镇化无异于投资大跃进。在城镇化的大旗掩护下，地方政府的投资冲动将会更加有恃无恐。其次，要将城镇化与政府职能转

---

① 《关于加强地方政府融资平台公司管理有关问题的通知》（国发〔2010〕19 号）。

变紧密相连，变政府主导型城镇化为政府引导型城镇化，将城市建设的主要职能还给市场，让政府回归公共服务供给主体，为地方政府松绑。最后，要将城镇化与财税体制改革紧密相连，理顺各级政府间的财政关系，尽快建立政府债务的风险预警和防控机制。在城镇基础设施建设领域，需要充分认识城市基础设施建设的市场化融资障碍，进一步推行市场化、多元化改革，以投融资体制改革为突破口和重点，拓展城市基础设施建设的融资渠道，推动城市基础设施建设持续发展。

（三）重点是支持中小城市（镇）加强基础设施建设

尽管经过多年的建设和发展，小城镇基础设施得到一定改善，但多数小城镇基础设施还非常薄弱，承载产业发展和居民生活的保障能力还很低，规划与建设的整体水平普遍不高，总体落后的状况没有根本改变，资金不足是最大问题。

从小城镇基础设施建设投入情况看，2008～2011年的4年间，国家和省两级财政资金投资仅为461.12亿元，年均仅115.28亿元，每个镇年均仅为68万元。除去国家和省级投资外，各市县及镇本级财政投资2617.85亿元，年均654.46亿元，每个镇年均384万元。小城镇基础设施建设主要依靠当地财政投入，由于镇财政不独立，当地的土地开发收益、城建维护税等又上收上一级政府，当地的财政投入不能形成小城镇建设的强力支撑。资金来源渠道单一也是造成小城镇基础设施短缺的又一重要原因。目前，政府投资占到小城镇基础设施投入的90%以上，是资金来源的唯一渠道，其他资本包括企业资本、私营个体参与投资几乎是空白。镇政府不具备法人资格向金融机构借贷。而出于对还贷的担心，银行也不愿意为基础设施项目提供融资。因此，小城镇基础设施建设缺乏稳定的资金来源渠道。长期的投入不足，导致小城镇基础设施建设水平低、不配套，进而导致服务和保障功能差，形成"投入不足—建设滞后—功能缺失—经济缓慢—投入不足"的恶性循环，已成为制约小城镇发展的瓶颈。

从项目投资结构看，小城镇供排水设施和道路建设是过去国家和地方政府投资的重点方向，占项目总数的70%～80%。先行解决百姓安全饮水、出行等基本生活需要，非常迫切和重要，但是也不应忽视污水处理、垃圾无害化处理等环境基础设施的建设，良好的生活生态环境是小城镇聚集人口、改善投资环境的关键因素，是小城镇持续发展的重要保障，应该成为今后投资的重点和方向。同时，考虑到城镇产业支撑体系的建立，生产性基础设施有待大的发展。

鉴于大城市基础设施和公共服务已经连续多年获得持续快速发展，今后几年国家可考虑将公共资源配置适当向中小城市（镇）倾斜，支持中小城市（镇）加强基础设施建设，构建公共服务体系，以增强人口的承载能力。

小城镇基础设施建设应重点解决与现有城镇居民的居住、生活和服务等相关的水、路、垃圾治理、卫生整治和环境管理等方面的问题，不断完善各项设施的配套水平，增强小城镇的吸纳能力和承载功能。同时，宜在区域规划等较大范围的规划中统一配置，重点在于完善功能。

三、未来我国城镇基础设施投资需求预测

（一）投资需求预测方法的选择

对于未来城镇基础设施投资需求的预测，可以沿着多种思路推进。一是采用国民收入法，根据城镇基础设施投资对国民经济增长的拉动作用，从保证经济发展需求的角度测算经济增长对城镇基础设施投资的需求。二是采取时间序列分析预测方法，依据数据过去的变化规律来预测其未来的发展。三是回归分析预测方法，根据影响城镇基础设施投资各变量之间的相关关系，利用历史数据建立起回归方程进行预测。此外，还有灰色预测模型、马尔柯夫预测模型、模糊预测模型和神经网络预测模型等。

从城镇基础设施建设投资的主要目的和作用看，城镇基础设施是为了满足经济发展社会发展的需要，是在城镇化水平不断提高过程中满足城镇居民不断增长的公共需求和为经济发展提供更好的基础条件，不是从固定资本形成总量角度为拉动经济增长而不断扩大投资规模。因此，我们从影响城镇基础设施投资需求的主要相关因素，包括城镇人口、建成区面积和经济发展水平等，利用时间序列分析预测方法，并结合国际经验的比较分析，进行投资需求预测。

（二）未来我国城镇化情景预测

1. 2020 年我国城镇化率将达 60% 左右

城市化是一个经济社会发展的过程，有其内在的自然规律。从世界城市化尤其是发达国家城市化进程的一般规律看，城市化发展进程从起步开始大体上划分为起步、加速和成熟三个阶段，一般情况下城市化率在 30% 左右到 70% 左右时，往往是一国城市化加速发展的阶段，当城市化率超过 70% 之后，城市化进程开始放缓。从我国城镇化发展历程看，我国城镇化率 1996 年突破 30%（30.48%），2011 年达到 51.27%，2012 年进一步提高到 52.57%，1996～2012 年我国城镇化率年均提高 1.38 个百分点。从世界城市化发展的一般规律看，目前我国城镇化已进入加速发展阶段，且正处于加速发展的"城市化中后期"（即城镇化率在 50%～70%）。可以预料，未来相当时期内我国城镇

化仍将处于加快推进时期，城镇化率还会进一步提高。

城镇化是经济发展的结果，一国的城镇化率与人均 GDP 呈现出很强的正相关关系。从国际经验看，当一个国家处在人均 GDP 3000 美元的时候，城市化率在 50% ~ 60%，日本和韩国是 75%。从钱纳里的城市化水平与人均 GDP 水平的模型看，人均 GDP 达到 4000 美元（2010 年美元）时，对应的城市化率大约为 53%，5000 美元时大约为 55% 左右，领先工业化率 20 个百分点左右。从我国城镇化率与人均 GDP 的对应关系看（见图 5 - 1），1995 ~ 2003 年，我国人均 GDP 从 5000 元增加到 10000 元，人均 GDP 每增长 1%，城市化率就提高 0.181 个百分点；2004 ~ 2012 年，人均 GDP 从 10000 元增加到 40000 元，人均 GDP 每增长 1%，城市化率就提高 0.131 个百分点。

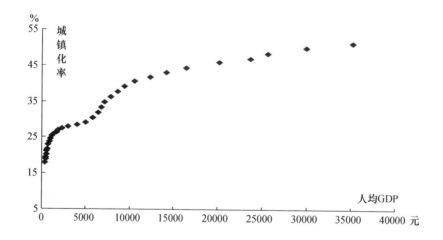

图 5 - 1　我国城镇化率与人均 GDP（人民币）的关系

数据来源：根据《2012 中国统计摘要》相关数据计算。

如果按照我国 1995 年以来城镇化率与人均 GDP 的变动趋势进行外推，并考虑到随着人均 GDP 水平不断提高，城镇化率提升的幅度会随人均 GDP 增长而有所下降，可以预测"十二五"及至 2020 年我国城镇化率的变动轨迹。以我国 GDP 在"十二五"时期和"十三五"时期分别按 7.5% 和 7% 的平均增速，人均 GDP 每增长 1% 的城镇化率在"十二五"和"十三五"时期分别提高 0.130 个和 0.128 个百分点，则 2015 年城镇化率将达到 55.5% 左右，"十二五"期间年均提高 1.1 个百分点[①]；2020 年城镇化率将达到 60% 左右，"十三五"期间年均提高 0.9 个百分点。

---

① "十二五"规划纲要提出 2015 年城市化率比 2010 年提高 4 个百分点，相当于规划到 2015 年达到 54%，但 2012 年实际水平已达 52.57%，已预示 2015 年必将突破 54% 的规划值。

2. 2020 年城镇人口和城镇建成区面积将保持较快增长

近年来我国人口自然增长率持续下降，由 1990 年的 14.5‰下降到 2000 年的 7.6‰，2008 年进一步下降到 5.08‰，2009 年开始一直保持在 5.0‰以下，2012 年仅为 4.95‰。按 2013～2020 年人口自然增长率为 5.0‰和上述未来城镇化率的预测结果，则 2015 年城镇人口将达到 76282 万人，"十二五"时期年均增加 1861 万人，年均增长 2.64%；2020 年达到 84550 万人，"十三五"时期年均增加 1653 万人，年均 2.08%。

近年来，我国城镇建成区面积增长快于城镇人口增长。我国城镇建成区面积近年来快速增长，由 2001 年的 5.4 万平方公里增加到 2011 年的 9.5 万平方公里，10 年间增长了 75%，2002～2011 年年均增长 5.8%，高于同期城镇人口 3.7%的年均增速 2.1 个百分点，由此导致城镇人均建成区面积呈上升趋势，由 2001 年的 113 平方米提高到 2011 年的 137 平方米，10 年间提高幅度达 21.8%（见图 5-2），这与近年来我国地方政府偏重土地财政、搞圈地运动与过于扩张城镇规模的做法密切相关。城镇建成区面积的过快扩张，不符合城镇发展规律和集约、节约利用土地资源的要求。

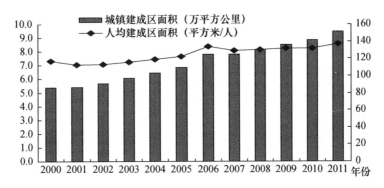

图 5-2 我国城镇建成区面积总是与人均水平变动趋势

根据科学发展观和经济社会可持续发展的要求，未来的城镇化将是以质的提升为主导的城镇化，土地的城镇化速度将会得以约束，城镇建成区面积扩张的增速应会低于城镇人口增长的速度。如果在未来城镇化发展过程中将人均建成区面积到 2020 年时逐步控制到 120 平方米（相当于 2004 年水平），则 2015 年、2020 年的城镇建成区面积将为 9.92 万平方公里和 10.15 万平方公里，2012～2020 年年均增长 0.75%。

（三）我国城镇基础设施投资预测结果

1. 城镇人口相关法

（1）城镇基础设施与城镇人口数量的关系。城镇基础设施的投资需求，首先源于城镇人口增长和收入水平提高带来的对城镇基础设施的需求增加。因此，城镇人口的数量与变动，将直接影响城镇基础设施的规模和投资需求。2000~2011年，我国城镇基础设施投资规模与城镇人口数量表现出很强的相关性，相关系数达到0.9486。

从年度人均城镇基础设施投资看（见图5-3），人均城镇基础设施投资规模由2000年的542.9元逐步提高到2011年的2816.2元，年均提高206.7元。其中2000~2008年上升比较平稳，年均提高130元左右；2009年、2010年分别大幅度提高到590元和532元，2011年提高幅度又下降到106元。2009年、2010年两年我国人均基础设施投资规模的大幅度提高，与2008年应对金融危机的4万亿元投资刺激政策密切相关。如果剔除这两年城镇基础设施的异常投资情况，那么2001~2011年人均基础设施投资年均增加128元。

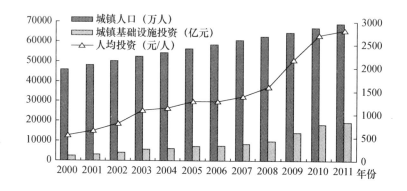

图5-3 2000年以来城镇人口、基础设施投资及人均变动趋势

年度人均城镇基础设施投资规模不断提高，一方面是随着城镇化水平提高，城镇人口数量不断增加，对基础设施的规模需求增加；另一方面是经济发展、人均收入水平提高，人们对基础设施数量的需求和供给质量与供给水平也不断提高，这两种力量的共同作用，推动着人均城镇基础设施投资的不断提高。

（2）城镇人口相关法预测结果。尽管改革开放以来我国城镇基础设施投资保持着比城镇化率提高幅度更快的速度增加，基础设施供给规模和供给能力有了极大提高，"欠账多、缺口大、数量少、水平低"的现象有了极大改观。但我国基础设施的人均数量指标、供给质量与发达国家城市相比还有很大差距，无论在供给数量上，还是在供给的质量和水平上，都还不能完全满足人们不断增长的需要，供求矛盾依然突出，城市道路交通压力日趋加大，尤其是特大城市交通拥堵极为严重，城市供排水、燃气、热力等地下管网建设严重滞后，旧城区基础设施供给不足与老化现象严重共存，城镇生态环境建设、中小城市（镇）尤其是中西部地区中小城市（镇）基础设施配套、完善建设的任务仍然相当繁重。未来城镇基础设施投资不仅要满足新增城镇人口的需求，也要满足原有城镇居民需求不断增长的需要，尤其是要考虑到旧城区改造建设难度提高带来的投资成本上升和投资增加。因此，在 2020 年之前，我国城镇基础设施投资仍处于需要快速增长的时期，人均城镇基础设施投资仍需要不断提高。

如果以人均基础设施投资年均增加 150 元为基础，按照 2015 年和 2020 年城镇化率分别达到 55.5% 和 60%、城镇人口达到 76282 万人和 84550 万人估算，则 2015 年城镇基础设施投资将达到 26060 亿元，2013～2015 年共计 73120 亿元；2020 年城镇基础设施投资为 35225 亿元，2016～2020 年共计 157212 亿元，2013～2020 年城镇基础设施年均增长 6.6%（见表 5-9）。

表 5-9　2010～2020 年利用城镇人口相关法对城镇基础设施投资预测的结果

年份	城镇人口（万人）	人均基础设施投资（元/人）	基础设施投资	
			总额（亿元）	增长率（%）
2010	66978	2711	18155	29.2
2011	69079	2816	19454	7.2
2012	71182	2966	21114	8.5
2013	72865	3116	22706	7.5
2014	74562	3266	24354	7.3
2015	76282	3416	26060	7.0
2016	77894	3566	27779	6.6
2017	79528	3716	29554	6.4
2018	81175	3866	31384	6.2
2019	82838	4016	33269	6.0
2020	84550	4166	35225	5.9

2. 建成区面积相关法

（1）城镇基础设施与城镇面积的关系。从过去我国城镇基础设施投资与城镇建成区面积的变动关系看，城镇基础设施投资规模随城镇建成区面积的增加而增加，两者间的相关性极强，2000～2011 年相关系数达到 0.9777。

从每平方公里建成区面积的城镇基础设施投资看（见图 5-4），2000 年以来，城镇基础设施的投资强度（每平方公里的基础设施投资）除 2005 年和 2011 年有所下降外，总体上呈逐年提高趋势，由 2000 年的 463 万元提高到 2011 年的 2051 万元，年均提高 144.4 万元。其中，2001～2005 年比较平稳，年均提高 117.4 万元；2009 年、2010 年每平方公里投资提高 433.3 万元和 398.8 万元，大大高于其他年份的提高幅度，主要是 4 万亿元投资刺激的特殊政策作用所导致。如果剔除 2009 年、2010 年这两年城镇基础设施的异常投资情况，那么 2001～2011 年每平方公里建成区面积的城镇基础设施投资年均提高 84 万元。

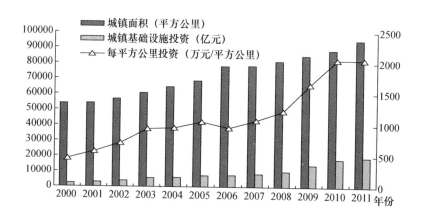

图 5-4　2000 年以来城镇建成区面积、基础设施投资与投资强度变动趋势

（2）建成区面积相关法预测结果。鉴于我国土地资源的稀缺性和新型城镇化要求城镇功能更加完善，未来我国城镇建成区的基础设施投资强度将继续加大，每平方公里建成区的城镇基础设施投资将继续提高。如果以年均提高 120 万元为基础，按照 2015 年和 2020 年城镇人均建成区面积分别为 9.92 万平方公里和 10.15 万平方公里测算，则 2015 年城镇基础设施投资将达到 25102 亿元，2013～2015 年共计 71206 亿元；2020 年城镇基础设施投资为 31770 亿元，2016～2020 年共计 145510 亿元，2013～2020 年城镇基础设施年均增长 5.3%（见表 5-10）。

表 5-10　利用建成区面积相关法进行城镇基础设施投资预测的结果

年份	建成区面积（平方公里）	每平方公里投资（万元/平方公里）	基础设施投资	
			总额（亿元）	增长率（%）
2010	88433	2053	18155	29.2
2011	94839	2051	19454	7.2
2012	96808	2171	21020	8.0
2013	97639	2291	22372	6.4
2014	98422	2411	23732	6.1

续表

年份	建成区面积（平方公里）	每平方公里投资（万元/平方公里）	基础设施投资	
			总额（亿元）	增长率（％）
2015	99167	2531	25102	5.8
2016	99705	2651	26435	5.3
2017	100205	2771	27770	5.1
2018	100657	2891	29103	4.8
2019	101062	3011	30433	4.6
2020	101459	3131	31770	4.4

3. 经济发展水平相关法

（1）城镇基础设施与经济发展水平的关系。基础设施是经济发展的重要条件，一个国家或地区的基础设施是否完善，是其经济是否可以长期持续稳定发展的重要基础。有关研究表明（如 Aschauer 1989，Murmell 1990)[1]，基础设施投资与经济发展之间具有极强的相关性。世界银行《1994 年世界发展报告：为发展而提供基础设施》调查统计指出，基础设施的服务能力是与经济产出同步增长的，基础设施存量每增长 1％，GDP 就会增长 1％，各国都是如此。[2] 联合国社会发展部的调查认为，发展中国家城市基础设施投资应占国民生产总值的 3％～5％，占固定资产投资的 10％～15％。

大量统计资料分析表明，各国城市基础设施投资一般占 GDP 的 3％～4％，占全社会固定资产投资的 10％～15％。表 5-11 是一些发达国家 20 世纪 50～70 年代部分城市基础设施投资的情况，统计数据表明，城市部分基础设施建设投资占固定资产投资的比例一般在 7.1％～12.6％，占 GDP 的比例一般在 1.2％～4.0％。

表 5-11   一些国家部分城市基础设施建设投资情况比较表

国别（城市）	统计年份	投资统计范围	统计投资占全国固定资产总投资比例（％）	统计投资占 CDP 比例（％）
美国	1950～1980	城市给水、排水、道路、燃气、园林	7.13～10.23	1.18～1.75
日本	1960～1980	城市给水、排水、道路、燃气、园林、环卫	9.79～12.58	3.28～4.06

① Asehauer, D. A. （1989）15PublieExPenditureProduetive? Journal of Monetary Economies. 23. 177－200. Munnell A. H. （1990）Why has productivity growth declined? Productivity and public investment. New England Economic Review Jan/Feb：3－22.

② 世界银行：《1994 年世界发展报告：为发展而提供基础设施》，p. 2。

续表

国别（城市）	统计年份	投资统计范围	统计投资占全国固定资产总投资比例（%）	统计投资占GDP比例（%）
加拿大	1975~1976	城市给水、排水、道路、燃气、园林	8.46~9.15	1.60~2.04
原西德	1976~1980	城市给水、排水、道路、燃气	7.3~9.0	1.7~1.9
联合国推荐	1976	市政基础设施（广义）	10~15	3~5
中国城镇	2011	城市给水、排水、道路、桥梁、燃气、供热、防洪、园林、环卫、文化和其他	6.25	4.11

注：国外统计数字引自中国建筑技术发展中心市政技术情报部，国外城市建设与统计资料，1985年10月。转引自宋序彤：《关于我国市政公用基础设施投资建设发展的报告》，《城市发展研究》2005年第5期。

从我国城镇基础设施投资占全社会投资和GDP比例与发达国家的比较看（见表5-11），目前我国城镇基础设施投资占GDP的比例已达到发达国家城市和联合国推荐的水平，但占全社会投资的比重接近发达国家城市低值，离联合国推荐的水平也还有一定差距。

（2）经济发展水平相关法预测结果。借鉴国际城镇基础设施投资与经济发展关系的经验，结合我国城镇基础设施投资与GDP的比例及变化趋势，以及我国近年来城镇基础设施大规模投资建设和目前城镇基础设施总体发展状况，未来我国基础设施投资还需要继续保持一定的增长速度，但只要保持与GDP名义增速大致相当的增长水平，我国基础设施的供给能力和水平就能基本适应经济发展的需要。我们以前述对"十二五"、"十三五"时期GDP增速估计值和GDP缩减指数104%计算的名义GDP增速，作为未来城镇基础设施投资的增长速度，则2015年城镇基础设施投资将达到29819亿元，2013~2015年共计80348亿元；2020年城镇基础设施投资为50884亿元，2016~2020年共计207810亿元，2013~2020年城镇基础设施年均增长11.5%（见表5-12）。

表5-12　利用经济发展水平相关法进行城镇基础设施投资预测的结果

年份	GDP（亿元）	基础设施投资占GDP比例（%）	基础设施投资	
			总额（亿元）	增长率（%）
2010	401513	4.52	18155	29.2
2011	473104	4.11	19454	7.2
2012	518942	4.11	21339	9.7
2013	580177	4.11	23857	11.8
2014	648638	4.11	26672	11.8

续表

年份	GDP（亿元）	基础设施投资占 GDP 比例（%）	基础设施投资	
			总额（亿元）	增长率（%）
2015	725177	4.11	29819	11.8
2016	806977	4.11	33183	11.3
2017	898004	4.11	36926	11.3
2018	999299	4.11	41091	11.3
2019	1112020	4.11	45726	11.3
2020	1237456	4.11	50884	11.3

4. 城镇基础设施投资综合预测结果

以上三种方法所预测的未来城镇基础设施投资有一定差异，以建成区面积相关法预测的结果最小，经济发展水平相关法预测的结果最大，我们取三种预测方法结果的平均值作为最终预测值，预测结果（见表5－13）。预测结果表明，到2013～2020年，城镇基础设施建设需要投资245069亿元，2013～2020年年均增长8.1%，预测的年均增速大大低于2001～2011年20.5%的水平。其中，2015年达到26994亿元，2013～2015年年均8.5%；2020年达到39293亿元，2016～2020年年均增长7.8%。

表5－13　2013～2020年我国城镇基础设施投资预测结果

年份	城镇人口相关法	建成区面积相关法	经济发展水平相关法	三种方法平均值	
				总额（亿元）	增长率（%）
2010	18155	18155	18155	18155	29.2
2011	19454	19454	19454	19454	7.2
2012	21114	21020	21339	21158	8.8
2013	22706	22372	23857	22978	8.6
2014	24354	23732	26672	24919	8.4
2015	26060	25102	29819	26994	8.3
2016	27779	26435	33183	29132	7.9
2017	29554	27770	36926	31417	7.8
2018	31384	29103	41091	33859	7.8
2019	33269	30433	45726	36476	7.7
2020	35225	31770	50884	39293	7.7

四、满足未来城镇基础设施投资的资金保障措施

目前我国城镇基础设施供给与居民需求和经济社会发展需要相比，仍然比较滞后，未来仍需要加大投资力度，如果完全依赖财政资金投入，将面临巨大的资金供给约束，必须积极开拓融资渠道，保证城镇基础设施建设资金的需求。

（一）完善财政资金渠道，加大财政投资力度

政府财政性资金是城镇基础设施建设的重要资金来源，这是由城镇基础设施的特性和其重要性所决定的。尤其是城镇敞开式道路、桥梁、园林绿化、环境卫生等没有直接经济收益的纯公益类基础设施建设项目，只能利用政府财政资金进行投资，而这又是未来我国城镇基础设施建设中需要重点加大的行业和领域。因此，加大财政资金投入力度，是保证城镇基础设施适应经济社会发展需要的基本途径。

1. 改革现行分税制，完善地方税收体系，增强地方政府财政筹资能力

为经济社会发展提供足够的基础设施和公共服务，是政府的基本职能，而通过一般性税收或专项基金为基础设施融资，是地方财政的基本职能。现行地方税以营业税和地方企业所得税、个人所得税为主，税源零星分散，税基小，征收难度大且征收成本高，缺乏对地方财力具有决定性影响且规模大、来源长期稳定的主体税种，制约了财政筹资能力，从而也限制了城市政府基础设施的投资能力。同时，地方政府的支出责任大，其财力与支出责任不匹配，有限财力难以承担大量责任，更无力利用财政资金进行基础设施建设。

必须对现行分税制进行改革，完善地方税收体系，培育和建立地方税主体税种，如将现行城市维护建设税由附加税改为正税，并提高税率、扩大开征范围。对城镇不动产开征统一规范的财产税，这既可使政府能够以税收方式得到一部分因城镇基础设施建设投入所带来的经济贡献和房地产升值收益，对与基础设施改善产生的有关收入和财富差距实施有效调节，更有助于为地方基础设施建设筹集足额的财政资金。同时，按财力和事权统一原则，重新划分各级政府的职责权限和支出责任，促进基层政府财力与事权相匹配，增强地方政府可支配财力和对基础设施投资的财力。

2. 调整优化财政支出结构，完善公共财政体制

目前我国各级政府仍将经济发展作为政府的首要职责，把公共服务（包括基础设施建设）放在次要位置，在财政支出上表现为经济建设费和行政管理费支出所占比例较高，大量财政资金用于经济建设，而公共服务和基础设施建设支出的比重较低。在我

国目前固定资产投资（不含农户）中，国家预算内资金在 20 个大行业领域都有投入，尤其是在采掘业、制造业、建筑业、房地产业等竞争性领域，2011 年这些领域的国家预算内资金达到 2300 多亿元，占当年全部投资预算内资金的 15.6%，其总额相当于 2011 年城镇基础设施投资财政性资金的 44%，调整财政支出结构对于增加城镇基础设施建设的政府投资力度，有很大的拓展空间。必须加快转变政府职能，将政府投资必须从一般竞争性领域退出，建立和完善公共财政体制，在财政支出上主动向城镇基础设施建设倾斜。

（二）规范利用银行贷款，继续扩大银行贷款规模

银行贷款在我国城镇基础设施建设中发挥着相当重要的作用，是目前最主要的资金来源渠道。短期来看，我国以银行为主导的金融体系不可能改变，证券市场在长期资本积累中的作用还难以取代银行体系的作用，银行贷款仍是未来基础设施建设的一个重要资金来源渠道，未来在城镇基础设施建设中应继续扩大银行贷款的规模。

但鉴于目前地方政府在基础设施建设中对银行贷款的过度依赖和不规范、不合理的举债行为，已在某些地方积累了一定的潜在金融风险，未来在利用银行贷款方面必须规模运作，防止和化解金融风险。一方面，要组建规范的项目公司，要对其注入优良经营性资产，使其自身经营性现金流收入至少能基本覆盖贷款本息，并有可靠的第二还款来源作为贷款偿还保障，以避免发生信贷风险。另一方面，适当调整银行贷款期限和利率，以适应城镇基础设施的特性。城镇非公益类基础设施一般投资大、投资回收期长、投资利润很低，而目前除国家开发银行外，我国商业银行的贷款期限都比较短，多数不超过 5 年，且利率一般比较高。商业银行贷款的这种期限要求和效益原则，与城镇基础设施项目的长投资回收期和低经济效益状况不相匹配，在一定程度上放大了城镇基础设施项目的信贷风险，制约了贷款规模的扩大。实际上，目前个人住房贷款期限高达 30 年，贷款期限能否延长不是技术和风险问题，要是政策问题。从经济效益上看，尽管城镇基础设施收益不高却很稳定，如果通过价格、收费机制、项目公司资产等的调整，对银行也是一个长期稳定的优质资产。

（三）逐步放开市政债券，扩大以市政债券为主导的直接融资规模

在加大政府资金投入、继续充分利用银行贷款的直接融资方式的同时，重点发展证券市场直接融资方式，扩大直接融资规模。

1. 放开市政债券，扩大市政债发行规模

证券市场已成为我国资本市场的重要组成部分，通过发行股票和债券进行融资已成

为城镇基础设施建设资金来源的重要渠道。无论是对经营性，还是准经营性基础设施建设项目，股票融资在城镇基础设施建设领域目前都已经得到比较充分地利用，而债券融资还存在一些障碍。从国际上看，在美、英等国家，发行市政债券是筹集城市基础设施建设资金的最重要方式，实践证明市政债券也是非常有效的融资工具。我国尽管在2014年之前法律禁止地方政府发行市场债券，但以城投公司为主体发行的公司债或企业债，与国外的收益债券具有同等性质，属于变相发行市政债券，近年来其规模也在不断扩大。收益类市政债以项目未来的预期收益为基础，期限多样，可长达30年甚至50年以上，与银行贷款相比其融资成本较低，信息披露要求严，既可以很好地与城镇基础设施项目的投资回收期限和低回报率特征相匹配，也可在信息透明机制下以项目投资规模为限实现对发行规模的有效控制，有效防范地方政府的过度举债发行。而且我国保险公司、养老基金、投资基金等机构投资者的资金规模不断扩大，市场对收益类债券的需求也不断增加。因此，未来对一些收费公路、桥梁、供水设施、供热（气）设施、污水处理设施等具有收益的项目，应该在强化证券市场规则建设、加强监督约束机制和信息披露机制、进行市政债券试点（相当于《新预算法》中的地方政府专项债券）的基础上，放开市政债券发行限制，并不断扩大市政债券发行规模，将社会资金导向城镇基础设施建设。

2. 开展项目融资，广泛吸收国内外资本

对于一些有稳定现金流收益的经营性城镇基础设施项目，为减少地方政府直接财政负担，减轻政府的借款负债义务，可利用特许经营项目融资模式，地方政府通过特许权协议，授权私营企业或外商进行项目的融资、设计、建造、经营和维护，在协议规定的特许期限内向设施使用者收取适当的费用。利用项目融资，政府在企业进行基础设施建设和经营过程中无须保证或承诺支付项目的借款，从而避免地方政府的债务风险，政府也可将原计划投入此类项目的资金集中用于非经营性基础设施项目和社会公益项目。同时，通过公开招标确定特许经营的投资者，有利于降低建设成本，给基础设施服务确定合理的价格。

项目融资除采用事先由政府确定建设方案的BOT方式外，也可以采用PFI、PPP等方式。PFI（"私人融资活动"或"民间主动融资"）尽管是BOT的变形，但与BOT由政府事先确定建设方案并招标不同，采用PFI融资方式时，政府部门仅根据社会需求提出若干备选方案，最终方案则在谈判过程中通过与私人企业协商确定，PFI公司在项目开发过程中通过广泛应用各种代理关系，可以更好地确保项目开发的安全和效率。与BOT相比，PPP（公私合伙/合营）在国外已得到普遍的应用，是非常成熟的项目融资方式，它更强调的是政府在项目中的参与（如占股份）以及政府与企业的长期合作，有助于发挥各自优势、共享收益、共担风险和社会责任。

利用项目融资，相当于政府向私营企业购买公共服务，这要求政府必须建立科学、合理的定价制度，包括根据基础设施的使用情况或影子价格向私营部门支付费用和消费者向私营企业支付费用，这种价格或费用既能保证私人投资者收回投资成本并有一定的投资收益，以提高私营企业参与投资建设的积极性，也能保证价格能够在市民可接受的范围内，并能对过度消费起到抑制作用。同时，政府要加强对基础设施建设与运营的监管，防止出现基础设施提供中的垄断高价或低质高价、低质低价。

3. 开展资产证券化，利用存量资产开展融资

对于政府投资形成的经济效益比较好、具有稳定可预期现金流的基础设施项目，可通过资产证券化（ABS）方式，将缺乏流动性的资产转换为在金融市场上可以自由买卖的证券，将实体资产转换为证券资产，使其具有流动性，并通过证券发行和上市，将已投入到基础设施的部分或全部建设资金回收，再用于其他基础设施项目的投资建设。过去，我国的城镇基础设施项目都是由政府出资建设的，形成了大量优质资产，但同时也沉淀了大量资金，可开展资产证券化，通过组建特别目的公司，由政府将证券化的资产转移到（出售给）特别目的公司，收回原有投资资金和资产溢价收益，从而盘活基础设施存量资产，为新的基础设施项目筹集更多资金。

（四）加快城镇基础设施领域的市场化改革步伐，广泛吸纳社会资本参与投资建设和经营

尽管我国已出台了一系列鼓励和引导民间资本进入城镇基础设施的政策和措施，但民间资本进入城镇基础设施领域仍然面临许多障碍，必须进一步加大市场化改革力度，改革政府管理体制，调整政府和企业的关系，根据投资、建设、运营和监管"四分开"以及"谁投资、谁决策、谁收益、谁承担风险"的原则，逐步放宽项目审批权限，减少审批环节，使企业真正成为按照市场经济原则开展经营活动的主体，而政府则成为市场竞争的组织者和监管者。坚持"有进有退，有所为有所不为"的方针，加速国有资产从一般竞争性领域的城镇基础设施建设中有序退出，为民间资本进入基础设施领域腾出生存空间，让民间资本进得来、愿意进、留得住。一方面，可通过出售（资产变现）、专营权（私营企业特许经营权）、权益转让（国有股转让、法人股转让和收益权抵押、租赁等）、合同承包等方式，打破垄断、引入竞争，盘活基础设施存量资产。另一方面，要理顺基础设施产品的价格，为企业自主经营创造条件。社会资本参与经营的目的是追求投资回报，只有产品和服务的价格合理，才能形成预期的现金流量，基础设施产品价格机制的合理性是社会资本进入该领域的前提条件之一。因此，要根据相关产

品或服务的社会平均成本、市场供求和社会承受能力，制定合理的价格形成机制。

对"现金流太少"或"无法产生现金流"的微利、非营利基础设施项目，通过政府建立相应的激励和补贴机制，或设立城镇基础设施建设基金，对项目的收益给予适度、合理的补偿，使其在补贴和补偿机制下产生合理的投资回报，为吸引民间资本进入、拓展融资渠道创造条件。城镇基础设施建设基金的来源一般为财政性补贴、税收返还、土地批租收入、政策性收费（如城市维护建设税、城市基础设施配套费、污水处理费及垃圾处理费）、政府投资项目本身收益等，除对微利、非营利基础设施项目承担投资补贴、投资偿还、投资担保等金融支持外，也可作为独立法人按市场原则进行规范运作，以获取投资收益，壮大基金规模。

参考资料：

1. 王蕴等：《我国地方政府债务性融资模式选择》，《经济研究参考》2012 年第 2 期。

2. 付磊：《市场经济条件下城市基础设施建设投融资模式》，《城市管理与科技》2006 年第 2 期。

3. 何燎原：《引导多样化融资模式：私人资本进入基础设施投资》，《中国投资》2013 年第 2 期。

4. 杨凡、朱以师：《模式之辩：潮涌城市运营商》，《中国房地产报》2010 年 12 月 8 日。

5. 孟亚平：《金融支持中国城镇化建设的开行模式》，《中国金融》2011 年第 19 期。

6. 郑卫：《BT＋产业投资基金模式在基础设施融资建设领域的创新探索》，《经济师》2013 年第 5 期。

7. 姜红：《浅究当前我国城市基础设施投资融资弊端问题与新发展模式》，《现代经济信息》2013 年第 1 期。

8. 徐策：《推进新型城镇化建设需创新投融资渠道》，《中国证券报》2012 年 11 月 23 日。

9. 袁华明：《TOT 或成融资新贵》，《市场导报》2011 年 3 月 18 日。

10. 程立茹等：《城市基础设施建设引资经验及策略研究》，《人民论坛》2012 年第 11 期。

11. 谢世清：《城市基础设施的投融资体制创新："重庆模式"》，《国际经济评论》2009 年第 4 期。

第 六 章

城镇基础设施新型融资工具适用性研究

内容摘要： 我国地方政府城镇基础负债主要有两种形式，一是通过融资平台发行的企业债或称城投债，二是地方政府债券。目前，我国地方政府债券的管理法规还很不完善。加强制度法规建设，必须明确地方政府债券监管框架，提高财政债务透明度，强化地方债券发行的事前和过程监管，建立债务违约风险分担机制，形成合理的损失预期，完善与债务规模相适应的财政调整策略。我国产业投资基金市场还不完善，发展专业化的城镇基础设施投资基金，必须完善专业性制度法规建设，加强管理机构和专业化人才队伍建设，完善退出机制。保险资金与基础设施项目在资金供需方面匹配较好，但保险债券投资计划相关法规应随着投融资体制的改革进行适时调整，允许保险债权投资计划投资国家批准规划实施的省级批准（含核准）项目。

城镇基础设施融资工具很多，我们主要选择在我国处于发展起步阶段的新型融资工具，来分析研究其适用性和可能的创新趋势，具体包括地方政府债券、产业投资基金和保险债券投资计划。

一、地方政府债券

一个有效的管理框架应该既能享受到允许地方政府借款带来的益处，又能缓解其风险。地方政府借款能为基础设施建设投资提供有效的资金来源，以支持持续快速的城市化发展，同时可以实行更有效和公平的基础设施建设融资。地方政府借款的合理化将加强财政透明度，提高市场在财政监督中的作用，这也促进了金融市场的改革，更有效地把储蓄引入投资。

（一）我国地方政府负债融资的政策与实践

1. 地方负债基本情况

在 2014 年 8 月之前，我国修改前的《预算法》规定，除国务院允许，禁止地方政府直接负债，但是在实践中地方政府以一种变相的缺乏透明的方式获得预算外借款，这对空前的大规模城市基础设施建设和经济增长给予了很大的支持。根据国家审计署《全国政府性债务审计结果》报告，截至 2013 年 6 月底，我国地方政府负有偿还责任的债务 108859.2 亿元，负有担保责任的债务 26655.8 亿元，可能承担一定救助责任的债务 43393.7 亿元。但这种预算外借债的局限性明显，如缺乏透明度，隐性或有负债及其对银行资产质量的潜在影响，潜在的财政风险，以及缺失具有深度和多元化的地方信贷市场。对此，我国在解决地方隐性债务问题上进行了不断的探索和尝试，一是进行了大规模的地方债务审计，二是规范了地方融资平台，三是推进中央代发地方债券和地方自行发债试点，四是进一步强化对企业债融资的监管，五是在 2014 年修改了《预算法》，正式开始推行一般性地方政府债券。从现有的政策框架看，我国地方政府城镇基础负债主要有两种形式，一是通过融资平台发行的企业债或称城投债，二是地方政府债券。

2. 地方政府债试点与发展

国际的经验和教训表明，地方政府及其特别目的机构在适当监管下的债务融资是可行的。2015 年前，我国的地方债是由中央代发和自行发债，且自行发债只在部分省市试点①，相关依据只有《2011 年地方政府自行发债试点办法》（财库〔2011〕141 号）、《2013 年地方政府自行发债试点办法》（财库〔2013〕77 号，以下简称《地方债试点办法》）、《财政部关于印发〈财政部代理发行 2013 年地方政府债券发行兑付办法〉的通知》（财库〔2013〕63 号）、《财政部关于印发〈财政部代理发行 2013 年地方政府债券招标发行规则〉的通知》（财库〔2013〕64 号）这样类似的部门性规章，无论是与企业债券的监管法规相比，还是实际需要，尤其是我国地方政府债券代发债券规模和自行发债范围不断扩大的情况下，进一步加强法规建设显得更为重要。

2014 年 8 月，我国修改了《预算法》，赋予地方政府适当的举债权；此后，《国务院关于加强地方政府性债务管理的意见》（国发〔2014〕43 号，以下简称《地方债务管理意见》）在明确存量债务处理的同时，也提出地方政府债券这一新的融资方式。2015 年，地方政府债券正式进入实际操作阶段，财政部发布了《地方政府一般债券发

---

① 2011 年只在上海市、浙江省、广东省、深圳市试点，后扩展增加了山东省和江苏省。

行管理暂行办法》（以下简称《债券暂行办法》）。

（二）关于规范发行我国地方政府负债的政策建议

与较多的企业债发行和监管规则看，我国地方政府债的试点管理法规还很不完善，加强相关规则的制定刻不容缓。

1. 加强制度法规建设，明确地方政府债券监管框架

规则的不完善不但会增加交易成本，影响市场的发展预期，更可能会导致债务危机，严重影响宏观经济的稳定性。从我国的实践看，虽然从经过中央代发，到部分省市试点自发的转变，但是地方债市场依然依靠行政审批来规范和约束，这虽然有利于控制债务风险，但中央与地方政府，以及上下地方政府之间，为了发债和控制债务风险相互博弈，市场在其中所起的约束作用有限，不利于提高地方债资金的使用效率。目前财政部发布的《债券暂行办法》多为框架性内容。鉴于此，可在总结试点经验和问题的基础上，尽快完善《债券暂行办法》，明确地方政府债券的监管规则，包括发债的目的（如长期债务融资仅能用于公共基建投资）、条件、规模、程序、资金管理、会计核算、债务偿还、信息披露、风险控制机制等环节，以便增加市场在地方债监管中的约束作用，强化相关主体道德风险监管，形成合理的风险分担预期和风险定价机制。

2. 健全考核机制，落实地方政府的债务风险管理责任目标

地方政府有债务风险的信息优势和违约的内在激励，把地方政府作为风险控制的第一责任主体，有利于从总体降低风险控制成本、降低风险违约水平。从目前的管理程序来看，风险基本上是由中央政府通过对债券的发行规模来进行控制，这种方式在地方政府债券发行初期以及债券余额总体较少的初期是可以的。但当各省市的债券余额累计到一定规模后，仅靠上级政府的行政控制，相关的道德风险就会变成一个突出的问题，必须在规则和机制上确保地方政府是其债务风险管理的第一责任主体。为此，一是中央政府公布统一的对地方政府债务的管理目标、标准和具体的考核要求；二是把债务风险管理纳入领导干部的考核的指标体系当中，把债务风险管理的考核结果与领导干部任命、提升相挂钩，强化地方政府主要领导的债务风险责任；三是把风险管理考核结果直接与进一步的债务融资相挂钩。

3. 提高财政债务透明度，增强市场对地方政府借贷的约束作用

财务透明是地方政府债务融资监管的重要内容和必要手段，是发挥市场约束作用的前提，主要内容包括独立审计地方财政账目，对关键财政数据进行阶段性公开披露，公开隐性负债和预算外负债，公开公私合作项目的有关财务资料。目前我国面临的挑战，一是地方不愿公开；二是统计口径混乱，公开的约束作用不明显。对此，可以借鉴我国

企业债券管理的信息公开和信用评级的相关制度经验，一是制定明确的地方政府债务融资的财务公开的标准和要求，可在"地方政府债务余额及综合财力统计表"① 的基础上进一步完善相关指标，尤其是要增加地方政府关于公私合作方面的财务资料，和经营性预算支出相关内容，突出地方收入环节有关经营性储蓄的内容。二是明确财政公开的方式与媒介，主要以地方财政和统计部门的官方网站为主。三是积极推进信用评级，把信用评级和信息公开作为地方政府进入债券市场融资的前置条件。当然，信用评级机构的发展与完善是至关重要的，还需不断推动其发展和壮大。

4. 建立中长期政府融资规划，完善与债务规模相适应的财政调整策略

地方政府债务监管是一个在债务续存期内一个不间断的动态过程，为了确保地方债务负担处于可持续的轨道上，地方政府必须有一个相对明确的财政和融资规划，根据资金平衡和风险控制要求，确定重大支出项目，并能对不同情景的财政收支状况进行判断，提出相应的应对措施，明确预算支出的优先顺序、资金来源和财政调整策略，并根据专栏中（公式1）和（公式2）分析债务融资的可持续性，以便给投资者一个可靠的预期。当然，影响地方财政收支和融资能力的不确定因素太多，规划的关键是针对各种不确定因素提出财政调整策略，给市场发出相关信息指引。

目前，我国没有专门的政府融资规划，具体可由发展改革、财政、规划和国土部门共同制定，并经过本级人大批准实施。规划期分 3 年和 5 年两个阶段，融资规划要突出债务融资的可行性、风险控制，同时必须明确，该规划外项目禁止使用政府债券融资。

5. 健全监管规则，强化地方债券发行的事前和过程监管

由于信息不对称和成本受益的不对等，地方政府总有发债的积极性，强化地方债事前监管不但是各国实践的重点环节，也是完善相关制度框架的重要内容。

（1）强化债务资金用途管理。所融资金必须用于公益性建设项目，禁止非资本性支出，也就是债务融资的"黄金法则"，潜在的理由是资本性支出能增加产出，扩大地方政府收入，利于债务偿还和风险控制。从目前中央代发地方债的使用情况看，虽然在债券发行时，也有明确的规定，但是地方政府拿到资金后，总有各种理由来改变资金的用途，尤其是资金在各级政府层层往下转贷的过程中更为明显，究其原因：一是前期项目工作不到位，二是目前的监管机制不能很好地约束地方政府的道德风险。

（2）设置财政监管关键指标，控制债务规模，确保财政的可持续性。关键指标的设计不但是事前监管的重要环节，也是过程风险监测的重要内容。指标的设计核心是突

---

① 《国家发展改革委办公厅关于进一步规范地方政府投融资平台公司发行债券行为有关问题的通知》（发改办财金〔2010〕2881 号）。

专栏 6 - 1　政府债务可持续分析模型

地方政府财政可持续指的是始终保持其偿债能力的长期可维持的财政政策，相应的跨期融资约束为：

$$B_t - B_{t-1} = n_t \times B_{t-1} - X_t \tag{公式1}$$

B_t 为 t 期政府债务余额，n_t 为 t 期政府债务平均利率，X_t 为 t 期的财政收支，两边除以名义地区生产总值，并变形整理得：

$$b_t - b_{t-1} = i_t - x_t - \frac{g_t}{(1+g_t)(1+\pi_t)}b_{t-1} - \frac{\pi_t}{(1+\pi_t)}b_{t-1} \tag{公式2}$$

b_t、i_t、x_t 是指公共债务余额、利息支付和基本财政收支各占地区生产总值的比例；g_t 是实际年增长率；π_t 是年通货膨胀率。

由上公式可见，地区债务率变化随利率的增加而增加，随基础财政收支、经济增长率和通货膨胀率的增加而减少。地方政府，可以按照不同的情景，进行逐年的差分分析，以确定合理的债务控制目标。

出对地方政府的偿债能力分析和评价，通常有债务存量与地区生产总值之比，债务存量与总收入之比，偿债额度与总收入之比，预算赤字与地区生产总值之比。鉴于我国地区生产总值常常不能反映地方政府可用的资源的基数，我们倾向使用债务（债息）与收入之比，控制标准以不超过 60% 为宜；当然，收入是指地方政府有一定控制权的可自由支配支出的收入，专项转移支付收入应当除外。偿债额度与总收入之比，以 15% 为宜；预算赤字与地区生产总值之比以 3% 为宜。指标的应用关键在于监测和进行早期干预，以防止地方政府从财务恶化走向无法偿还债务。

6. 建立债务违约风险分担机制，形成合理的损失预期

尽管事前监管最小化了债务的拖欠风险，但是由于宏观经济冲击或自身财政管理不善，债务违约也是不能绝对避免的，建立债务违约风险损失的分担机制必需的，所起作用主要是规避道德风险，稳定损失预期。为此，首先要告诉借款者对不负责任的财政行为要承担后果，严格明确其最终的还贷责任，上级政府也不会为还款提供担保，尤其是在我国目前主要依靠行政管理的地方债市场，很多地方政府债券的借贷行为寄希望于上级政府的代还或豁免，道德风险特征更为明显。其次是告诉贷款者，尽管资金用于公益性事业，但是资金的损失风险是存在的，政府不会无条件承担无限还款责任，借款必须

根据风险收益进行定价，必须考虑还款能力。这一点虽然在行政管理下地方债市场不明显，但很多银行在对城投公司的贷款以及各类信托、基金等集合性融资工具中，银行或投资者总幻想政府会为还款行为兜底，放松贷款和投资风险控制，需更加通过多渠道提醒注意。最后是明确在违约发生时，上级政府帮助下级政府进行财务调整和债务重组的介入条件、实施的具体程序和标准，妥善平衡保护债权人权利与确保地方公共服务有效提供的关系，指导谈判并促成集体行动，但绝不能以加大转移支付力度和基金性收费返还为手段来提高下级政府的还款能力，必须稳定一切可能的损失必须由借款人和贷款人共同承担的预期。目前，我国虽然在这方面没有实际案例，而且事先确定的规则不可能面面俱到，但至少可以起到警示的作用，也为可能的实践起到程序性指导作用。

二、产业投资基金

（一）产业投资基金特点

产业投资基金是指通过募集资金，投资特定企业股权，并提供相应管理服务的一种"利益共享、风险共担"的集合投资，具有"集合投资，专家管理，分散风险，运作规范"的特点。产业基金投资多为权益性投资，着眼点不在于投资对象当前的盈亏，而是企业的发展前景和资产增值，以便能通过上市或出售获得高额的资本利得回报，与一般债权投资相比，特点明显（见表 6 - 1）。

表 6 - 1 产业投资基金与一般债权投资的差异

项目	产业投资基金	一般债权投资
投资对象	新兴的、有巨大增长潜力的非上市企业，其中中小企业是其投资重点	以成熟、现金流稳定的企业为主
资格审查侧重点	以发展潜力为审查重点，管理、技术创新与市场前景是关键性因素	以财务分析与物质保证为审查重点，其中企业有无偿还能力是决定是否投资的关键
投资管理方式	参与企业的经营管理与重大决策事项	一般不介入决策，仅对企业经营管理有参考咨询作用
投资回报率	风险共担、利润共享	按照贷款合同收回本息
资金回收	转让所投资企业股权	债务偿还
资金使用性质	权益性资金，资本金	债务资金

发展产业投资基金，将社会闲散资金集中于城镇基础设施建设，可促进产业资本与金融资本的融合，减轻商业银行贷款压力与贷款风险，使城镇基础产业的民众投资成为国家或地方政府财政投资的有力补充，有利于培育新型投融资主体，建立投资风险约束机制，促进投融资体制改革和现代企业制度建设，提高全社会资金的利用率。发行基础设施产业基金也将为公众投资者分享基础设施增长的收益打开渠道，也能够使我国大众投资者分享经济发展成果，促进公平分配和社会和谐（见图6-1）。

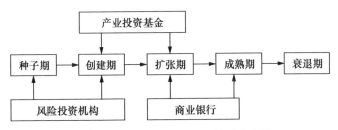

图6-1　企业不同发展阶段的融资比较

（二）我国产业投资基金发展基本情况

不同的经济、金融体制、行业产品特点、企业经营形态、社会文化及民族特性，其产业投资基金会表现出不同的特色，基金的组织形式、市场定位也不同。在我国，从2006年在天津成立的第一只产业投资基金——渤海产业投资基金以来，先后又成立了广东核电、山西能源、上海金融金、中新高科、绵阳高科、西部水务、东北装备、天津船舶、全联城市基础设施、中国文化和航天产业十多只产业投资基金，其中涉及城镇基础设施的有西部水务和全联城市基础设施两只基金。但与发达国家相比，我国产业投资基金发展还有许多制约条件，诸如社会信用环境还不够理想，金融机构发展不完善，相应的法规不健全，专业性的组合投资管理机构和高素质的人才还很欠缺，多层次的资本市场尚未形成，投资退出的渠道还较少等。从监管法规建设的角度看，总体态势是处于试点阶段。

专栏6-2　澳大利亚麦格理基础设施产业基金的投资特点

澳大利亚发展基础设施产业基金在世界上起步较早，规模较大，在全球市场中具有重要地位，基础设施产业基金一般私募设立，运营一定年限后可以上市转为公募。麦格理集团是澳大利亚最大的投资银行，有30多年的产业基金管理经验和超过1000名基础设施专业人员，在全球很多国家对基础设施、机场、收费公路、水等公用事业以及房地产进行投资和收购，管理基础设施方面的资产总额达到2000亿澳元，

已经成为全球最大的非政府的基础设施持有人和全球最大的基础设施基金管理人。麦格理拥有长期、稳定、优异的基金管理业绩，其主要操作理念是：

（1）长期投资、注重稳定回报。麦格理更注重基础设施资产期限长、现金流稳定的特性，长期持有资产，为基金投资者创造稳定回报，麦格理所持有的一半以上资产的特许经营权期限超过了25年。麦格理基础设施产业基金的主要投资者是养老金、保险等长期投资者，基础设施的特性也正好契合了该类投资者对资产负债匹配的要求以及对风险的承受能力。

（2）集中投资、控股为主。与传统私募股权基金与分散投资、参股为主的投资风格不同，麦格理以集中投资、控股为主的风格确立了其在基金管理领域的地位。麦格理平均每只基础设施基金持有的资产不超过4个，平均每项资产却超过9亿美元。通过控股所投资的资产，能够避免小股东所承受的信息不对称、无法控制分配政策等风险，发挥基金管理人的积极管理作用，提供增值服务。

（3）积极管理，提供增值服务。控股为主的投资风格决定了麦格理能依托专业的基础设施团队，对所持有的资产进行技术上、财务结构上的一系列改造，为资产创造其他持有者所不能创造的附加价值，从而为基金投资者带来增值回报。如麦格理所持有的悉尼机场，在麦格理进入以后对机场的布局、安全等方面进行了一系列的改造，目前悉尼机场的零售收入不断攀升，已经达到每名旅客人均消费40美元的人均消费水平。

（4）以基金上市而不是项目上市作为退出安排。如前所述，麦格理基金投资的资产极少变现退出，而是长期持有。为了满足投资者对基金流动性的需求，麦格理往往在基金设立一段时间后，将基础设施基金本身上市，从而为原始投资者提供退出和实现资本利得的机会。

（5）专业化基金。麦格理每一只基金均有各自的投资重点，比如麦格理韩国基础设施基金、麦格理机场基金等。同时麦格理也有侧重于某一国家或地区的基金，如麦格理韩国基础设施基金和麦格理欧洲基础设施基金。

数据来源：国家发展改革委员会财金司，《澳大利亚基础设施产业基金考察报告》。

（三）相关建议

1. 完善专业性制度法规建设

目前，我国产业投资基金的试点工作已开展多年，关于相关制度法规建设的讨论和前期工作一直没有间断，但是由于种种原因，《产业投资基金管理暂行办法》一直没有出台，严重影响了产业投资基金的进一步发展。因为，产业投资基金不但是融资工具，更重要的是一个投资渠道，若没有相关法规对产业投资基金的设立、运作模式、参与者权利与责任、政府监管、信息披露、投资者保护和退出机制等进行规范，基金的运作成本和不确定性明显增加，投资者就会对产业投资基金市场缺乏信心，管理者也缺乏必要的操作规范，难以形成良性循环，必然影响基金的资金募集和持续发展。因此，当务之急是根据试点经验，尽快出台国家层面的《产业投资基金管理暂行办法》，确保产业投资基金的规范发展，并根据发展的需要，逐步完善相关的配套政策，如逐步建立针对性的公司和会计的相关制度等。

2. 发展专业化的城镇基础设施投资基金

基金一方面能够积聚资金，进入资金壁垒较高的行业，另一方面更突出了基金管理人在特定领域内的专业化优势，进入技术、管理壁垒较高的行业。专业化的城镇基础设施基金能够切入资金、技术、管理壁垒较高的基础设施领域，面对的竞争对手也较少，加之专业管理人的增值服务，因此能为投资者创造稳定的回报。从国际经验来看，产业基金应主要具有专业化特征而不是区域特征。在我国，由于市场经济还不完善，区域化基金还容易受地方政府的行政干预。因此，应借鉴国际专业化产业集聚运作的成功经验，注重发展更加有针对性的、有明显投资取向的专业化产业基金，如城市轨道交通、城镇水务等产业基金。

3. 加强管理机构和专业化人才队伍建设

在基金结构中，最重要的主体是基金管理人，基金管理人对基金的运作起着至关重要的影响。优秀的基金管理人能够通过专业优势挖掘资产的内在价值，以便为基金投资人提供增值服务。在目前，制约基础设施产业投资基金发展的因素固然有体制上的问题，但更重要的是专业性的问题。由于基础设施产业具有公益性，受政策影响的不确定性较大，不可能采取完全市场化的定价机制，而目前大多数基金管理公司对基础设施产业盈利模式和运营风险不够了解，缺乏专业的基础设施投融资经验，难以预期并保障投资收益，因此也就对基础设施领域敬而远之。对于国内基金管理公司来说，受市场发展所限，要想在短时间内培养出大批的基础设施投融资人才，并积累丰富的投融资经验是不太可能的。目前，最现实的做法就是借助专业咨询机构的力量，或者由这类型的咨询机构参与设立基金管理公司，将有助于培育真正专注于基础设施投资基金的专业基金管理机构，极大地推进基础设施产业投资基金的发展进程。那些长期服务于基础设施投融资领域的专业咨询机构，不但了解基础设施的行业动态和政策法规动态，而且具有丰富的基础设施投融资实际操作经验，深谙项目的盈利模式和运营风险，可以通过设计规范合理的运营机制来保障投资收益。此外，这类咨询机构集中了一大批优秀的基础设施投融资人才，并且具备强大的专家支持后台，足以保障工作的专业性和持续性。

4. 完善退出机制

产业投资基金都有一定的存续期，完善的退出机制是产业基金发展的前提之一，国际上通行的是通过推动企业上市、在产权市场向其他战略投资者转让股份以及由所投资企业赎回股份等方式兑现资产。由于我国近期还难以建立起高度发达的产权市场，在基金清盘时期要求基金所投资的企业赎回基金认购的股权，或者是转让给其他战略投资者还具有一定的操作难度。目前较为可行的运作模式，一是通过将基金所投资的项目上市实现基金的获利退出，以资本利得为投资者提供回报；二是由于城镇基础设施基金持有资产大都能产生长期稳定的现金流，借鉴麦格理的经验，也可以争取实现基金自身上市，为基金的初始投资者提供流动性和带来可观的上市溢价收入。因此，在国内产业基金产品设计初期，要从法律框架、结构设计等各个方面做好私募转公募的准备，健全退出机制，为基金将来能够上市留下足够的空间。

5. 加强国际合作

我国国内投资机构比较熟悉国内的投资环境，但缺少投资经验；而国外的投资机构虽然不大熟悉中国的投资环境，但投资理念比较成熟，管理技术和经验丰富，并可以从全球发展的角度对整个行业进行前瞻性的分析。因此，适度发展中外合资产业投资基金、引入战略投资者，有利于优势互补，例如，可重点在轨道交通和城镇水务方面加强合作。

三、保险债券投资计划

（一）保险债权融资特点

目前保险资金只能通过间接的方式来投资基础设施项目。根据《保险资金间接投资基础设施项目试点管理办法》（保监会令〔2006〕1号，以下简称《管理办法》），保险资金间接投资基础设施项目，是指委托人将其保险资金委托给受托人，由受托人按委托人意愿以自己的名义设立投资计划，投资基础设施项目，为受益人利益或者特定目的，进行管理或者处置的行为。具体投资方式主要是依据信托原理，发行保险债权融资计划。

保险债权融资计划主要有如下特征：

（1）资金来源为保险公司的准备金。保险资产管理公司作为受托人从保险公司获得部分准备金用于投资风险低、收益稳定、期限相对较长基础设施项目。

（2）投资方式为间接债权投资。资金主要通过专业机构设计的保险债权融资计划投资于基础设施，具体项目的投资决策和风险控制由专业机构实施。

（3）融资规模大，能与基础设施投资规模大的特点相匹配。按照《基础设施债权投资计划产品设立指引》（保监发〔2009〕41 号，以下简称《保险产品指引》），投资同一偿债主体的余额，一般不超过 30 亿元，且占单一项目总投资额的比例不高于40%；投资未建成项目的余额，不超过银行实际已经发放的贷款金额。投资已建成项目的余额，在债权投资计划存续期内，不超过银行贷款余额的 4 倍。

（4）发行期限长，可以满足基础设施项目周期长的特点。保险债权投资期限多为5～10 年，企业还款压力相对较小。目前，采取 A 类信用增级方式的①，债权投资计划最长期限为 10 年，采取 B 类信用增级方式的，最长期限为 7 年；采取 C 类信用增级方式的，最长期限为 5 年，且不得超出质押权或者抵押权的有效期限。

（5）偿还方式灵活。专业机构和融资企业可以根据自身情况，在满足相关法规的条件下，可设计"定制的保险债权融资计划"，对于具体采用何种方式的债权，可以由项目双方确定，从而增加了融资的多样性与灵活性。

（二）保险债权融资在我国城镇基础设施投融资中的适用性分析

尽管保险资金与基础设施项目在资金供需方面匹配较好，但是以注重安全为突出特点的保险资金还是为进入基础设施设置了较高的门槛，如计划投资项目必须获得国务院或者有关部委批准；省级政府批准的项目，应当为已建成，且效益良好，偿债能力强；自筹资金不得低于项目总预算的 60%，且资金已经实际到位。偿债主体必须是在中国境内、境外主板上市的公司或者上市公司的实际控制人，中央大型企业（集团）；经营年限 3 年以上，最近 2 年连续盈利，具有稳定的现金流，能够覆盖项目投资及偿债支

---

① A 类信用增级方式：国家专项基金、银行提供本息全额无条件不可撤销连带责任保证担保，银行省级分行必须提供总行授权担保的法律文件，并说明其担保限额和已提供担保额度。

B 类信用增级方式：上年末净资产在 200 亿元以上的上市公司或者上市公司的实际控制人，提供本息全额无条件不可撤销连带责任保证担保，并满足下列条件：1. 担保人信用评级不得低于偿债主体信用评级；2. 担保人全部担保金额（含上述担保）占其净资产的比例不得超过 50%；3. 担保人速动比率不得低于境内上市公司上年度行业平均水平；4. 担保人和偿债主体不得互保，偿债主体母公司提供担保的，母公司净资产不得低于偿债主体净资产的 1.5 倍；5. 担保合同必须在担保人完成全部合法程序后方能生效，担保人为上市公司的，应当出具到法定人数的董事签名的董事会决议。

C 类信用增级方式：以流动性较高、公允价值不低于债务价值 4 倍，且具有完全处置权的上市公司无限售流通股份提供质押担保，或者依法可以转让的收费权提供质押担保，或者依法有权处分且未有任何他项权利附着的，并具有增值潜力和易于变现的实物资产提供抵押担保，质押担保必须办理出质登记，实物资产担保必须办理抵押物登记，且抵押权顺位必须排序第一。

出；要求偿债主体有较高的信用评级，只有同时符合以下三个条件的，可免予信用增级①：①偿债主体最近两个会计年度净资产不低于 300 亿元、年营业收入不低于 500 亿元，且符合《管理办法》和本规定要求；②偿债主体最近两年发行过无担保债券，其主体及所发行债券信用评级均为 AAA 级；③发行规模不超过 30 亿元（见表 6 - 2）。

表 6 - 2　保险债权融资计划的投资特点

投资对象	1. 项目获得国务院或者有关部委批准
	2. 省级政府批准的项目，应当为已建成，且效益良好，偿债能力强
	3. 采用政府规费还款的，政府规费应当具有法律依据和相应约束
投资管理方式	依据信托原理，发起设立债权投资计划，募集资金投资基础设施项目
投资条件	1. 自筹资金不得低于项目总预算的 60%，且资金已经实际到位
	2. 项目方资本金不得低于项目总预算的 30%，且资金已经实际到位
资金投资决策和管理主体	保险资产管理公司、信托公司等专业管理机构
偿债主体条件要求	1. 在中国境内、境外主板上市的公司或者上市公司的实际控制人，中央大型企业（集团）
	2. 经营年限 3 年以上，最近 2 年连续盈利，具有稳定的现金流，能够覆盖项目投资及偿债支出
投资额度	1. 投资同一偿债主体的余额，一般不超过 30 亿元，且占单一项目总投资额的比例不高于 40%
	2. 投资未建成项目的余额，不超过银行实际已经发放的贷款金额。投资已建成项目的余额，在债权投资计划存续期内，不超过银行贷款余额的 4 倍
投资期限	采取 A 类信用增级方式的，债权投资计划最长期限为 10 年，采取 B 类信用增级方式的，最长期限为 7 年；采取 C 类信用增级方式的，最长期限为 5 年，且不得超出质押权或者抵押权的有效期限
风险控制主体	专业机构，建立有效的风险控制体系，至少应当包括项目开发、信用评级、项目评审、风险监控等关键环节
风险损失承担者	保险公司

综上分析，保险资金对投资项目和资金使用的主体都有着极为严格的限制，一般只能适用于特大城市重要城市基础设施，即使一般省会城市也很难满足其设定条件，中小型城市更是难以符合条件。可见，较高的安全性要求和风险控制标准，限制了其在城镇基础设施中应用。

———————————

① 参见《基础设施债权投资计划管理暂行规定》（保监发〔2012〕92 号）。

专栏6–3 保险债权融资计划案例介绍

北京地铁10号线是北京城市轨道交通线网中的第二条环线，具有连接中心城西北、东南方向的对角线功能，是线网中的骨架线路。地铁10号线采用了多种投融资模式，其中的保险债权融资是北京市第一次引入保险资金进行基础设施投资的创新模式。2009年，保险机构作为委托人委托太平洋资产管理公司同京投公司签订地铁10号线的投资协议，该协议确定投资额度为30亿元，利率为5.07%，期限为7年，工商银行为托管银行，负责期间的资金流转（如图所示）。2010年，根据《北京市发展和改革委员会关于在轨道交通领域试点发行"保险债权"的请示》（京发改〔2010〕401号），京投公司和中国人寿共同实施保险债券投资计划，保险债权投资计划发行总规模约200亿元，主要投向地铁6号、7号、8号、9号、14号线。

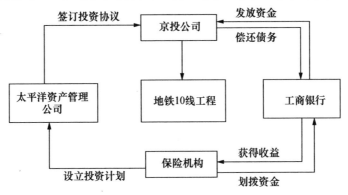

保险债权融资计划示意图

北京地铁10号线保险债权融资计划是北京市第一个获准的保险债权投资计划，也是保监会《基础设施债权投资计划产品设立指引》和《保险资金投资基础设施债权投资计划的通知》第一个上报保监会并获准的债权投资计划。保险资金总量大，来源稳定可靠，要求长期安全稳定的回报，而城市轨道交通能获得长期有力支持，轨道交通与保险资金的结合，另外降低了轨道交通项目的融资成本，实现了互利双赢。

数据来源：王灏：《城市轨道交通投融资模式研究》，中国建筑工业出版社，2010年7月。

（三）相关建议

1. 允许保险债权投资计划投资国家批准规划实施的省级批准（含核准）项目

根据《国务院关于取消和下放一批行政审批项目等事项的决定》（国发〔2013〕19号），一些原来需国家发改委核准的项目，已下放到省级，如按照国家批准的规划实施的，企业投资城市快速轨道交通项目的核准已下放省级投资主管部门，原来《保险产品指引》颁布时的我国投融资投资政策环境已有较大变化。那么，原《保险产品指引》中所列的"项目获得国务院或者有关部委批准"的政策含义也有所变化，已不能体现颁布当初的实质性含义。建议修改其中第九条相关内容为：保险资金债权投资计划的投资项目为获得国务院或者有关部委批准项目，或国家批准规划实施的省级批准（含核准）项目。

2. 放宽偿债主体身份标准

《保险产品指引》在要求主体的一系列财务和偿债能力标准的同时，还包括身份标准，如"在中国境内、境外主板上市的公司或者上市公司的实际控制人，中央大型企业（集团）"。建议进一步明确偿债能力标准，放宽身份标准，如在目前为了便于操作，不宜取消身份标准的情况下，可扩大身份标准的范围，如可增加"净资产超过100亿元，年收入超过300亿元的省级股份公司"。

参考资料：

1. 刘珮珮：《地方政府债务融资及其风险管理：国际经验》，经济科学技术出版社，2011年。

2. 张工等：《北京城市轨道交通投融资理论与实践创新》，清华大学出版社、北京交通大学出版社，2012年。

3. 朴明根：《我国可持续发展中投融资模式创新与风险研究》，经济科学出版社，2009年。

4. 柳学信：《中国基础设施产业市场化改革风险研究》，科学出版社，2009年。

5. 王灏：《城市轨道交通投融资模式研究》，中国建筑工业出版社，2010年。

6. 何佰洲、郑边江：《城市基础设施投融资制度演变与创新》，知识产权出版社，2006年。

7. 王宏新、唐建伟：《土地储备融资实务指南》，化学工业出版社，2011年。

8. 周沅帆：《城投债——中国式市政债券》，中信出版社，2010年。

第 七 章
社会资本参与城镇基础设施建设
的投融资模式探讨

内容摘要： BOT 在我国的发展有一定的起伏性，其发展的基本经验主要有：相关政策必须具体、到位，要准确把握风险、分担合理，不断提高政府相关部门的管理能力，严格按合同办事。深化 BOT 发展，必须细化政策法规，提高政府管理能力，加大对市场投资主体的培育，推进组织机构建设。公私合作模式主要应用于可收费，但在缺乏公共部门支持条件下，私人部门又难以完全实现市场化运营的项目。推进公私合作项目有序实施，关键在于落实责任部门，科学选择适宜的推进项目，合理确定政府资金资助标准并实施合理的风险分担。BT 模式最大的特点是没有投资人运营环节，一般用于无法直接向公众收费的项目，只能缓解发起人在项目建设期的资金压力，同时利用 BT 项目公司的专业化的管理提升管理水平。当然，对于移交的资产可变现的项目，其优势明显。政府公共服务购买的核心是竞争，关键是把城镇基础设施公共服务纳入政府采购目录，科学确定服务购买价格，完善公共服务购买的组织与管理。

不同的视角有不同的投融资模式，本书主要从私人部门参与的角度来分析项目的投融资模式，主要对 BOT、公私合作、BT 和政府公共服务购买几种模式进行分析，具体如下。

一、BOT 模式分析

（一）BOT 的定义与分类
BOT（经营—移交—建造）是指政府部门通过特许权协议授权项目发起人进行

项目的融资、设计、建造、经营和维护，在特许期内向该项目的使用者收取适当的费用，以补偿成本并获得合理的回报，在特许期满后移交给政府的一种融资模式。

BOT 投资方式是一个相当复杂的系统工程，一个以 BOT 方式投资建设的项目，涉及政府、项目发起人、债权人、供应商、保险公司、运营商、建筑承包商和产品购买者等，每个角色与项目公司之间都是一种复杂的合作关系。项目公司是基于一系列协议之上的有多种角色组合而成的严密的商业组织（见图 7-1）。

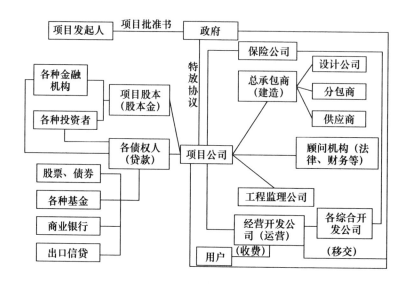

图 7-1 BOT 项目的运作模式

（二）BOT 项目在我国的发展与政策

从 1984 年的深圳的沙角电厂开始，在改革开放初，我国的 BOT 项目主要以吸引外资为主，实施的项目以电力、公路和供水居多，但是由于缺乏经验，前期工作准备不充分，相关制度也不健全，致使到 20 世纪 90 年代中期，很多 BOT 项目在合约执行过程中遇到了困难，其中的关键是在政府急于引进短缺资金的情景下，没有把握好项目的风险及其分担，政府对服务价格和市场规模等商业风险承担过多，承诺的高投资回报在环境变化时难以实现，严重影响了公共利益。加之受政策逐步规范的影响，很多在政策不太规范条件下运作的 BOT 项目，在合约履行中也遇到一定的问题，有的被迫收回。到 20 世纪 90 年代末，外商的投资 BOT 项目有所缩减。

此后，相关法规逐步完善，2004 年 5 月，《市政公用事业特许经营管理办法》（原建设部令第 126 号）明确了市政公用事业特许经营进的定义，是指政府按照有关法律、法规规定，通过市场竞争机制选择市政公用事业投资者或者经营者，明确其在一定期限和范围内经营某项市政公用事业产品或者提供某项服务的制度，指出在城市供水、供气、供热、公共交通、污水处理、垃圾处理等行业可实施特许经营。同年7月，《国务院关于投资体制改革的决定》（国发〔2004〕20号），更是为BOT项目的发展奠定了条件。2005年后，随着《国务院关于鼓励支持和引导个体私营等非公有制经济发展的若干意见》（国发〔2005〕3号）对民营经济支持力度的加大，民营资本进入了一些城市的污水和垃圾处理BOT项目。2010年的《国务院关于鼓励和引导民间投资健康发展的若干意见》（国发〔2010〕13号）及其各领域的实施意见，进一步推动民间资本进入城市基础设施领域。2014年，《国务院关于创新重点领域投融资机制鼓励社会投资的指导意见》（国发〔2014〕60号）进一步细化了引进社会资本的领域和合作机制。此后，国家发改委、财政部等部门分别发布了一些关于公私项目合作的文件，意在加速或规范公私合作项目的发展。

与此同时，一些地方性的关于BOT法规也陆续出台，如2005年12月1日北京市通过《北京市城市基础设施特许经营条例》，明确指出BOT是特许经营的方式之一，即在一定期限内，城市基础设施项目由特许经营者投资建设、运营，期限届满无偿移交回政府。具体在供水、供气、供热，污水和固体废物处理，城市轨道交通和其他公共交通实施特许经营。湖南省在2006年颁布了《湖南省市政公用事业特许经营条例》，为内资BOT项目在该省的规范运作提供了依据。条例规定，城市自来水供应、管道燃气供应、集中供热、城市公共客运、城市污水处理、垃圾处理六大行业向社会资本敞开大门。

在操作细则方面，原建设部在2004年陆续发布了城市供水（GF—2004-2501）、城市管道燃气（GF—2004-2502）、城镇供热（GF—2004-2503）和城市污水处理（GF—2004-2504）和城市生活垃圾处理（GF—2004-2505）特许经营协议示范文本，为相关行业BOT项目的规范推进，提高协议谈判效率，降低交易成本创造了条件。

在融资便利方面，考虑到项目融资的有限追索，加之复杂的风险分担结构，银行部门对其贷款的信心不足。2009年，中国银监会发布《项目融资业务指引》（银监发〔2009〕71号），进一步规范了项目融资中的银行业的借贷行为，指出以偿债能力分析为核心，重点从项目技术可行性、财务可行性和还款来源可靠性等方面评估项目风险，充分考虑政策变化、市场波动等不确定因素对项目的影响，审慎预测项目的未来收益和现金流。

在行业法规方面，国务院发布了《城镇燃气管理条例》（国务院令第583号），原建设部、国家发展和改革委员会和财政部等八个部委就联合分布了《关于进一步推进城镇供热体制改革的意见》（建城〔2005〕220号），《城市供水价格管理办法》以及各地的《城市污水处理费征收管理实施办法》，都为这些领域BOT项目的规范运作创造了政策条件。

（三）我国发展 BOT 的基本经验

尽管BOT在我国的发展有一定的起伏性，实施的项目有的成功有的失败，但从中得到的经验是一样的：一是相关政策必须具体、到位，我国在早期实施的BOT项目总体结果不太理想的一个重要原因是制度不规范，政策不到位。二是风险要把握准确、分担合理，实施BOT项目对政府部门的项目分析、判断和管理能力提出较高的要求，必须在项目的前期对其风险有个准确分析和判断，提出可行的风险分担方案；不合理的风险分担，不但影响项目效率，在一定程度上会导致项目失败。三是不断提高政府相关部门的管理能力，虽然BOT项目政府部门不直接进行经营管理，但前期准备工作要仔细、充分，政府部门自身的项目管理能力谈判能力要过硬，否则政府部门在与私人部门合约谈判中难免会处于被动，增大政府部门的风险。四是政府要严格按合同办事，合同是各方共同实施的实施项目的纽带，只有政府严格按合同办事，才能有效监督其他主体认真履行合同内容。五是采用竞争机制确定特许经营主体，只有竞争才能避免腐败和提高项目实施效率。六是建立政府与市场的合理分工，政府对项目的必要支持是必需的，如土地提供，建设条件协调等。

（四）相关建议

1. 提高政府管理能力

BOT项目涉及关系复杂，不但要求政府部门有关于市场预测和风险评估等方面的项目可行性论证能力，还要有与非公经济合作的合约谈判能力、合约执行管理能力，以及产品服务的监管能力，如果政府部门管理水平跟不上，再好的项目在实施过程中也会产生偏差。目前，政府部门管理水平有待提高：一是我国各地各级政府部门的管理水平本身就存在一定的差异，尤其是地市级以下政府相关部门BOT实践经验较少，其管理能力与水平更需加强。为此，需建立一种经验交流机制，通过各行业典型的BOT成功案例的剖析，探讨各行业BOT项目的管理重点和关键点，推动政府部门管理水平的整体提高。二是管理机构的专业化程度不足，我国之前没有专门的BOT或公私促进部门，如北京在《城镇基础设施特许经营条例》规定，拟实施特许经营的城市基础设施项目，是由市发展改革部门、市城市基础设施行业主管部门或者区、县人民政府提出，不是由专门机构负责。当然，在发展起始阶段，由于业务量小，按照北京市的管理程序是有一定的合理性，但是随着 BOT 项目数量和规模的增加，其相关业务量大增，相应的政府管理方式必须转变，必须得有专门负责 BOT 项目的部门。2014 年以来，各地陆续成立了相应的专业机构，但是部门间的职责仍没有理顺。

2. 加大对市场投资主体的培育

尽管 BOT 市场有了很大的发展，但相对民间资本的投资热情而言，民营资本的技术水平和管理能力仍显不足，尤其是缺乏把握项目风险的经验，在谈判过程中向政府要价太高，导致很多的项目是"谈而无果"。为了提高民间投资主体对项目风险的认识水平，增进与政府部门的共识度，需加强其风险控制能力。一是坚持在政策法规上的宣传，让更多的投资主体了解 BOT 政策、了解 BOT 市场；二是克坚攻难，塑造一些典型成功案例，通过市场的实践行动来引导和激励民间投资主体，推动市场发展；三是搭建民间投资信息平台，发布权威可靠的民间资本、技术和项目需求信息，推进民间资本和技术的有机结合，整体提升民间资本的技术水平和管理水平。

3. 完善细化政策法规

尽管我国有了一些关于 BOT 的法规，但总体是框架性的粗线条的条文，尤其是对其背后的理念和作用机制缺乏足够的解释，致使在实践中较难把握要领。对此，一是建议相关部门结合相关法规，根据不同行业特点及其成功案例的运作经验，出台《城镇基础设施 BOT 项目投资指南》，以指导各主体有序推进 BOT 项目的实施。二是根据实践中的问题，修改完各行业通用特许经营协议的示范文本，在合同条款中的一些注意事项和重点环节进行相关解释。

4. 加强风险分析基础理论的应用研究

加快建设相对统一的风险分担的理论方法体系。风险分担是建立在项目风险评估基础上，不同领域和不同主体，其所需风险评估的理论和方法有所不同。在目前，我国建设项目风险评估理论应用总体还不够广泛，风险分担也缺乏一套统一的理论指导体系，一些方法与参数还没有经过足够的实践检验，业界也没有形成相对统一的认识。加强风险分析基础理论应用研究，建设相对统一的风险分担的理论方法体系，避免风险分担过程中因方法选择分歧而导致的成本增加，同时，要相关理论的研究为相关人才的培养创造条件，推动我国建设项目风险评估领域的健康发展。

5. 推进组织机构建设

各领域根据 BOT 项目发展的特点和实际需要，可设立专门机构来负责 BOT 项目的推进工作，建立符合政府目标和投标人合法利益的管理制度，保持信息透明，落实项目决策和行动过程的相关责任。同时，在考虑 BOT 项目合同应当足够灵活的基础上，创新项目监管模式和合同管理方式，降低项目的代理成本和交易成本。

专栏7-1 北京卢沟桥污水处理厂BOT项目

一、项目背景

北京市卢沟桥污水处理厂位于丰台区看丹乡杨树庄以南，负责北京西南部石景山、卢沟桥和丰台西部地区的污水处理，工程总投资7亿多元，规划流域面积55.8平方公里，服务人口约36.4万人。一期规模为10万立方米/日，远期为20万立方米/日，一期工程总投资初步设计概算约3.75亿元。卢沟桥污水处理厂一期项目于1999年经国家计委批准立项，2001年4月获得可行性研究报告批复，2002年5月通过初步设计。一期工程2002年12月开工建设，2004年10月投入运行。

二、招标过程

2002年6月，北京市发改委与市政管委等有关部门组成卢沟桥项目招标委员会，在《中国日报》发布国际公开竞争性招标通告，邀请有意投资方与北京城市排水集团一起共同投资、建设及运营卢沟桥污水处理厂。

招标文件中明确规定，只有满足条件者方能参加项目竞标。这些条件包括，在过去5年中具有参与3个以上、处理规模10万吨/日以上污水处理厂投资及运营管理良好的项目业绩及经验；参与污水处理厂投资总规模应达5000万美元以上；在过去3年中，年度总营业额应达1亿美元以上，具有良好的财务状况及资信状况，无违法及不良记录。

经过招标委员会的评审，法国威立雅水务与马来西亚嘉里公用事业公司联合体中标，提供了42%的投资，市排水集团提供了另外的58%。2004年10月12日双方签署协议，共同组建南运营公司，获得卢沟桥污水处理厂项目20年的特许经营权，在特许经营期内负责污水处理厂的运营和管理。

三、融资结构

卢沟桥污水处理厂一期工程总投资初步设计概算约3.75亿元。市政府安排配套资金约1.75亿元，用于征地拆迁及外围市政配套设施的建设；厂区土建工程所需资金的40%及设备所需的全部资金共计11646万元，由北京排水集团利用世界银行贷款提供；其余资金8470万元由法国威立雅水务和马来西亚嘉里公用事业公司组成的联合体投资。

四、特许经营制度

北京市市政管委（现变更为北京市水务局）与联营企业在2003年9月签署的《北京市卢沟桥污水处理厂特许服务协议》，对双方在污水处理厂所有权、计量、运行和维护、污水处理费及调价、监督检查、移交、不可抗力、争议、终止等事宜进行了详尽规定，为项目实际执行提供了依据。

按照北京市政府办公厅《关于给予吴家村污水处理厂等市政工程政策性优惠有关问题的通知》，卢沟桥污水处理厂享受市政工程政策性优惠，免交耕地占用税等多项建设费用。土地按划拨建设用地处理。按照国家税务总局的有关规定，污水处理企业还可享受所得税方面的优惠政策。

五、风险分担

在建设过程中，中方合作者承诺外方提供的资金加上中方提供的联营条件能够建成一座完好的污水处理厂。如果实际建设成本高于预期，则中方合作者负责资金缺口或成本超支部分。

在运营过程中，招标方承诺污水处理厂来水量至少可达到设计能力的80%，即8万立方米/日。如果实际来水量低于此水平，则政府购买方按保证水量付费。

按照世界银行不能改变贷款主体的有关政策要求，以及将污水处理水价控制在合理水平，项目分别设计了联营企业和运营公司。联营企业拥有卢沟桥污水处理设施的资产，并与市政府签署特许服务协议；运营公司接受联营企业的委托，负责项目资产的实际运行管理。特许经营期结束时联营企业在保证设施完好率95%的基础上将其无偿地移交给北京市政府。

数据来源：周煊：《北京市城市基础设施建设吸引外资问题研究》，中国经济出版社，2010年。

二、公私合作模式分析

（一）公私合作模式的本质

公私合作没有统一的定义，不同部门或机构对其的定义也不尽相同，但基本可以分为广义和狭义两种，广义的泛指公共部门与私人部门为提供公共产品或服务而建立的各种合作关系，包括政策层面和项目层面的合作；狭义的仅指公共部门与私人机构在项目层面的合作，私人部门为公共产品供给提供支持，参与项目的设计、融资、建设与运营等，公共部门则是公共产品的规划者、采购者与监督者。在我国的实践中，公私合作的内涵更为具体，指的是公共部门和私人部门通过责任划分、共同投资、协同合作的一种项目开发模式，本报告所称的公私合作项目指的是这种公共部门和私人部门有资金合作的实践模式，其主要特点是：

公共部门将其控制的土地、财产或设施根据合约约定的条款交给私营部门管理，同时规定这些设施的运营服务标准。

私营部门根据服务的需求新建或扩建设施，在规定的时间内运用该设施提供服务，同时接受公共部门在服务标准和价格方面的监督。

私营部门在合约结束时将该设施交给公共部门。

相对传统政府采购而言，公私合作的本质在于公共部门不再是购买一项资产，而是按规定的条款和标准购买一套服务，核心致力于服务水平的提高。它是一种把设计方案的前期工程与项目交付使用、收益来源的下游管理相结合的融资结构，克服了传统的政府项目各阶段分离的弊端，是一种建立在优势互补、利益共享和风险分担基础上的一种有效的激励相容的合约安排。

（二）公私合作模式的比较优势

从总体来看，公私合作模式是充分发挥了公共部门组织协调优势和私人部门的资金和技术管理优势，提高了全社会资金的使用价值。若我们按照特定要素模型的分析思路，简单地把政府的组织与协调、私人部门的管理与创新分别看作是公共产品与私人产品的生产的特定要素，看作是二者的共同要素，则采用公私合作模式明显改变了公共产品的生产曲线，使公共产品与私人产品的市场均衡点由 A 的位置提高到 B 的位置，公共产品与私人产品的资金边界效益都有所提高（见图 7－2）。

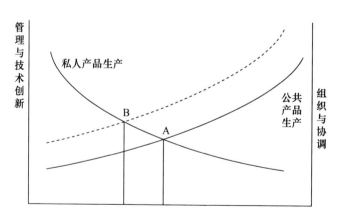

图 7－2　公私合作模式对全社会资金使用价值的影响

对于具体的参与部门而言，其所起的作用也很明显。

对于公共部门而言，采用公私合作模式，首先，扩大了公共产品的融资渠道，有利于加快公共产品的建设和生产，提高公共产品的服务规模和水平，满足人们的生活和经济的发展；其次，缓解了政府的财政压力，同时也可能会被用来规避支出控制，不将公共投资列入预算和不将债务计入政府的资产负债表；再次，通过公私合作在一定程度上避免了公共产品的内部决策，通过市场约束机制增加了决策的透明度，能更好地把握市场需求；最后，可以直接利用私人部门的技术和管理为公共事业服务，提高了基础设施和公共事业建设及使用的效率。

对于私人部门来说，采用公私合作模式，一是为私人部门进军基础设施和公用事业建设领域打开了一条渠道，扩大了投资范围，增加了投资的选择机会；二是公私合作项目可以获得稳定的收益流，利于优化私人部门的资产结构；三是私人部门参与到基础设施及公共事业的建设中，能够积累了与当地政府交往的经验和人脉关系，为今后在当地进行其他投资或是竞标其他项目打好了基础；四是从事基础设施建设也是一个市场需求扩大的过程，谁能够在这个过程中把握机会占得先机，无异于将在未来的竞争中获得优势。

（三）公私合作模式的应用领域

每一模式都有其一定的应用范围，公私合作模式主要应用在投资规模大、项目技术专业化程度高和风险相对大的，且需要大量的后续维修或专业化管理等领域。因为，私营部门的管理技能、更富创新的设计和专业的风险管理给项目带来的效益较政府管理有实质性改善。从项目的经营特性看，公私合作主要应用于可收费，但在缺乏公共部门支持条件下，私人部门又难以完全实现市场化运营的项目，如在大型城市的城市轨道交通、供热供水管网、市政公共走廊等，或中小城市和镇的污水处理设施等。实践中，公私合作又可能在各种项目中灵活运用，并与其他模式混合运用等。

相对于传统项目，公私合作项目的交易成本较高，合约缔结过程复杂，一些项目规模较小，私人部门的专业管理水平、技术创新能力以及风险管控措施给项目带来的价值不足以弥补项目的交易成本时，采用公私合作模式是不会增效的。当然交易成本是相对的，在一些风险复杂性低、共识度较高的行业，若可采用标准化的公私合作模式时，其交易成本会大大较低，这样选择公私合作模式也是有效率的。如中小城市和镇的污水处理设施就具有该特点的，因为虽项目可收费，但运营亏损，需政府财政补贴，若采用公私合作，则可增强竞争约束，加大管理激励，提升运营效率。

（四）提升公私合作项目管理水平

推进公私合作项目有序实施，离不开政府相关部门的科学管理，其中的关键在于落实责任部门，选择适宜的推进项目，明确政府资金资助标准，实施合理的风险分担。

1. 落实公私合作项目推进管理部门

2014 年前，我国政府部门没有专门管理私人参与城镇基础设施的机构，更没有相应的专业人才，在实践中，多采取一事一议的管理方式来解决。在这种情况下，各部门都没有具体推进公私合作项目发展的责任，缺乏必要的激励约束措施，与公私合作要求的精细化、专业化管理的要求差距较大，成为推进公私合作项目发展的重要障碍之一。现在，随着进一步推进公私合作项目发展增加的管理要求，必须强化可以阐明项目要求、进行项目合同风险管理和实施项目绩效监管的机构与人力资本建设。目前，有些地区成立了公私合作项目中心，但多为研究性的，协调管理职能较弱，难以满足上述要求。一种可行的选择是：由投资主管部门牵头，行业主管部门参与，成立公私合作项目协同推进指导委员会，负责项目的前期决策管理和运营协调管理，委员会下设办公室，设在投资管理部门，负责其日常工作。在人力支持方面：一是要培训和引进专门的人才；二是充分利用社会中介机构，对相关的管理工作，以咨询服务的方式外包。而且，相对政府成立专业化的机构而言，利用中介机构的专业咨询服务，更能利用专业化的管理水平来实现规模经济，更能对经济激励做出反应，提高管理效率。

2. 完善公私合作项目模式选择的决策机制与方法

公私合作项目，除了具有一般项目前期分析的必要性和可行性分析外，还必须论证选择公私合作模式的合理性、评估私人部门能力的可靠性、进行公私部门权责划分、风险分担以及复杂的合同谈判。虽然，从定性分析的角度可以界定公私合作项目的应用领域，但是对于具体的项目，是选择公私合作项目模式，还是采取传统模式，还需进行进一步的分析。若要选择采用公私合作模式，必须能证明采用公私合作模式更能实现资金的时间价值，能确保资源配置更有效率。具体可采用公共部门比较值的方法来确定，即把传统项目的成本或效益的现值与公私合作项目下的现值进行比较，若公私合作项目下现值的成本小或效益大，则就可认为公私合作项目更能实现时间的价值。但是传统项目与公私合作项目在处理风险的态度和方式不同，传统的公共部门供给由于没有涉及风险的转移，所以一般没有对项目的风险定价，而公私合作项目中很多的风险已经转移到私人部门，对相关风险进行了明确的定价，因此，在进行公共部门比较值时必须是在相同的风险条件下进行，具体的方法有两种：

方法一：直接风险定价法，具体方法与步骤。

（1）确定政府部门的效用函数，通常假设政府也是具有风险规避特征，效用函数为：

$$u = -e^{-\rho w} \tag{公式1}$$

其中，ρ 是绝对风险规避度量，w 是项目的效益或成本流现值。

（2）对转移风险进行定价。根据风险的相关定价理论，那么风险的价值为：

$$VAR = -\rho w\delta^2 \tag{公式2}$$

其中，δ 是在既定风险转移情况下的成本流或效益流方差。

（3）确定公共部门比较值。在风险价值确定的基础上，再计算传统项目的经济净现值 $ENPV_C$，那么公共部门比较值 $PSC = ENPV_C + VAR$。

（4）计算公私合作模式下项目经济净现值 $ENPV_P$。

（5）判断比较。具体的判断标准是：

$$ENPV_C + VAR < ENPV_P \tag{公式3}$$

那么则认为采取公私合作项目达到了资金的使用价值或资源配置更有效率，否则不是。

从上述标准可知，选择公私合作项目是否合理，关键是在风险转移过程实现了价值增加，即通过合理的风险分担，实现风险总体成本最小化。

当然，选择不同的效用函数，会有不同的评价结果，若采用其他的效用函数，公式2就变为：

$$VAR = -\frac{\ddot{u}}{\dot{u}} w\delta^2$$

其中 $\ddot{u}$、$\dot{u}$ 为效用函数 u 的二阶导数和一阶导数。

方法二：现值风险调整法。

就是用不同的风险分析方法，把公共部门所面临的项目风险调整为与公私合作时所具有一样的特征，然后根据经济分析模型，直接计算出具有相同风险特征的净现值（$ENPV_{Cf}$），具体可通过风险贴现率或确定性等价现金流等方法来调整。公私合作模式下项目经济净现值 $ENPV_P$ 与方法一相同，具体判断标准改为：

$ENPV_{Cf} < ENPV_P$，其中是经过风险调整后的效益净现值。

建议相关部门，尽快出台《公私合作项目评价方法与可行性报告编写指南》，明确项目评价内容、方法、判断标准以及统一风险条件的方法与参数。

3. 科学界定公共部门对项目的资金支持规模

由于公私合作项目都需要政府有一定的资金支持，但如何确定政府在项目中的具体支持规模，则需要进行科学的定量分析。在价格和市场预期既定的情况下，若政府支持的资金不足，项目盈利能力弱，低于私人预期，则就对私人部门缺乏足够的吸引力，导致项目融资失败；若支持资金过多，则会影响有限公共资金的使用效率，降低本能提供的服务规模。当然，在基于"成本＋激励"的公共服务价格形成机制下，政府的资金支持是与产品的最终服务价格相关，这样政府资金的补贴在本质上是平衡消费者和投资者的利益，确定使用者付费和公共融资的相互比例，其判断还是要涉及政府的公共价值选择。此外，对于可收费性项目，一般还涉及债务性资金，而本息偿还安全是银行部门考虑的首要条件。这样，三个主体按照各自的资金使用目标或效率标准，来决定在项目中的出资比例，具体三个主体的行为是：①政府公共部门，追求资金的使用价值，资源的配置效率，平衡投资者和消费者的利益；②私人投资者，在政府追求公共利益的前提下，实现自身的资金收益；③银行贷款机构，在控制贷款风险的前提下，获取贷款利息。具体的分析工具是通过构建项目财务评价模型，按照循环测试的原理，给出各种可能的比例组合，最后由政府和公共部门，按照社会价值标准，进行公共选择，具体分析框架（见图7-3）。

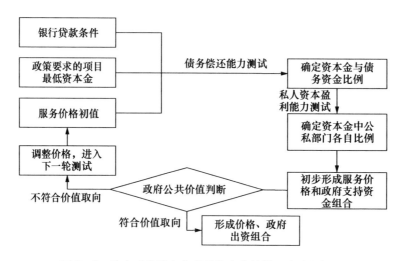

图7-3 政府对公私合作项目资金支持的理论分析框架

4. 优化风险分担的原则与模型框架

项目风险能否合理分担是关项目成败，而科学合理的风险分担分析框架，是各方增进风险共识，尽快达成风险分担协议的重要环节。

（1）项目风险分担原则。

a. 与控制能力相协调。不同的项目风险，成因不同，相应的应对措施也不同，对控制主体的能力要求也不同。在公私合作项目中，就各参与主体而言，各自的资源控制能力、风险管理水平以及在具体的风险管理领域的专业优势不同，决定了它们对风险的控制能力的不同。合理的风险分担必须与风险控制能力相协调，通常是由最有能力控制风险的一方来承担，其效果体现在以下两方面，一是提高风险损失预防能力，减少风险活动水平方面，在投入既定的情况下，可以更好地降低风险损失的期望成本；二是在风险期望损失既定的情况下，降低风险的管理成本。从以上两方面可以看出，由最有能力控制一方承担风险，利于实现风险成本最小化的管理目标。

b. 与收益分配相对称。在理性经济人的假设下，只有所承担风险与所得回报要相适应，才能鼓励项目有关各方积极主动承担风险，保证项目谈判和实施公平、有效和顺利地进行。通常，收益分配可以看作是对风险控制及其结果的交易价格，在风险控制要求既定的情况下，风险应当由对收益要求较低的参与者来承担。就公共部门与私人投资者双方而言，收益分配可以看作是风险分担过程中，风险分担供（风险转移者）需（风险承担者）双方的交易价格，收益的分配比例应取决于风险分担的比例，如果某一参与方是控制与管理某项风险所得经济利益的最大受益者，则该风险应该主要由该方承担。

c. 与风险承担意愿相一致。有时候，项目的各参与主体很难就项目的风险与收益关系达成一致意见，一是因为这些风险对收益的影响难以量化；二是因为不同参与主体的风险偏好、风险控制水平和风险损失的承担能力不同，对风险的溢价估计也不同。此时，风险应当按各主体对风险的满意度来分担，分担的结果应当使各主体对风险的满意度总体最大化。风险满意度作为各主体对风险价值的主观判断，通常与其风险溢价相一致的，风险溢价越高，其转移风险的愿意也越强，即承担风险的愿意就越低，风险分担就是把风险从溢价高的主体向溢价低的主体转移。当然，该分担方法能够实施前提是必须建立相应的风险补偿机制。需要强调的是，风险溢价尽管在理论上相对成熟，但在实践中如何确定仍面临一定的挑战，而且风险分担满意度是各主体的一个主观评价，在实施过程中需要进行反复的博弈和谈判，才能达到均衡的结果。

d. 以风险损失的最大承担能力为边界。在信息对称和不存在风险分担外部性的情况下，每个理性的参与者都是根据自身的风险损失承担能力来承担相应的风险。但由于各参与主体在项目实施过程中各有优势，信息不对称是难免的，在风险分担的过程不可避免的需要面对委托代理问题。而且项目风险分担的外部性是难以避免的，尤其是公共产品项目失败的外部性影响更是明显。此时，若没有合理的规避机制，一些风险偏好型的参与者可能采取激进的策略，以承担更大的风险为诱饵来博取更大的收益，有时甚至超出自身的风险控制能力和损失承担能力的上限。若形成这样的分担结果，一是在风险发生时，可能导致项目风险失控的局面，增加项目失败的可能性；二是增加项目的风险成本，影响整个项目效益。

当然，风险分担还必须符合惯例，并遵循相应的责任过错原则，严格地说，责任过错属于风险赔偿方面的内容。

（2）风险分担模型框架。

从理论上讲，风险分担框架涉及风险识别，各参与主体对风险分担目标、方法和标准等选择，结果的判断和分担通判等，所有的项目参与者都是项目的风险参与者，但是项目建设生产的设备、材料供应者，设计、施工等服务支持者，其所承担的风险与一般项目相同，先不予详细分析。在此，我们侧重分析公私合作项目中的三个重要参与主体。

a. 公共部门。相对于传统的公共产品的直接提供者而言，在公私合作的项目中的不同阶段，公共部门扮演着不同的角色。在项目的准备阶段，一是环境保护、公共利益的代表者，二是项目的策划者、规划师和市场分析师，三是资金提供者。在项目招标阶段，一是特许经营授予者，二是公共利益代表。在项目开发实施阶段，一是项目管理者，二是必要的资金提供人。在项目经营阶段，一是项目合同实施管理者，二是公共利益的监督员。

尽管在不同阶段，公共部门扮演的角度不同，但是从公私合作项目的实施优势和必要性看，核心是公共利益的代表。因此，其风险控制和分担的出发点和评估的核心目标，首先是维护公共利益，这是由公共部门的本质属性决定的，其次是关注项目的资金使用效率，提高全社会的资源配置效率；具体的分析工具主要采用经济费用效益分析；主要的分析指标为经济净现值、社会折现率、效益费用比和公共产品价格的合理性；主要分析方法为敏感性分析、概率分析、蒙特卡罗模拟；主要参照系，一是传统公共产品提供模式的成本和效率，二是全社会的资金平均使用效率。

b. 私人投资者。尽管通过公私合作模式能够为社会提供公共产品，但是私人资本的本质属性决定其投资仍然是以追求资金回报为主，其在项目风险分担过程中的评估与控制核心内容是资金回报率和资金的投资安全。主要的分析工具应采用项目财务分析；主要的分析指标为财务净现值和财务内部收益率；主要分析方法仍为敏感性分析、概率分析、蒙特卡罗模拟；主要参照系，一是私人部门投资的一般竞争性项目的平均收益率和项目风险水平。

c. 项目债权人。由于只能对投资者进行有限追索和面临经营管理复杂性导致的项目抵押资产变现等问题，公私合作项目的贷款方在评价贷款风险时，主要通过项目的财务现金流分析，来判断项目的贷款风险。主要的评价指标有利息备付率和偿债备付率，所用的方法主要是压力测试及其相关方法，参考标准是类似行业的平均资金违约率。

公私合作项目的风险分担是一项实践性很强的工作，不同的项目属性或类似项目的不同参与主体，其风险分担的结果一般不会相同。我们根据公私合作项目的一般性风险因素、风险分担的目标与原则以及风险分担的模型框架，按照风险分担的一般特点和全过程管理的要求，得出公私合作项目在风险分担过程与结果的共性框架性结果（见表7－1）。

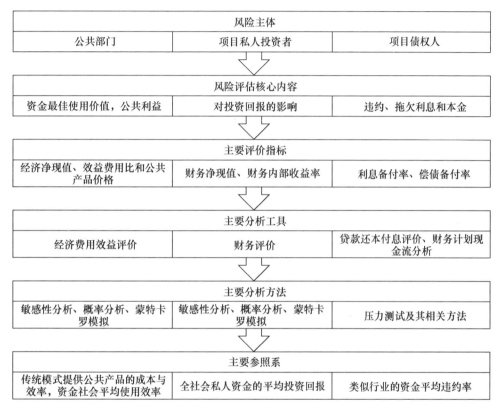

风险主体		
公共部门	项目私人投资者	项目债权人

风险评估核心内容		
资金最佳使用价值，公共利益	对投资回报的影响	违约、拖欠利息和本金

主要评价指标		
经济净现值、效益费用比和公共产品价格	财务净现值、财务内部收益率	利息备付率、偿债备付率

主要分析工具		
经济费用效益评价	财务评价	贷款还本付息评价、财务计划现金流分析

主要分析方法		
敏感性分析、概率分析、蒙特卡罗模拟	敏感性分析、概率分析、蒙特卡罗模拟	压力测试及其相关方法

主要参照系		
传统模式提供公共产品的成本与效率，资金社会平均使用效率	全社会私人资金的平均投资回报	类似行业的资金平均违约率

图7－4　项目风险分担的模型框架

表7－1　公私合作项目风险分担的框架性结果

风险类型	风险来源	风险释放期	分担依据	风险承担者
作业场所风险				
作业场所准备工作	场地赎回、使用期限、污染排放许可、社区联络	项目全生命周期	定性责任划分，基于风险分担的模型框架	公共部门/私人投资者/项目公司
	既往责任	项目准备阶段	定性责任划分	政府或公共部门
土地使用	权属、文化遗产	项目准备阶段、建设阶段	定性责任划分	政府或公共部门
作业场所条件	地面条件、支撑结构	项目建设阶段	定性责任划分	建筑承包商

续表

风险类型	风险来源	风险释放期	分担依据	风险承担者
技术风险				
项目招标	招标规定中的错误	招投标阶段	定性责任划分	政府或公共部门
项目设计	承包商设计错误	建设阶段	定性责任划分	设计承包商
建设风险				
费用超支	工作不足和材料浪费	建设阶段	定性责任划分，基于风险分担的模型框架	建筑承包商/项目公司
	法律变更、批准延迟等	建设阶段	定性责任划分，基于风险分担的模型框架	项目公司/投资人/建筑承包商
完工延迟	承包商协作不足，未获得标准	建设阶段	定性责任划分，基于风险分担的模型框架	建筑承包商/项目公司
	规划审批	建设阶段	定性责任划分	政府或公共部门
	对不可抗力事件的保险	建设阶段	定性责任划分	保险公司/政府或公共部门
未达到性能标准	质量不良/建筑缺陷/调试试验不合格	全生命周期	定性责任划分，基于风险分担的模型框架	建筑承包商/项目公司/（公共部门）
经营风险				
经营成本超支	项目公司要求改变做法	运营阶段	定性责任划分	项目公司/投资人
	行业关系、维修、职业健康和安全、维护、其他费用	运营阶段	定性责任划分，基于风险分担的模型框架	经营者/项目公司/公共部门
	政府产品规格要求改变	运营阶段	定性责任划分	公共部门
经营延迟或中断	经营者的失误	运营阶段	定性责任划分	经营者
	政府在批准的授予和更新或提供合同规定的输入延迟	运营阶段	定性责任划分	政府或公共部门
服务质量不佳	经营者的失误	运营阶段	定性责任划分	经营者
	项目公司的失误	运营阶段	定性责任划分	项目公司/投资人
收入风险				
供给价格提高	政府拥有的支持网络发生违约	运营阶段	定性责任划分	政府或公共部门
	私人供应商违约	运营阶段	定性责任划分	私人供应商
	其他	运营阶段	定性责任划分	项目公司/私人投资者

风险类型	风险来源	风险释放期	分担依据	风险承担者
税收、关税改变	收入降低	运营阶段	定性责任划分,基于风险分担的模型框架	项目公司/私人投资者/政府或公共部门
产出需求	需求降低	运营阶段	定性责任划分,基于风险分担的模型框架	项目公司/私人投资者/政府或公共部门/金融机构
服务价格	价格管制	运营阶段	基于风险分担的模型框架	项目公司/私人投资者/政府或公共部门/金融机构
财务风险				
利率	保值措施不足、利率波动	全生命周期	定性责任划分	项目公司/私人投资者
通货膨胀	通货膨胀影响支付	全生命周期	定性责任划分,基于风险分担的模型框架	项目公司/私人投资者/政府或公共部门
不可抗力风险				
自然灾害	洪水、地震、暴乱、罢工	全生命周期	基于权益损失	项目公司/私人投资者/政府或公共部门/贷款金融机构
法规/政治风险				
法律变更	建设期	建设期	定性责任划分	建筑承包商
	经营期	经营期	定性责任划分,基于风险分担的模型框架	项目公司,政府依据合同给予补偿
政治干涉	许可证失效或取消	全生命周期	定性责任划分	政府
	征用	全生命周期	定性责任划分	保险公司/项目公司/私人投资者/银行
	重新申请批准失败差别税、进口限制	全生命周期	定性责任划分	政府
项目失败风险				
多因素组合影响	多个风险的组合	全生命周期	定性责任划分,基于风险分担的模型框架	股本投资人、银行、债权持有人和机构贷款人的组合
发起人选择	发起人符合性风险	招投标阶段	定性责任划分	政府
资产风险				
技术性贬值	技术落后	全生命周期	定性责任划分	项目公司
资产维护	移交残值	全生命周期	定性责任划分,基于风险分担的模型框架	政府/项目公司

从分担的结果来看，政府或公共部门主要承担政策、法规以及标准变化风险，项目前期发起阶段（招投标前）风险，如招标失败、项目选址风险等，分担超过一定边界的通货膨胀风险、收入降低风险，以及由自己责任导致的其他风险。

私人投资者主要承担建设阶段的费用超支、完工延迟和质量达不到要求等风险，运营阶段主要承担经营成本超支、经营延迟或中断和服务质量不佳等各种经营风险，市场供给风险、利率风险，分担一定程度范围内的通货膨胀风险、需求降低和价格变化风险。

金融贷款机构主要项目失败或因经营和收入等原因导致的项目还本付息风险，由于各风险因素是通过项目公司作用于金融贷款部门，且只有相应的风险因素对项目公司的收入或利润影响超过一定的限度后才可能对金融贷款机构产生影响。因此，具体很难分清金融贷款机构承担的单个风险因素，事实其所承担的是一个风险组合。

对于不可抗力风险，应是由项目的参与者和各相关影响者共同承担。

5. 建立项目风险分担的动态管理机制

由于项目本身以及环境的不断变化，在项目的运行过程中需对风险因素不断地进行识别、评估、分担和监控管理，其主要目的与作用，一是分析评估以前风险分担的合理性，并根据需要进行重新分配；二是分配以前没有预期到的新风险。

尽管风险分担管理也贯穿于项目的整个生命周期，但是在项目实施的不同阶段，由于各参与主体在公私合作项目中所扮演的角色不同，其对应的风险分担工作的内容与重点也有很大不同。

（1）项目准备阶段。在此阶段，一般只有公共部门作为市场分析师和项目规划师参与项目的前期准备工作，所面临的风险主要是项目的立项决策风险，主要工作包括确定市场需求、服务产品的质量标准和鉴定方法、项目选址等多方案比较、进行项目的经济费用效益分析和财务评价、比较采用传统模式与公私合作模式的成本效益情况、辨识出项目潜在风险、评估其对项目影响。若适合并决定采取公私合作模式，则根据自身的风险控制能力和风险损失承担水平，做好项目风险在公共部门与私营部门之间的初步分配预案。

（2）项目招标和投标阶段。在此阶段，项目参与主体主要是公共部门和参与投标项目的私人机构。公共部门的主要工作是做好招标文件和招标宣传工作，清晰地表达政府的需求，以便减少发补充材料的数量，帮助投标者能更好地实质性地响应招标要求，减少在合同谈判的时间消耗。但就风险分担而言，在招标文件中已经开始体现一些公共部门的初步的风险分担倾向和意愿，如对潜在投标人风险承担能力的要求，项目风险因素的初步辨识与分担原则，项目风险的豁免条件等，并在初步风险分配的多方案比较后，提出自己的风险分担的讨论方案。这时，公共部门面临的最大风险是私人合作者的选择不当、谈判失败等风险。

私人投资者则根据项目的招标文件，在综合判断项目的实施条件、市场前景、建设风险、项目的经营管理模式和公共部门的风险分担要求后，就项目的风险因素对自身投资安全和盈利能力进行风险评估，并在综合研判自身的风险控制成本及其可能带来收益增加的基础上，设计自己的项目风险分担方案。在实质性相应招标文件的基础上，就风险分担方案与公共部门进行谈判。并在项目合作协议签署的同时，就项目风险的初步分担达成一致意见。

（3）项目公司组建与项目融资阶段。尽管在项目的招标与投标过程中，也有较为详细的项目公司组建要求、组建方案和融资方案，但在签署最终合作协议之前，双方或多方还需就项目公司的组建以及融资方案进行反复的分析与论证，并就相关风险的分担作进一步的讨论和谈判。核心问题就是各方的出资比例（包括金融机构的贷款）、项目产品服务价格及其变化机制、对私人投资者有没有最低收益保障，若有保障，设定目标值为多少，有没有市场需求的保护机制等。在这一阶段，根据所识别的项目风险，各参与主体结合自己的风险控制目标，都提出各自的风险分担方案。其中有些风险因素较为容易达成一致意见，有些可能经过反复谈判才能达成一致意见。在这一阶段，项目参与各方可能就预见的风险会达成一个较为全面的风险控制方案。

（4）项目建设阶段。随着项目逐步进入实施阶段，一些原来风险初步分担方案确定的风险因素开始逐步暴露，风险分担开始进入操作阶段。在这一阶段，项目的作业场风险、建设成本风险和完工风险都会随着项目的建设完成而得到彻底释放，原来的不确定性变成事实。通常，各参与方会根据初步的风险分担方案及协议中风险分担设定的条件，对这些风险完全得到释放的进行总结和评价，若严重偏离分担原则的，必要时对其风险初步分担方案进行调整。

需要特别强调的是，在建设过程中发现的质量问题及其带来的风险已经得到释放，但由于项目的质量风险有一定的隐蔽性，发现与释放的过程相对缓慢，更多的质量风险会在项目的运营过程中才慢慢释放。尽管在这一阶段，工程质量风险释放的仅是一小部分，但其决定因素已随着项目的建设与完成基本不会再改变，各参与主体对项目质量风险的评价与此前有所不同，项目建设工程中相关的质量控制指标是项目质量风险重新评价的重要依据。

（5）项目经营管理阶段。该阶段时间跨度最长，是初步风险分担方案最难把握的一个阶段，也是风险集中暴露和释放的阶段。在该阶段，各主体首先需要在初步风险分担的基础上，对可能的风险因素进行跟踪和监测，并根据实际环境变化，对风险进行不断地重新评估，以调整和优化自身的风险控制策略与方案。同时，还需要各参与主体共同建立一个务实的风险分担的协商机制，通过在对初步风险分担方案合理性的分析基础上，对原来没有预期到的或分担不合理的风险进行重新分担。

（6）项目回收阶段。公共部门只有在有一定特许经营期限的公私合作项目中，才会面临这样的风险，客观需要公共部门建立有针对性维护责任补偿机制，以降低移交残值风险。

从以上各阶段可以看出，公私合作项目的风险分担也是一个在整个项目生命周期内不断调整的过程，只不过在不同的阶段，其对风险分担的重要程度不同而已。总体来看，项目合作协议签署阶段是项目风险分担最集中的阶段，此后对项目风险的跟踪监测、再分担，都是其必要的补充和修正。

6. 提升基础信息、理论研究对风险分担的支撑力

相对高的交易成本在一定程度上制约了公私合作项目比较优势的发挥，而复杂的风险分担合约是导致项目交易成本增加的主要因素之一。降低风险分担的交易成本，关键是提高各主体对风险的共识度。

（1）提高项目信息透明度，公共部门必须充分披露相关信息，尽量降低风险分担过程的项目信息不对称。

（2）完善基础信息、基础数据对风险分担的支撑作用，提高对风险事件发生概率的认同度。任何主体都要通过相关风险事件的统计信息来对项目风险进行分析与评估，以提高风险事件基础信息的可靠性、共用性和共识度，对降低风险分担成本起到基础性作用，相关部门应尽快建立起项目风险事件的信息统计和分析系统，为项目风险分担决策提供基础性支撑信息。

（3）加强风险分析基础理论的应用研究，加快建设相对统一的风险分担的理论方法体系。风险分担是建立在项目风险评估基础上，不同领域和不同主体，其所需风险评估的理论和方法有所不同。在目前，我国建设项目风险评估理论应用总体还不够广泛，风险分担也缺乏一套统一的理论指导体系，一些方法与参数还没有经过足够的实践检验，业界也没有形成相对统一的认识。加强风险分析基础理论应用研究，建设相对统一的风险分担的理论方法体系，避免风险分担过程中因方法选择分歧而导致的成本增加。建议相关部门，在充分研究的基础上，尽快编制不同行业的《公私合作项目风险分担指南》，明确风险分担的原则、方法、工具、参数以及相关标准，提高对项目参与方风险分担的指导作用，增进各方在风险分担过程中的合作意识。

专栏 7 - 2　北京地铁 4 号线的公私合作模式

北京地铁 4 号线全长 28.65km，南起北京丰台区南四环路公益西桥站，北至海淀区安河桥北站。全线共有宣武门、西单、西直门、中关村、颐和园等 24 个车站，由南至北穿越北京丰台、宣武、西城和海淀 4 个区，是贯穿北京城区南北的城市轨道交通主干线之一。项目总投资 153 亿元，日客运量预计将达到 50 万人次以上。

为了引进社会资本，京投公司通过数据统计分析和预测，建立了城市轨道交通项目寿命期现金流量模型，以经营期 30 年、回报率 10% 为假设条件，最终发现本项目的 70% 投资不具市场价值，应为公益性投资，只能由政府财力解决；30% 具有市场价值的投资部分可以通过市场化的方式吸引社会投资解决。据此，将 4 号线全部建设内容划分为 A、B 两部分。A 部分主要为土建工程的投资和建设，投资额约为 107 亿元，约占总投资的 70%，由京投公司为主投资完成；B 部分包括车辆、信号、自动售检票系统等机电设备的投资和建设，投资额约为 46 亿元，占总投资的 30%，由社会投资人组建特许公司来完成。

在 4 号线建成后，特许公司将负责地铁 4 号线的运营管理、全部设施（包括 A 部分和 B 部分）的维护和除洞体外的资产更新，以及站内的商业经营，通过地铁票款收入及站内商业经营收入回收投资。特许经营期结束后，特许公司将 B 部分项目设施完好无偿地移交给市政府指定部门，将 A 部分项目设施归还给京投公司。

2005 年 2 月 7 日，京投公司与香港地铁公司及北京首都创业集团有限公司达成协议，项目《特许经营协议》、《资产租赁协议》成功签署，随后通过国家发展改革委、商务部核准批复，特许公司（京港地铁公司）顺利成立。根据各方签署的外商投资合作协议，在京港地铁公司中，外方投资人香港地铁公司以港币现金出资，持股 49%；中方股东首创集团以现金出资，持股 49%；为符合中方控股的国家产业政策规定，并加强对项目公司进行政府监管，以充分保障公众利益，京投公司以现金出资，持股 2%。在京港地铁公司所负责的 4 号线 B 部分总投资 46 亿元中，30%（13.8 亿元）由京港地铁公司的资本金解决，其余 70%（32.2 亿元）为银行贷款。

在票价管理方面，京投公司以北京居民交通支出占工资比例为边界条件，测算出项目平均人次票价收入水平，并给出出票价的调整系数，其中，电价变化幅度占 30%，城市在岗职工平均工资变化幅度占 35%，居民消费价格指数变化幅度占 35%，明确票价调整时段为 3 年一次；若各运营年度按实际运营票价实现的平均人次票价收入水平低于调整后的测算平均人次票价收入水平，其差额部分由政府给予补偿；反之，差额部分由政府收回。

在客流风险分担方面，京投公司明确了如果实际客流低于预测客流的30%，政府投资方适当减免租金；实际客流超出预测客流的30%，政府投资方适当调增租金。此外，如果实际客流连续3年低于预测客流的一定比例，导致特许公司无法维持正常经营，且双方无法就继续履行《特许经营协议》达成一致意见，则《特许经营协议》终止，市政府将按《特许经营协议》规定以市场公允价格回购B部分项目资产，但特许公司应自行承担前3年的经营亏损。

在建设环节，为避免4号线作为一个完整工程在物理上划分为两部分带来工程界面衔接和建设期工程管理协调的复杂问题，京投公司将4号线A部分工程，京港地铁公司将B部分工程同时委托给地铁建管公司负责具体建设。同时，《特许经营协议》在保障京港地铁公司可在B部分建设中充分引入国际先进经验、进一步优化设计的同时，鼓励京港地铁公司对A部分建设提出优化意见并设计了奖励机制，形成了"两个业主、一家建设、充分协调、共谋最优"的良好局面。

在运营环节，《特许经营协议》明确规定了具体的运营时间、最大发车间隔、最大高峰满载率、发车数量、准点率、各种设备系统可靠度等一系列客运服务指标和检查处罚机制。如特许公司违约导致《特许经营协议》终止，市政府将支付远低于B部分资产账面净值的价格取得社会投资人投资形成的该部分资产，由此约束社会投资人认真履约。同时规定，特许期满后特许公司将B部分项目设施完好无偿地移交给北京市政府。如果届时北京市政府决定继续采取特许经营方式经营4号线项目，则在同等条件下，特许公司具有优先权，从而保证了4号线客运服务的连续性和稳定性，有效防范了项目风险，保障了项目公益性。

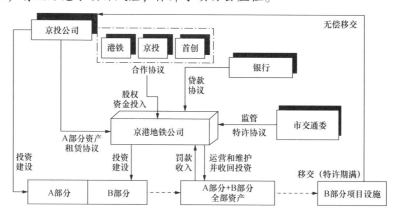

北京地铁4号线PPP项目合作框架示意图

数据来源：张工：《北京城市轨道交通投融资理论与实践创新》，清华大学出版社、北京交通大学出版社，2012年；王灏：《城市轨道交通投融资模式研究》，中国建筑工业出版社，2010年。

三．BT 模式分析

（一）BT 模式的内涵、特点与应用领域

BT（建设—移交）是指政府或其授权单位作为项目发起人经过法定程序选择拟建设项目的主办人，并由该项目主办人在工程建设期内组建 BT 项目公司进行投资、融资和建设，在工程竣工后按合同约定进行工程移交，并从政府或其授权单位处收回投资的一种模式。其最大的特点是没有投资人运营环节，一般用于无法直接向公众收费的项目，如免费的城市交通、地下管线、公共绿化以及土地一级开发等，或经营性项目的部分工程。

BT 项目涉及投资、融资、工程建设（包括勘察、设计、施工、监理等）、移交付款等一系列的安排和众多的参与当事人，各参与当事人在项目建设中的权利义务需通过一系列合同确定。此外，由于 BT 项目建构筑物存在大量的隐蔽工程且设计使用寿命较长，BT 项目发起人作为合同付款人和最终使用人，除在项目移交时进行合同验收外，为防止 BT 项目主办人及其他的项目参与单位在项目建设中弄虚作假降低工程质量而造成隐患，还必须对项目建设进行严格的过程监督（见图 7 - 5）。

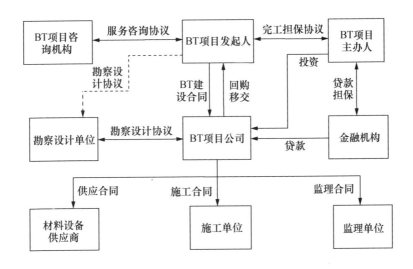

图 7 - 5　BT 模式运作关系

（二）BT 项目的主要类型

根据各参与主体的相互关系，BT 可分为施工二次招标、直接施工型和施工同体型等（见表7－2）。

表7－2　各种 BT 项目类型比较

项目类型	施工二次招标	直接施工型	施工同体型
勘察、设计单位的选择	BT 项目发起人	BT 项目发起人	BT 项目发起人
勘察、设计的管理	前期由 BT 项目发起人负责，实施阶段由项目公司负责	BT 项目发起人负责	BT 项目发起人和项目管理机构负责
施工单位的选择	由 BT 项目公司组织招标选择（二次招标）	由 BT 项目发起人在 BT 招标时确定	由 BT 项目发起人在 BT 招标时确定
施工发包主体	BT 项目公司	BT 项目公司	BT 项目发起人
施工承包主体	不特定	BT 项目主办人的成员或下属单位	BT 项目主办人的成员或下属单位
监理单位的管理	BT 项目公司	BT 项目发起人和项目公司共同管理	BT 项目发起人和项目管理机构
项目主办人与施工单位的关系	可能无直接利害关系	BT 项目主办人与施工方同体或关联	施工单位与 BT 项目主办人同体
建设管理职责	BT 项目公司	BT 项目公司	BT 项目主办人
建设管理机构	独立法人	独立法人	非法人
贷款主体	BT 项目公司	BT 项目公司	BT 项目主办人
移交责任主体	BT 项目公司	BT 项目公司	BT 项目主办人

（三）BT 模式的一般程序

BT 项目一般都包括五个阶段：项目发起、立项和准备，招投标，BT 项目公司组建，工程融资建设，移交和回购。

在 BT 项目的发起、立项和准备阶段，BT 项目发起人要确定项目的建设规模和技术方案，进行可行性研究，完成项目的立项以及 BT 招标的政府授权和招标前的其他准备工作。

在招投标阶段，BT 项目发起人要拟定招标文件等相关法律文件，按照招投标的有关规定进行 BT 招标、评标，与评定的中标人谈判，签订 BT 投资建设合同。

在 BT 项目公司组建阶段，BT 项目主办人根据 BT 投资建设合同的要求，在项目所在地注册成立 BT 项目公司。

在工程融资建设阶段，BT 项目公司要落实项目融资方案，与银行等相关部门正式签订贷款协议，负责办理建设手续审批，组织勘察设计深化，施工及监理合同签订，组织材料设备供应等建设工作，确保工程按合同要求按期完成。

工程竣工后，BT 项目公司应会同 BT 项目主办人向 BT 项目发起人或其指定的运营管理机构移交，BT 项目发起人按合同约定支付合同款项回购 BT 工程，BT 项目公司偿还贷款、股东分红、进行清算等。若此时工程质量保证期尚未结束，则 BT 项目公司清算后其质保责任转由 BT 项目主办人承担。

(四) 对 BT 模式融资作用的评价

由于 BT 项目的投资人只参与项目的建设阶段，所以只是缓解发起人在项目建设期的资金压力，若建成移交的项目资产不能在市场变现出售以回收资金的话，那么 BT 模式仅是发起人以资金的时间价值为代价，能换来：一是利用 BT 项目公司的专业化的管理，进行建设项目的投资、质量和进度控制；二是转移一定的建设阶段的投资风险，更方便预算管理；三是改变政府资金支出的期限结构，能缓解某一时段的资金支付压力。当然，若移交的资产可变现的，对于政府及其授权部门来说，BT 就是不需出资本金的全负债项目开发，在自身没有任何支出的情况下，则可得到项目全部的开发收益，实践中的土地一级开发就属于这种模式。

专栏 7-3　北京地铁奥运支线 BT 项目

北京地铁奥运支线工程，南起北中轴路地铁 10 号线的熊猫环岛站，沿中轴路向北延伸，止于森林公园内规划的奥运湖南岸，全部为地下线，全长 4.398km；由南向北设熊猫环岛站、奥体中心站、奥林匹克公园站、森林公园站 4 座车站。地铁奥运支线服务于 2008 年北京奥运会，2005 年开工，2008 年投入使用。该工程线路全部位于奥运中心区，土建施工主要采用明挖方式，施工风险相对较小。

地铁奥运支线由北京地铁 10 号线投资有限责任公司（以下简称"10 号线公司"）作为项目业主单位，在建设期内，10 号线公司委托北京轨道交通建设管理公司（以下简称"建设管理公司"）负责奥运支线的建设管理工作，工程设计由北京城建设计研究总院承担。在运营期内，10 号线公司委托市地铁运营有限公司负责运营管理工作。

1. 实施方案

为降低奥运支线项目运作风险，确保项目按时为奥运会服务、与地铁 10 号线工程顺利衔接，10 号线公司将奥运支线项目以初步设计概算 24.8 亿元为基础，划分为 BT 工程（14.3 亿元）和非 BT 工程两部分（10.5 亿元）。

非 BT 工程主要包括前期征地拆迁、通信、信号及车辆购置等工程，建设资金由 10 号线公司负责筹措。前期征地拆迁委托建设管理公司负责。对于非 BT 工程，10 号线公司委托建设管理公司负责建设管理，在委托书中对工程的质量标准、接口要求、工期要求、施工配合等予以详细规定。

BT 工程主要包括土建工程及车站机电设备工程等，由 10 号线公司通过公开招标方式选择的投资者，组建的 BT 项目公司负责投资和建设，BT 投资者对工程投资和建设承担不可撤销的连带责任担保。工程施工由中标的投资者以工程施工总承包方式承担，工程建设监理由 10 号线公司通过公开招标的方式确定，并随同设计单位一道委托 BT 项目公司代位管理。工程建成后，由 10 号线公司分 3 次于 1 年内回购 BT 工程，北京市基础设施投资有限公司（"京投公司"）为本次回购提供担保函。

2. 运作过程

（1）2004 年，北京市发展与改革委员会下发"京发改〔2004〕2330 号"文件，批准同意采用 BT 模式建设地铁奥运支线。BT 招标工作由京投公司代表政府负责组织，北京地铁 10 号线投资有限责任公司（以下简称"10 号线公司"）具体实施。

（2）2004 年 11 月，奥运支线 BT 工程招标文件正式发售。2004 年 2 月，工程开标，共有 15 家企业组成 6 家联合体参与了投标，中国铁路工程总公司、中铁电气化发展局和中铁三局联合体（以下简称"中铁工联合体"）最终以 10.95 亿元的投标报价中标。2005 年 4 月 29 日，北京地铁奥运支线 BT 工程项目合同正式签署，中铁工联合体与 10 号线公司签订了 BT 投资建设合同。

（3）2005 年 5 月，中铁工联合体注册成立 BT 项目公司——北京中铁工投资管理有限公司，由该公司负责 BT 工程的投资、建设和移交。

（4）2005 年 6 月，BT 工程开工，BT 项目进入建设实施阶段。

（5）2008 年 4 月，BT 工程竣工，正式交付运营单位。验收合格后，地铁 10 号线公司以股权收购的形式支付合同价款，北京中铁工投资管理有限公司将项目正式移交运营单位。2008 年 7 月，地铁奥运支线投入试运营。

3. 融资结构

中国建设银行作为项目的融资银行，为项目组织了为期3年、总资金10.95亿元（包括资本金投入）的有限追索项目贷款，资本金投入占总投资的35%，项目贷款占总投资的65%。由于项目贷款是有限追索的，贷款银行被要求承担项目的完工风险和市场风险。实际上，京投公司在BT合同中提供了项目回购担保函，使市场风险相对减小，在某种意义上转化为一种政策风险，因而贷款银行所承担的风险为项目的完工风险，从而项目的延期"后门"被关闭，在很大程度上保证了项目的收益。

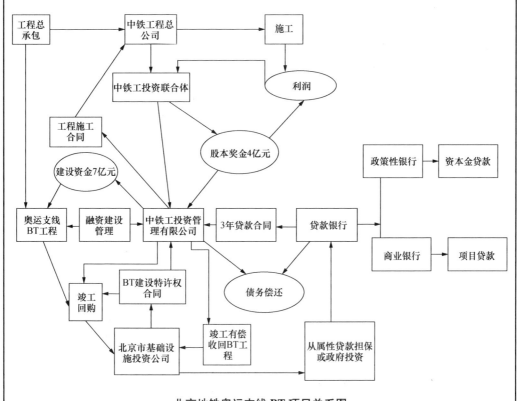

北京地铁奥运支线 BT 项目关系图

4. 实施效果

从政府的角度，采用BT模式的好处是：第一，可以缓解政府在建设期间的资金压力，奥运支线BT工程的中标价为10.95亿元，比招标价节省3.4亿元，约占总投资的23.7%；第二，可提高投资建设效率，有效提高资金使用效率，分散投资风险；第三，采用固定价格合同，通过锁定工程成本和工期，可以有效降低工程造价，转移政府投资建设风险。

从项目投资者和建设者的角度，采用 BT 模式的好处是：第一，作为项目业主，组织项目物资材料、机电设备的招投标工作，可以获得相应的利润；第二，根据财务评价预测，在 3 年的投资建设期间，项目可以获得投资回报的预测利润；第三，作为工程总承包商，在 3 年的建设期内可获得较大的施工利润。

数据来源：张工：《北京城市轨道交通投融资理论与实践创新》，清华大学出版社、北京交通大学出版社，2012 年；王灏：《城市轨道交通投融资模式研究》，中国建筑工业出版社，2010 年。

四、公共服务购买模式分析

政府购买公共服务是指政府通过委托或招标的方式，将原来直接提供的公共服务事项以契约的形式交给有资质的非政府机构来完成，并依据约定的服务结果支付相关费用。政府购买服务是一个很宽泛的概念，不同的理解角度可能导致较大的差异，为了与其他的社会资本参与基础设施建设或服务的区别，这里的政府公共服务采购，仅指政府作为唯一的服务支付主体所采购的服务，不含任何程度的使用者付费项目，如有的认为 PPP 模式本质也是政府采购服务的一种方式，但由于它包含使用者付费，在此不属于我们界定的政府采购公共服务范畴。

（一）竞争是政府公共服务购买的核心

政府通过采购环节的竞争，来改善服务质量、提高公共服务效益、增强对公共需求的有效回应。通过采购标的服务的灵活运用，促进公共服务均等化，优化资源配置，促进社会公平，达到社会各方利益协调。能否达到政府采购服务的目的关键在于是否实现了实质性的竞争采购。当前，我国虽然有些地区在试验政府采购公共服务，但大量的采购项目仍然集中在体制内，采购对象直接为各行政部门下属机构，实际上只是一种形式上的采购，难以真正起到政府购买服务的作用。

（二）把城镇基础设施公共服务纳入政府采购目录

相对其他方式而言，政府公共服务采购主要适用那些一次性投入不大，需不断更新投资和经常维护的，难以直接向消费者收费的项目，如城镇园林绿化、城市水系环境治理、固体垃圾收集设施与服务等。从目前的中央和省级的政府采购目录看，都是根据

《政府采购法》分为货物类、工程类和服务类，不过很多省级的目录比中央的更加详细，且范围更广，已经有中介服务、专业基础服务等内容，但目录中还是没有公共服务。对于制定公共采购目录有两种思路：一是鉴于公共服务采购的特殊性，单独制定一套公共服务采购目录；二是在现有的目录中增加具体的科目，我们认为，在开始阶段还是以第二种方法为宜，具体在服务类一级目录下，增设公共服务二级目录，在该二级目录下增设城镇园林绿化、城市水系环境治理、固体垃圾收集设施与服务等适宜纳入政府购买公共服务项目的科目。

（三）科学确定服务购买价格

政府通过竞争环节购买公共服务的价格一定要低于自己生产时的成本价格，否则就体现不出购买服务的比较优势，也就没有必要去购买。为此，确定和判断自身综合成本是关键，在综合成本的确定后，可以其为价格上限，并作为招标底价进行招标。在招标中，对于报价高于底价的即为废标，对于低于底价的进行综合评标，以确定合适的服务提供者。具体综合成本的确定方法，一般采用虚拟生产成本法，即假设服务由政府直接生产提供，来估算相关成本，并把其作为政府采购服务的价格上限，具体思路与步骤是：

（1）估算工程建设总投资，在估算方法上与传统建设项目的投资估算一致，只是由于公共部门没有进行具体的项目方案设计，因此相关造价估算还得由专业造价咨询机构，或者招标代理机构编制，从国内相关的造价信息看，估算结果还较为理想。

（2）估算项目运营期的各种成本，这就需根据实际调研，结合类似项目和当前的物价工资水平和公共部门运行可能的管理水平，可由招标代理机构或专业咨询公司估算。

（3）确定能够吸引社会资本的合适的利润水平，这具体需要根据资本市场的供需情况、社会投资者的风险偏好和项目的风险特征来确定，一般在 8% ~12% 之间。

（4）确定采购服务的年费用，具体可根据以上数据，按照资金时间价值相关理论，用公式 4 来测算，测算出的价格作为标的价格，具体公式为：

$$AC = \left[\sum_{t=1}^{n} inv_t / (1+i)^t + \sum_{t=1}^{n} cos_t / (1+i)^t \right] \times (A/P, I, n)$$

$$= \left[\sum_{t=1}^{n} inv_t / (1+i)^t + \sum_{t=1}^{n} cos_t / (1+i)^t \right] \times \frac{i(1+i)^n}{(1+i)^n - 1} \qquad （公式4）$$

其中：inv_t 为公共部门自身提供该项目的 t 年投资；

cos_t 为公共部门自身提供该项目的 t 年费用；

i 为基于风险和资本供求的社会资本平均收益率；

n 为项目运营年限。

以上测算出的价格是假设购买服务的年份，与提供服务资产设计的生命周期相同，若二者不对等，合同采购期小于项目实际经营寿命，那么服务结束时的资产回购价格与年服务价格是相互影响的，二者是此消彼长的关系，具体可通过（公式5）来测算，具体公式为：

$$\left[\sum_{t=1}^{n} inv_t/(1+i)^t + \sum_{t=1}^{n} cos_t/(1+i)^t\right]$$

$$= \left[\sum_{t=1}^{nt} ac_t/(1+i)^t + ass/(1+i)^{nt}\right] \qquad (公式5)$$

其中：ac_t 为公共部门 t 年采购服务价格；

ass 为采购服务结束时资产回购价格；

nt 为项目服务采购年限，且 nt < n，其他指标同公式1。

具体测算时，根据项目的资产使用情况，先给出初始的，然后根据（公式5）测算出 ac_t，调整 ass 可以得出不同的 ac_t，最后可根据公告部门资产负债结构和预算收入情况，选定具体的 ac_t 和 ass 组合。为了避免 ass 取值随意性对激励机制可能产生的扭曲，一般可根据资产使用 nt 后的预期评估价为初始值。

（四）完善公共服务购买的组织与管理

一个公开、透明、规范的公共服务购买流程不仅仅能够提高购买的效率和质量，更重要的是它能明确规范政府购买公共服务行为，为监督主体提供一个明确的监督政府购买行为的标准。为此，一是要根据《政府采购法》、《招投标法》、《招标投标法实施条例》制定《政府公共服务采购实施办法》，明确购买服务的领域与标准、购买服务信息发布、购买流程、评标方法与程序、服务监督、资金支出等内容；二是建立购买公共服务专家评审委员会，具体在现有工程、造价和咨询等相关评标专家基础上，再增设针对公共服务政府采购的财务和法律的评标专家，并按行业来组建专家库；三是完成对招投标代理机构的资格认定，明确招标代理机构责任；四是明确评标方式，竞标结果需由专家综合评估产生，购买部门按照法律相关规定，择优选择；五是健全组织机构，在现有的政府采购管理中心的基础上，增设公共服务购买管理部门；六是完善财政支出的预算管理，增加公共服务购买财政支出预算科目，具体可先把原来相关行业的部分新增运营维护资金、固定资产投资以及其他城镇建设资金作为初始采购资金的来源渠道；七是开展地区试点和项目试点工作，积极鼓励地方政府根据当地实际先试先行。

参考资料：

1. E. S. 萨瓦斯：《民营化与公私部门的伙伴关系》，中国人民大学出版社，

2002 年。

2. 达霖·格里姆赛、莫文·K. 刘易斯：《公私合作伙伴关系：基础设施供给和项目融资的全球革命》，中国人民大学出版社，2008 年。

3. 欧亚 PPP 联络网：《欧亚基础设施建设公私合作（PPP）案例分析》，辽宁科学技术出版社，2010 年。

4. 王喜军、王孟钧、陈辉华：《BOT 项目运作与管理实务》，中国建筑工业出版社，2008 年。

5. 周煊：《北京市城市基础设施建设吸引外资问题研究》，中国经济出版社，2010 年。

6. 王守清、柯永健：《特许经营项目融资（BOT、PFI 和 PPP)》，清华大学出版社，2008 年。

7. 张工等：《北京城市轨道交通投融资理论与实践创新》，清华大学出版社、北京交通大学出版社，2012 年。

8. 毛腾飞：《中国城市基础设施建设投融资问题研究》，中国社会科学出版社，2007 年。

9. 丁向阳：《基础设施市场化理论与实践》，经济科学出版社，2005 年。

10. 王灏：《城市轨道交通投融资模式研究》，中国建筑工业出版社，2010 年。

11. 周沅帆：《城投债——中国式市政债券》，中信出版社，2010 年。

12. 张极井：《项目融资》，中信出版社，2003 年。

13. M. Fouzul Kabir Khan、Robert J. Parra：《大项目融资》，清华大学出版社，2005 年。

第 八 章
城市供热投融资问题研究

内容摘要：城市集中供热具有区域性，又与能源条件和供热技术条件密切相关。城市集中供热并不是市场演化的必然，而是政府政策推动的结果。从本质上看，城市供热的公共品特性并不来自城市供热产品本身，而来自集中供热方式所带来的节能效果和环保效果。因此，政府应在城市供热投融资中承担更多责任。但政府承担责任的方式并不局限在直接投资上面，各种PPP项目融资方式都是城市供热投融资中政府可选的工具。当前城市供热面临的主要问题是分户计量推广不力，供热定价改革不到位，融资渠道单一。在城镇化推进中，城市供热应坚持政府主导下的多样化投融资方式。

一、城市供热的产品特点及其投融资要求

（一）城市供热是什么性质的产品

在我国现有城市建设和管理体制下，城市供热（本书又称城市集中供热，二者完全等同）作为一个行业，被称为市政公用行业；在城市管理中，又被称作市政公用事业；在市政建设中，则又可将其列入市政公用设施。在国际上，城市供热一般被简单归属于城市基础设施，统一称作公用事业。

对城市供热产品特性的认识，是城市供热发展和投融资体制政策设计与改革的重要基础。当前，无论在国内还是国际上，对城市供热无论有怎样的定义或者行业分类，就其产品特性而言，一般都认为城市供热具有准公共产品性质，即城市供热虽然由于产品的可分割性而能进行市场销售，因而不是纯粹的公共产品，但也因为其自然垄断特性，与一般可市场定价的私人消费品不同，具有一定的规模效应和正外部性，因而城市供热

是介于公共品和私人产品之间的产品。

现有理论研究和政策实践，对城市供热产品性质的认识，在其非纯粹公共产品特性的认识上有较为清晰的理解和阐述，因而就此可以称为准公共产品。但是，对其公共产品性质的认识，即对于城市供热为什么具有公共产品的属性，却没有清晰、明确和可信的理由。目前的主要认识都以其自然垄断特性，或者说网络特性为判断依据，而在一般媒体和分析中，则从城市供热是冬季寒冷地区居民生活必需品，并以现有的，甚至是陈旧的单管路串联供热方式，从其规模性和正外部性上为其公共品属性提供支持。然而，这种正的外部性究竟是什么，为什么城市供热具有正的外部性，这种正的外部性如何使之成为公共产品，目前在理论探讨和政策实践中并没有明确的说明。

本书认为，城市供热不仅是公共产品，而且还是纯粹的公共产品，但这种公共产品特性并不来自城市供热系统所提供的热产品本身，而是来自城市供热方式所带来的能耗效率与环境保护的正外部性。城市集中供暖不只是适应了城市集中居住的建筑环境需求，更主要的是，相对于独立的单炉供暖，集中供暖大大提高了能源使用效率，减少了空气污染，从而使所有需要取暖的居民，甚至不需要取暖的居民，都因为这种供暖方式而在空气环境和能源利用效率上得到益处。因此，对照经济学关于公共产品的定义，城市集中供暖所带来的节能与环保效果，具有典型的公共产品特性以及正的外部性。

然而，集中供暖本身却并不是城市居民冬季取暖的经济必然和技术必须，更不是采暖市场演化的必然，而是在给定建筑技术和取暖技术条件下，政府推动的结果。人类取暖的历史，与人类出现的历史一样长；人类取暖方式的变革，却还仅仅是最近百年左右出现的事情。其中，也仅仅在部分地区城市取暖中，采取集中供暖方式。我国的城市供暖，即城市居民冬季集中供暖（包括热水供应），更是只有短短几十年的历史，而且完全是从节能、环保政策的需要由政府推动发展起来的。

中国城镇供热是新中国成立以后才发展起来的，从第一个五年计划开始，随着经济建设和电力工业的发展，在北京、兰州、太原、吉林、哈尔滨等城市建设了一批热电厂，向工厂、住宅区供应生产和生活用热。改革开放以来，在政府的政策和资金支持下集中供热事业得到了迅速发展。1995 年建设部和国家计委联合发布《关于加强城市供热规划管理工作的通知》，该文件和附件《城市供热规划技术要求》和《城市供热规划内容深度》促进了许多城镇供热工程规划的制定和供热事业的健康发展，1998 年国家发布了《中华人民共和国节约能源法》、《中华人民共和国大气污染防治法》，鼓励热电联产、集中供热的发展，2000 年国家计委、经贸委、建设部和国家环保总局联合颁布《关于发展热电联产的规定》，该文件根据我国当时电力的供需现状和发电厂热电厂的装机情况制定，对热电厂的总热效率和热电联产的热电比提出明确要求，同时还提出在进行热电联产项目规划时，应积极发展城市热水供应和集中制冷，扩大夏季制冷负荷，提高全年运行效率。至今，城镇供热发展的特点是一些大、中型城市如北京、沈阳、长春、哈尔滨、太原、唐山等城市已经建成大规模的城镇供热设施，具有一定规模的热源、热网、较完善的自动控制装置和用户设备。集中供热的发展为提高城市人民生活水平，改善城市大气环境质量，提高能源利用率发挥了重要的作用，成为城市重要的基础设施。①

从取暖技术方式上看，在以煤炭为一次能源的条件下，集中供暖比单户锅炉供暖在能源效率和环境保护方面具有明显优势："①集中供热工程烟囱高，除尘效率高，有利于烟尘污染物的扩散；而小锅炉房烟囱比较矮，大气污染物难以扩散。②集中供热在居民区消除了噪声污染，给城市居民一个安静的生活条件；而小锅炉房大都建在供热单元附近，一个锅炉房就有一套鼓、引风配置，噪声污染严重。③集中供热设施使用寿命长；而小锅炉系统在建设过程中的短期行为，使其寿命不足 10 年。④集中供热设备是连续运行的，用户室温稳定，温差没有大的变化；而小锅炉房一天供 2～3 次热，室内温差变化大。⑤集中供热有较大的环境效益；而小锅炉系统使用寿命短，由于噪声和大气污染，城市每年的治理费都会居高不下。"② 由此可以看出，城市集中供热，并不是一般意义上的公共产品（public goods），而是在给定能源条件下，相对于独立采暖的"共劣"（public bads），③ 而在结果上得到的一种"共优"（public goods），集中供暖所提供的热产品本身并非直接的公共产品，集中供暖方式所带来的节能和环保效果才是真正的公共产品。集中供暖的正外部性也恰恰体现在这里。

（二）城市供暖应该由谁提供

从城市集中供暖的选择与发展可以看出，在经济属性上，集中供暖的本质是因为其生产方式的正外部性而使其具有公共产品特性，而推动这种供暖方式发展的不是市场，而是政府，而且也只能是政府的公共能力。从这个意义上讲，在城市集中供暖的实现过程中，政府的职责应体现在三个层面上：一是规制供暖方式的选择；二是规制供暖价格的制定；三是供暖产品的直接（间接）供给。

供暖方式的规制是城市供暖的基础，因为是政府的政策管制和推进才促使城市集中供暖的发展。在这个层面的管制中，政府通过城市规划、建筑标准、房地产开发，城市管理，以及节能、环保等其他政策环境，力促在给定能源条件下集中供暖成为北方寒冷

---

① 建设部城建司刘贺明：《中国城市供热发展与改革情况》，《区域供热》2003 年第 3 期。
② 孟哲：《城市采暖供热方式优化方法研究》，天津大学硕士论文，第 4 页。
③ ［英］萨穆尔逊：《经济学》（第 16 版），机械工业出版社，1998 年，第 331 页。

地区城市冬季采暖的主要方式。

供暖价格的规制是城市供暖产品商品化、市场化供给方式下，由于供热的垄断特性所要求政府的干预。我国的城市供暖曾经主要是福利化供给，采取"包烧制"的产品分配。[①] 2000 年左右我国开始推进城市供暖体制改革，2002 年，原建设部下发"关于印发《关于加快市政公用行业市场化进程的意见》的通知"（建城〔2002〕272 号），决定对市政公用行业实行以特许经营为政策核心的市场化改革；2003 年，八部委联合针对城市供热专门下发"关于印发《关于城镇供热体制改革试点工作的指导意见》的通知"（建城〔2003〕148 号），明确改革城市供热福利化，实行商品化。

根据改革设定的方向和目标，城市供热应成为市场化条件下的商品化供热，从现有城市集中供热的生产技术特征看，城市供热将与自来水、电力和排污一样，成为具有典型自然垄断行业特征的行业。因此，针对垄断行业的价格管制自然也必然在城市供热中存在。2007 年，针对城市供热市场化改革的核心问题，即供热价格，国家发改委下发"《城市供热价格管理暂行办法》"（发改价格〔2007〕1195 号），对供热价格的构成与管理予以明确。

政府对采暖产品的直接或间接供给，则是指在一定条件下，供暖设施的建设和运营并不完全是市场效率最高，完全可以由政府直接投资、管理。在传统计划经济体制下，我国城市集中供暖主要完全由政府直接提供。在这种方式下，城市供暖也因而成为城市公用事业。在市场化改革中，政府退出城市供热的具体生产组织，改由国有企业按照企业组织形式、特许经营方式，按政府价格管制实行城市供暖。但是在市场化、商品化供热中，对于部分单位职工，尤其是一些低收入家庭，政府对居民冬季采暖采取由暗补改为明补的方式，对取暖价格实行补贴，实际上仍由政府间接为居民提供供热。而在一些具体城市的不同区域内，一些区域供热锅炉，目前仍由政府房屋管理部门按事业单位直接管理，供热实际上继续由政府直接提供。就集中供热所努力达到的外部性而言，由政府直接进行供给的方式不一定比市场化的成本更高。

（三）城市供暖应采用什么样的投融资模式

由于城市集中供暖是由政府政策推动，但却有利于区域内所有成员的"共优"产品，因而城市集中供暖也因其所带来的显著外部效应而成为纯粹的公共产品。从这个意义上讲，城市供热的发展、建设和投融资应该由政府来承担，城市供热的投融资应以政府投资为主。

---

① 指按照供热福利原则，由单位按建筑面积，统一包费用，职工自己不交费。

由于政府在城市供暖中的职责实际上具体体现在三个层面，因此，城市供暖的具体供给，即城市供暖的具体建设和运营，尤其是投融资，虽然应以政府投资为主，但在政府投资的具体方式上，并不必完全由政府具体负责组织实施，而可以采取多种方式。简言之，政府在城市供暖中必须承担供给主体的责任，但承担这些责任的具体方式可以有多种选择。在具体投融资模式上，政府投资虽然是主导，但政府投资的具体模式并不一定以直接投资为主，而应以各种方式适宜的 PPP 为主。

目前我国的城市供热建设政策可简单概括为，特许经营，价格管制，国企为主，鼓励多种主体参与。就到目前为止的实践来看，我国城市供热体制改革的选择方向基本适应了我国城镇化发展的要求。过去几年来，城市集中供热取得显著成效。但改革的推进依然存在很多障碍，城镇化进程中城市供热多样化投资依然还面临很多困难。

二、城市供热投融资现状

（一）我国城市供热投融资总量变化

改革开放以后，我国城市集中供热有了较快的发展，尤其是实行城镇供热体制改革之后，城镇集中供热投资总规模不断上升，其占当年市政公用设施投资的比例也持续保持较高水平（见图8－1）。

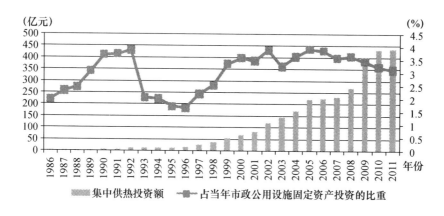

图 8－1 我国城市集中供热投资规模与当年市政公用设施投资之比

数据来源：《中国城市建设统计年鉴》（2011）。

伴随城市供热投资的增长，城市集中供热能力和城市集中面积也在不断扩大（见图 8－2）。从一些城市数据来看，2011 年底，哈尔滨市集中供热率已达到88％左右，

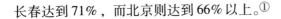

长春达到71%，而北京则达到66%以上。[1]

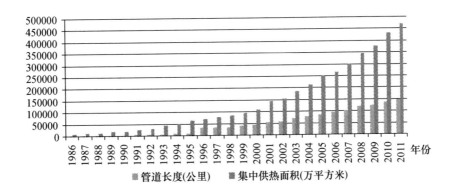

图8－2　1986～2011年我国城市集中供热管道与供热面积

数据来源：《中国城市建设统计年鉴》（2011）。管道长度为蒸汽管道和热水管道之和。

（二）城市供热投融资结构特征

在城市供热投融资的资金来源中，企业自筹越来越成为城市集中供热投融资的主要方式。从城市供热企业以国有企业为主的现实来看，实际上这也可以理解为政府投融资。

从2003年开始，在城市供热固定资产投资中，其资金来源包括了全社会固定资产投资所有可能的资金来源渠道。但与全国平均水平相比，城市供热（热力）固定资产投资中，自筹资金一直高于全国平均水平。到2011年，城市供热投资中，国家预算内资金高于全社会平均水平，外资的利用则进一步减少，国内贷款也在不断下降，自筹资金成为城市供热投资的主要资金来源（见表8－1）。

表8－1　城市供热投资各类资金来源占比及其与全国的对比　　　　　　单位：%

年份		国家预算内资金	国内贷款	债券	利用外资	外商直接投资	自筹资金	其他资金
2003	全国	4.83	22.97	0.28	4.53	3.45	48.34	19.06
	热力	4.37	30.14	0.14	2.25	1.22	56.65	6.45
2011	全国	4.41	13.66	0.34	1.50	0.97	65.56	14.53
	热力	6.60	9.24	0.01	0.58	0.05	78.13	5.44

数据来源：《中国固定资产投资年鉴》（2003～2011）。

---

① 根据文献数据整理。

如果考虑到市政公用行业改革过程中，原公用事业单位整体转制为国有企业，而外商投资和其他资金更多代表社会资金来源的话，那么城市供热行业社会资金的进入要低于社会平均水平。城镇供热体制改革的目标仅仅部分得到实现。

（三）城市供热投融资环境和主体特征

1. 投融资制度环境

我国城市供热的投融资政策环境主要由《节约能源法》、《行业标准供热计量技术规程》（JCJ173—2009），原建设部、发改委等八部委《关于城镇供热体制改革试点工作的指导意见》（以下简称《指导意见》，建城［2003］148号），发改委《城市供热价格管理暂行办法》（发改价格［2007］1195号），以及城市规划相关政策所构成。

根据《指导意见》，2003年开始推进城镇供热体制改革，我国的城市供暖"实行城镇供热特许经营制度。在统一管网规划、统一服务标准、统一市场准入、统一价格监管的前提下，引导和鼓励国有、私有和合作经营企业通过公开竞标的方式，与城市政府签订合同，参与城镇热源厂、供热管网的建设、改造和经营，取得规定范围和规定时限的特许经营权"。

根据2003年出台的《城市供热价格管理暂行办法》，"热价原则上实行政府定价或者政府指导价，由省（区、市）人民政府价格主管部门或者经授权的市、县人民政府（以下简称热价定价机关）制定"。

"城市供热价格分为热力出厂价格、管网输送价格和热力销售价格。热力出厂价格是指热源生产企业向热力输送企业销售热力的价格；管网输送价格是指热力输送企业输送热力的价格；热力销售价格是指向终端用户销售热力的价格。"

"城市供热实行分类热价。用户分类标准及各类用户热价之间的比价关系由城市人民政府价格主管部门会同城市供热行政主管部门结合实际情况确定。"

"城市供热价格由供热成本、税金和利润构成。""成本是指价格主管部门经过成本监审核定的供热定价成本。热电联产企业应当将成本在电、热之间进行合理分摊。""利润按成本利润率计算时，成本利润率按不高于3%核定；按净资产收益率计算时，净资产收益率按照高于长期（5年以上）国债利率2～3个百分点核定。"

"热价的制定和调整（以下简称制定）应当遵循合理补偿成本、促进节约用热、坚持公平负担的原则。"

"热力销售价格要逐步实行基本热价和计量热价相结合的两部制热价。基本热价主要反映固定成本；计量热价主要反映变动成本。基本热价可以按照总热价30%～60%

的标准确定。""暂不具备按照两部制热价计费条件的建筑，在过渡期内可以实行按供热面积计收热费，并要尽快创造条件实现按照两部制热价计收热费。"

"热力生产企业与热力输送企业之间按热量计收热费。热电联产热源厂、集中供热热源厂和热力站应当在热力出口安装热量计量装置。"

2007 年修订后的《节约能源法》第三十八条规定："国家采取措施，对实行集中供热的建筑分步骤实行供热分户计量、按照用热量收费的制度。新建建筑或者对既有建筑进行节能改造，应当按照规定安装用热计量装置、室内温度调控装置和供热系统调控装置。"

2009 年，《行业标准供热计量技术规程》（JCJ 173—2009）也发布，对集中供热分户计量技术规程有了明确的规定。

然而目前在城市供热现实中，我国居民分户计量供热的比例还不是很高，其主要原因，一方面是存量供热设施和用户的改造投资难以落实，另一方面则是由于供热价格与供热效果之间还没有建立有效的制度关联性。虽然从 2003 年前后，在一些城市的小区开始试点推行分户计量供热，但是推进速度一直很慢。因此，目前我国城市供热的价格主要还是以面积进行收费。而这也成为目前我国城市供热诸多问题的一个主要技术制约条件。

2. 城市供热投融资主体特征

我国城市供热投融资主体与城市供热的生产方式密切相关。从供热的生产方式上看，以热电联产为主，区域锅炉为辅，分散锅炉补充是我国城市供暖的发展方向，因而目前我国城市集中供热主要采取三种生产方式，热电联产、区域锅炉和分散锅炉。但在不同城市，这种发展格局并不完全相同。在有些城市，区域锅炉在全部热源中的比例更高一些。

与供热生产方式相对应，到目前为止，我国城市供暖行业基本上以国有企业为主，而这些供暖国有企业大多是在市政公用行业改革中，从原公用事业单位转制而来。即便是新建热电厂，或者新建区域锅炉也大多以国有企业为主。事实上，对于供热投融资主体的发展，《指导意见》也明确提出："进一步深化国有供热企业改革，加快建立现代企业制度。国有供热企业可以通过吸收多种经济成分，改制为多元投资主体的有限责任公司或股份有限公司；鼓励国有大中型供热企业以参股、控股、兼并等形式跨地区经营城镇供热，推动城镇供热的规模化、集约化经营；要加强供热企业内部管理，加快企业技术进步，强化成本约束机制。"

但在热源供给和供热生产方式多元化的城市，比如北京，在国有企业之外，还有其他城市供热的生产经营主体存在，概括起来主要有六类：一是市属热力集团。运营主体为国有独资公司，其热源设施主要有热电厂；二是市区级房管中心下属市政事业单位改制而来的区域锅炉生产管理单位；三是房屋开发企业，随着房地产市场的发展，一些成片小区投资者承担小区范围热源建设；四是社会单位自建，这是传统的单位供热遗留，也有部分则是延续传统体制的建设；五是社会集资投建，主要在非主城区区域内，依据各自条件合资合作的住宅联检项目；六是民营资本投建。这是近几年新出现的一种市场化的投资运行模式。供热单位按照合同能源管理的方式投资新开发小区的供热设施，承担约定期限的运营管理，并享有其投资收益。①

三、城市供热发展中的主要问题与投融资模式选择

（一）分户计量与供热定价是城市供热发展面临的主要问题

城市供热发展的主要问题可分作两类，一类是存量问题，另一类是增量问题，影响城市供热投融资模式选择的主要制约因素更多来源于存量问题。前者主要是在城镇供热发展历史中，因建筑环境和技术条件而遗留下的影响供热市场化和商品化发展的技术阻碍，主要是分户计量的技术推广；后者则是在城镇化进程中，随着城市房地产市场发展、能源条件和新技术条件变化，对新建城市供热建设、运营管理中出现的供热定价与合同纠纷问题。

我国城市供热发展中的存量问题，甚至部分增量问题，都与我国城镇供热的发展历史条件有关。从城市供热的产生来看，除了在制度上主要由政府推动之外，城市集中供热的发生还与能源条件，以及供热技术方式有密切关联。在给定的能源条件下，城市集中供热仅仅是寒冷地区冬季取暖的方式之一。如果不是以煤炭为一次能源，而是有充足的天然气，城市集中供暖并不是唯一，甚至不是最优的选择。如果电力供应充足，以热水和蒸汽为介质的取暖也不是唯一，甚至也不是最优选择。因此，在给定煤炭为一次能源，以热水或热蒸汽为介质的技术条件下，城市集中供热才成为最优选择，城市供热发展中的问题也是在这种给定模式下所存在的问题。这种模式下所存在的问题，并不来自这种模式的生产和传输，而主要来自入户方式以及由此而决定的消费方式。而这种方式的选择在存量建筑和增量建筑上有很大差异。

由于现有的集中供热承继于计划经济时代，又由于现有的分户计量技术推广分布不

---

① 郭维圻（北京市市政市容管理委员会供热管理办公室）：《对北京供热基础设施投资与管理体制改革的思考》，《城市管理与科技》2011 年第 5 期。

平衡，所以在现有城市供热网络中，存在着多能源结构、多生产方式，以及多样化分配方式。因而在同一管网系统内，新建住宅可能实现了分户计量，而存量住宅则大多因为改造投入成本的限制而大多还无法推广分户计量。由于分户计量不能统一，从而使城市供热无法实现统一的两部制定价，由此而导致现有供热的商品化和市场化推进在定价问题上遭遇较大阻碍。一方面按面积收费不合理，另一方面供热企业成本上涨与居民支付能力增长之间不一致，导致与冬季供热保暖的社会利益之间产生较大冲突。在这样的背景下，城市供热的投融资问题并不表现在初期投资及其融资上，而更多表现在后期的供热定价上，从而对城市供热的投资回报产生较大影响。

我们认为，由于现有的所谓城市供热问题主要来自给定技术条件和能源条件下，政府政策的推动。因此，对于城市供热中存在的存量问题，应该主要由政府通过相应的政策来逐步解决。

（二）城市供热投融资模式的选择

由于城市供热需求主要来自三北地区，而城市供热发展中面临的主要问题是存量城市建筑所导致的分户计量，以及由此导致的供热定价问题。而这些问题本身并不是市场障碍，而主要是技术性障碍和历史体制的延续。因此，在特许经营，和政府价格管制的城市供热模式下，城市集中供热的投融资模式仍应该以政府投资为主导，尤其是对历史遗留的技术改造问题，更应由政府来投资完成。

但是政府主导的投资并不意味着完全由政府直接投资来实现。目前通过国有企业进行的投资，由政府通过城市建设投融资平台进行的投融资，以及用城市公用设施存量资产为抵押的供热企业投融资，都是现实可行的投融资模式。对于城市增量房屋的集中供暖，可以考虑施行热源生产和管网相分离的投融资模式，由政府和市场分别选择适宜的PPP投融资模式。例如，对于新增区域锅炉，完全可以考虑由多种资本进入，而对于供热网络的扩大，则建议仍由现有国有企业独资，或者与其他资本合资建设。

四、相关政策建议

（一）加大政府直接投资，推进分户计量全面实施

分户计量是城市供热实现商品化和市场化的重要技术基础，这种技术基础在一定程度上属于行业共用技术，具有很强的外部性和基础性。即这种技术的推广是城市集中供热按照商品化和市场化良性循环发展的基础，而这种技术本身又为城市供热的可持续发

展创造外部条件。城市供热现在所面临的主要问题来自这一技术本身的推广，而这种技术推广的制约则主要来自历史体制因素的阻碍，属于制度性阻碍。因此，由政府直接投资推进此项技术的全面使用，具有足够的正当性和必要性。在具体实时方式上，建议发行特别国债，定向推广分户计量技术。

（二）加大供热生产改革，继续推进两部制供热定价

只有深化供热生产改革，不断减少供热企业非经营性成本，加大供热生产成本的透明度，才能使供热价格调整的听证会得到社会真正的认可。而只有在生产成本不断透明的前提下，才能真正在两部制供热价格中确定政府对企业，对社会不同阶层的取暖补贴比例。因此，在不完全改变现有供热以国有企业为主，不改变国有资产性质的前提下，通过合理的制度设计，突出强调供热生产的公益性，增强供热企业的透明性，继续推进两部制供热价格，兼顾企业运营成本补偿、合理利润与社会共公共利益之间的要求。

（三）采取灵活方式，继续鼓励社会资本进入城市供热投融资

虽然我们强调，从产品性质看，城市供热应主要由政府承担投融资职责，但在具体实现方式上，应按照 PPP 基本原则，采取多种灵活方式，继续鼓励社会资本进入，以减少政府投融资成本。在城镇化进程中，对"三北地区"的城市建筑，实行强制性标准，通过政策措施鼓励开发商，社会资本多样化投资城市供热。在城市建设中，或者集资共建具有最低技术规模要求的区域锅炉，或者分摊城市热力管网建设，尽量减少分散锅炉的投资使用，通过规划限制、建设管理、政策补贴等多种手段，努力实现可分户计量的集中供热。

参考资料：

1. 刘贺明（建设部城建司）：《中国城市供热发展与改革情况》，《区域供热》2003 年第 3 期。

2. 孟哲：《城市采暖供热方式优化方法研究》天津大学硕士论文。

3. ［英］萨穆尔逊：《经济学》（第 16 版），机械工业出版社，1998 年。

4. 郭维圻（北京市市政市容管理委员会供热管理办公室）：《对北京供热基础设施投资与管理体制改革的思考》，《城市管理与科技》2011 年第 5 期。

5. 《中华人民共和国节约能源法》。

6. 原建设部"关于印发《关于加快市政公用行业市场化进程的意见》的通知"

（建城［2002］272 号）。

7. 原建设部、发改委等八部委"关于印发《关于城镇供热体制改革试点工作的指导意见》的通知"（建城［2003］148 号）。

8. 国家发改委"城市供热价格管理暂行办法"（发改价格［2007］1195 号）。

第 九 章
城镇基础设施投融资的国际经验

内容摘要：本书研究了美、英、日、德、法五国对城镇基础设施进行投融资的经验。在比较我国与发达国家相似阶段投融资规模的基础上，针对这五国的不同特点，分析了各国的市场化改革措施，以及政府在城镇基础设施投融资中的作用，并对各国的特色制度进行了进一步说明和讨论。报告提出了发达国家基础设施投融资经验对我国的借鉴和启示。

一、发达国家在相似阶段的城镇基础设施投资情况

在 20 世纪 70 年代，美国、英国、日本、德国和法国等主要发达国家完成了人均 GDP 由 4000 美元到 10000 美元的飞跃，与我国目前所处的发展阶段类似。[①] 回顾这些国家的发达国家的基础设施投资，尽管各国的固定资产形成和 GDP 总量差别较大，但投资的结构基本类似。该阶段各国的固定资产投资占 GDP 比重约在 17% ~ 25%，[②] 电力煤气供水的占固定资产投资的比重范围在 4% ~ 6%，交通运输邮电的比重范围为 4% ~ 10%，若将此两类视作城镇基础设施的投资，则该类投资比重在固定资产投资范围为 8% ~ 17%（见表 9 – 1）。

---

① 根据世界银行数据库，2012 年，中国人均 GDP 为 6188 美元（现价），按购买力平价计算的人均国民收入为 9060 美元。以当年价格计算，1978 年美国人均 GDP 为 9867 美元，英国为 5545 美元，日本为 8476 美元，德国为 10419 美元，法国为 8851 美元。

② 若从资本形成占 GDP 比重来看，各国所占比例更高。1970 ~ 1980 年美、英、日、德、法的比重分别为 19.9%、20.4%、34.1%、25.9%、24.3%。

表 9-1　各国在相似发展阶段的基础设施投资　　　　　　单位:%

		美国	英国	日本	德国	法国	中国
时间段		1970~1978 年	1970~1978 年	1970~1976 年	1970~1976 年	1974~1977 年	2010~2012 年
固定资产投资占 GDP 比重		17.45	20.29	24.08	20.72	22.96	69.10
城市基础设施占固定资产投资比重	电力煤气供水	5.15	6.04	4.37	5.63	4.4	4.93
	交通运输邮电	8.73	10.88	4.30	8.47	6	9.43
	合计	13.88	16.92	8.67	14.10	10.40	14.36
城市基础设施投资占 GDP 比重		2.42	3.43	2.09	2.92	2.39	9.92

数据来源:根据世界银行数据库《世界经济统计简编 1982》计算。

在我国的统计年鉴中,相对应的两类分别为"电力、热力、燃气及水生产和供应业"和"交通运输、仓储和邮政业"。尽管统计口径略有不同,但从这两类占固定资产投资的比重仍可看出,我国城镇基础设施投资在总固定资产投资中的比重与发达国家在相似阶段类似。然而,由于我国固定资产投资占 GDP 的比重大于其他国家,从而导致我国城镇基础设施投资占 GDP 比重较大。

二、主要发达国家城镇基础设施的投融资经验

总的来说,发达国家的基础设施管理体制,都经历了"政府与私人协调经营—收归政府管理—引入民间资本竞争"的过程。在 20 世纪以前,发达国家的城镇基础设施经营是政府和私人部门共同参与的,如私人所有、政府监管,或政府所有、私人经营。随着经济的发展和城市化的深入,市场失灵的现象时有发生:大公司提供的基础设施易形成垄断定价、收费过高,众多小公司提供的设施又往往重复建设、良莠不齐。在 20世纪 30 年代西方世界爆发大危机后,各国政府开始在经济中扮演更为积极的角色,并在"二战"后普遍对城镇基础设施进行了国有化。这场国有化运动各发达国家均有体现,并持续至 20 世纪 70 年代。

到 1980 年左右,拥有基础设施的国有企业普遍存在成本高、效率低等问题,地方政府的财政压力也不断增加,各国又开始在基础设施领域引入民间资本和竞争机制,进行市场化改革。到如今,各国的城镇基础设施实现了不同程度的市场化,其中美国以市场为主导,英国和日本在私有的基础上加强了政府管理,而德国和法国采取了以政府为主导、与民间合作的形式。

（一）市场主导，政府支持——美国的主要特点及经验

1. 以放松管制为特点的改革

美国经济具有深厚的自由主义传统，鼓励以竞争来优化资源配置，政府对经济的干预较少。在城镇基础设施领域，美国一直以私人产权为主。在 1902 年，美国公有的电车不足 1%，电力公司仅占 8%，国有的水务公司不超过 50%（柳学信）。即使是在普遍国有化阶段，美国采取的主要做法也是成立一系列基础设施管制机构，出台大量规章制度，而不是将企业收归国有。

因此，美国城镇基础设施的市场化改革，主要通过放松管制（Deregulation）来实现。在 20 世纪 70 年代后，美国为改变过度监管带来的低效率问题，开始逐渐放松对各行业的管制，通过降低或撤销准入门槛，以吸引民间资本，加强行业竞争，实现基础设施更大程度的市场定价。1978～1982 年，美国政府对航空、铁路等运输业放松管制，并撤销了民用航空局，取消了通信和有线电视市场的准入限制。对天然气行业，美国 1978 年起部分放松管制，1989 年完全取消管制。同时，美国也制定了一系列法律和规章，鼓励和保障民间资本进入（见表 9－2）。

表 9－2　美国在基础设施领域放松监管的主要事件

事件	年份
航空自由化法	1978
斯泰格法（铁路自由化）	1980
机动车运营商法	1980
分拆 AT & T	1984
联邦能源监督委员会法令 636（燃气自由化）	1992
联邦能源监管委员会法令 883（电力自由化）	1996
电信法	1996

数据来源：柳学信：《中国基础设施产业市场化改革风险研究》，2009 年。

经过改革，美国各基础设施部门的效率有了显著提升。根据 Viscusi、Vernon & Harrington（1992）的讨论，竞争使生产者利润增加，消费者享受到更优惠的价格和更好的服务，产业工人得到更多的工资和就业，各行业由改革带来的净收益每年可达 10 亿～100 亿美元（见表 9－3）。

表 9 – 3　美国通过减少对基础社会部门的规章制度而由竞争带来的估计收益

部门	规章制度减少的程度	因此每年估计增加的收益（1990 年，10 亿美元）
航空	完全取消	13.7 ~ 19.7
汽车	大量取消	10.6
铁路	部分取消	10.4 ~ 12.9
电信	大量取消	0.7 ~ 1.6
天然气	部分取消	为消费者带来巨大收益

数据来源：《1994 年世界银行发展报告：为发展提供基础设施》，中国财政出版社，1994 年。

2. 美国政府在城镇基础设施投融资中的作用

（1）各级政府分工。美国的城市基础设施市场化程度最高，列入政府预算的投资主要用于旨在改善社会和经济发展的项目，如公路、城市设施、高科技产业、监狱、学校等。各级政府根据职权范围的划分，在投资活动的出资和审批上各有分工。

联邦政府主要负责涉及国家全局或需要巨大投资的项目，如国家公路、州际交通、国防、宇航及其他投资巨大的高科技项目。通常，联邦政府不直接参与城市基础设施，而主要采取拨款的形式间接参与，其投资额只占政府城市基础设施建设投资的 25% 左右。

地方政府的职责各有不同：州政府负责州内的公路、州管的福利和文化设施等项目的建设；市政府负责城市内的交通、供水、污水处理、消防和社会治安等项目的建设；县政府负责县属的学校和福利设施的建设。一般来说，地方政府在城市基础设施建设中的投资比例较大，可以占到政府城市基础设施建设资金的 70% 以上，其中城市供水、城市交通和污水处理地方政府支出最多的三项基础设施。

（2）政府的作用。总体而言，美国政府作为经济监督和社会管理者，在城镇基础设施投融资的作用主要表现在以下几个方面：

第一，对非经营性的基础设施服务，政府以发行市政债券的方式融资提供。对经营性和准经营性项目，政府的主要作用是健全投资服务、制定优惠政策、提供政府补贴、优化投资环境。

第二，积极鼓励私人投资参与。为提高项目效率，增加项目回报，美国政府十分注重吸引私人部门参与投资。联邦政府近年来采用的主要方式有：公私合营（Public - private Partnership，PPP）、建设美国债券（Building American Bonds，BABs）、国家基础设施银行（National Infrastructure Bank，NIB）。同时，州和地方政府对私人部门参与的基础设施融资实行优惠政策，如免收财产税，有权出售低利率的债券，允许发行由政府担保的建设债券等。

专栏 9-1 建设美国债券与西雅图轻轨项目

建设美国债券（BABs）开始于 2009 年美国的复苏法案（The Recovery Act），主要目的是为了危机后更好地增加就业和加强基础设施建设。BABs 的主要项目包括公共建筑，法院，学校，交通基础设施，公立医院，公共安全设施，供水和排污工程，环境工程，能源工程，公共住房和公共事业。其发行主体是各级州和地方政府，但由联邦政府提供补贴。截至 2012 年，BABs 已融资超过 1800 亿美元，并在 50 个州都有发行，最大的买家是保险公司、共同基金、外国央行以及外国商业银行。

BAB 分为两种类型，一种为直接支付债券（Direct Payment BABs），联邦政府会对债券持有人补贴利息的 35%；另一种为税收抵免债券（Tax Credit BABs），联邦补贴将用于对其持有者进行相应退税。BABs 本应在 2010 年 12 月到期，但奥巴马政府在 2012 财年继续支持，并扩大了合格市政工程的范围。经美国财政部研究发现，将补贴率定在 28% 的水平将使此项目收入中性，从而不会对联邦财政赤字造成影响。BABs 比美国一般的市政债券更具吸引力，因为对购买者来说，可以获得更加直接的税收抵免，对发行者来说，联邦补贴比市政债券更能减轻州和地方政府的融资压力。

华盛顿州的西雅图轻轨项目 Sound Transit 就是通过发行 BABs 进行融资的，总额达到 3.77 亿美元。它主要包括：中环线轻轨交通——27 亿美元的资金中 9200 万美元来自于 BABs，5000 万美元来自联邦运输管理局（FTA, New Starts）；机场线扩建工程；以及大学链接轻轨，其中 BABs 融资 6900 万美元，New Starts 支持 8.63 亿美元。该项目同时从美国复苏与再投资法案基金（ARRA Funds）中获得 4400 万美元。

数据来源：根据美国总统经济顾问委员会报告 "Recent examples of the economic benefits from investing in infrastructure" 整理。

第三，营造良好的竞争秩序。正如上文改革措施中所讨论，美国在城镇基础设施领域放松市场准入、实行自主定价，并制定相应法律，保证了政府管制的适当性和有效性。

3. 市政债券在美国城镇基础设施融资中发挥重要作用

市政债券（municipal bonds, municipal securities）是美国城市基础设施最主要的融资手段。早在美国的工业革命时期，各州和地方政府为了适应大城市的发展，便开始为建设供水系统、污水排放系统和交通运输系统发行债券筹集建设基金。如今，美国每年市政债券的发行规模为 3000 亿美元左右，在 2007~2010 年平均超过 4000 亿美元（见表 9-4）。其中长期债券的比重较大，在 1997 年、1998 年曾占当年市政债券发行总额的 80% 以上。

表 9-4　美国市政债券的发行规模和平均期限

时间	新增资本（亿美元）	再筹资（亿美元）	总额（亿美元）	平均年限
1996 年	124.0	61.2	185.2	16.8
1997 年	137.8	82.9	220.7	17.2
1998 年	160.8	126.0	286.8	17.9
1999 年	157.4	70.1	227.5	18.3
2000 年	165.1	35.7	200.8	18.5
2001 年	197.2	90.5	287.7	18.1
2002 年	236.9	120.6	357.5	17.7
2003 年	262.2	120.5	382.7	17.3
2004 年	229.1	130.7	359.8	18.0
2005 年	222.3	185.9	408.2	18.7
2006 年	256.0	130.5	386.5	19.6
2007 年	273.7	155.6	429.3	21.2
2008 年	208.2	181.4	389.6	19.6
2009 年	261.4	148.4	409.7	16.7
2010 年	279.6	153.5	433.1	16.2
2011 年	150.9	143.8	294.7	15.5
2012 年	148.0	231.3	379.3	15.7

数据来源：Securities Industry and Financial Markets Association，SIFMA.

美国市政债券通常包括一般责任债券（general obligation bonds）和收益债券（revenue bonds）两种。其中一般责任债券可以由州、市、镇和县发行，都以发行者的税收能力为基础，本金和利息定期支付，政府对债券提供全面的信誉和信用支持，违约的情况极为罕见。而收益债券一般是为建设特定基础设施而发行的，通过设施有偿使用的收入来偿还。这些基础设施包括收费交通设施（公路、大桥、港口、机场等），医院，大学宿舍，公用事业（供水、供电、供气设施和污水处理设施等）。政府也可发行收益债券，但资金只能用在可带来收益的公有企业，政府不以自身信用来担保收益偿还。收益债券的风险比一般债权更大，但利率较高。另外，美国还有特别估价债券，这种债券通常根据受益不动产设施的估价提供还款保障。

专栏 9 - 2　美国市政债券的风险与监管

赎回风险（Call risk）

赎回风险指债券发行者在到期日前提前赎回债券，此情况通常发生在利率下降的时候。可赎回债券的价格是事先决定的，一般包括溢价。所以通常情况下投资者在购买市政债券之前，需研究该类债券的赎回条款，并可在市政证券规则制定委员会的网站上跟踪实时价格数据。

信用风险（Credit risk）

信用风险指当债券发行人遇到财务问题，而难以偿还利息及本金。拖欠债务一般在市政债券中不常见，但少数市政借款人也会陷入困境。比如阿拉巴马州的杰斐逊县，它在 2008 年拖欠了 38 亿美元的污水处理债券。复杂的利率互换协议增加了它的债务，并超过其支付能力。最近的经济疲软降低了各州的税收收入，但同时需要提高社会保险计划的支出，导致预算紧张。为公共养老金计划提供资金的需求增加了市级借款者的财政压力，因此对债券所有者来说增加了信用风险。

通胀风险（Inflation risk）

通胀风险是指在物价普遍上升时，通货膨胀降低了购买力，这对固定利率的投资者来说是一个风险。同时，它也会导致利率升高，债券价格下降。

利率风险（Interest rate risk）

债券有固定的面值，被称为"票面价值"。当债券持续到到期日时，投资者将回收相应面值的金额，以及以固定或浮动利率计算的利息。由于债券价格和利率浮动的趋势相反，所以债券的市场价格通常会高于或低于票面价格。美国的利率持续较低，当它升高时，固定收益债券的持有者可能提前出售债券，以免在到期日损失。提高利率将使新发行的债券对投资者来说更有吸引力，因为它将支付比旧债券更高的利息。

流动性风险（Liquidity risk）

流动性风险指投资者找不到活跃的市政债券市场，可能阻止他们的购买或出售，而且使定价变得更为困难。很多投资者购买市政债券是为了持有而非交易，因此一个特定债券的市场可能流动性较差，而且可能出现同种债券不同定价的情况。投资者可以免费在市政债券网站上获得债券价格的实时数据，或者类似债券的价格。

　　另外，联邦法律规定，大部分市政债券的发行者可以免向美国证券交易委员会（Securities and Exchange Commission, SEC）提供信息，这更增加了市政债券的潜在风险。因此，SEC采取了一系列措施保护市政债券投资者：SEC要求1995年之后的市政债券披露：年度财政信息、运营数据，以及特定事件的通知。2010年12月1日后，SEC又批准修改了新的原则，旨在增加市政债券的质量，并要求披露新发行的可变利率即期债券。

　　未来SEC可能的监管措施包括：要求市政债券在首次发行时，在官方声明中进行信息披露；增加市政债券持续信息的可用性；制定会计实务，包括债券发行人是否按照政府会计准则委员会（GASB）指定的标准编制财务报表；管理市政债券的销售做法和潜在的利益冲突。

数据来源：美国证券交易委员会。

　　美国市政债券有以下几个特点：一是政府担保。市政债券的实质是运用地方财政或项目的收益支持债券发行，通常由地方政府的信用来落实还债问题。二是参加评级。影响市政债券收益率的最大因素是市政债券的基础信用评级。在美国约有50%的市政债券有金融担保或保险公司保险，商业银行也通过发行短期信用证为市政债券提供担保。三是利息收入免税。根据美国《1986年税收改革法案》规定，市政债券的税收待遇有三种情况：用于公共目的的债券，其利息、收入免缴联邦所得税；用于私人项目的债券需要交纳联邦所得税，但可以免缴债券发行州的所得税和地方政府所得税；既非政府目的，又非私人目的的债券也是免税的，如住宅与学生贷款，但发行数量受到限制。由于市政债券的利益收入免税，投资人愿意接受比其他证券收益率更低的市政债券（见表9-5），州和地方政府也得以用更低的利率成本进行融资。但需要注意的是，美国联邦政府和许多州都依法履行严格禁止州和地方政府通过债务形式弥补赤字，但可以在1~2个财政年度内用借款弥补财政收支的暂时不平衡。

表9-5　美国金融产品税前、税后收益比较　　　　　　单位:%

金融产品	税前收益率	税后收益率	平均信用等级
市政债券基金	4.5	4.5	AA
美国国债基金	5.6	3.4	AAA
高收益公司债券	9.2	5.6	BB

数据来源：美国公共债券协会。

（二）私人所有，政府监管——英国的主要特点和经验

1. 以私有化为特点的改革

与美国不同，欧洲主要发达国家政府对城镇基础设施建设和经营的参与度更高，但各国程度仍有不同。英国的基础设施领域市场化程度相对较高，也是率先进行基础设施私有化的国家。

在改革前，英国的电话、电报、铁路、船坞、煤气、电力、旅馆、城市交通等各行业全部属于国有，政府投资在 GDP 中的比重曾在 40% 以上，国有工业的投资占经济总投资的 1/7。在巨大的财政压力下，撒切尔夫人领导的保守党政府从 1979 年起开始进行全面的市场化改革。根据 Vickers & Yarrow（1991）的分析，英国市场化改革的目标是：①通过国有企业市场化为政府创造收益；②促进经济效率的提高；③减少政府对经济的干预；④促进国有企业的股权结构分散化；⑤为引入竞争培育机会；⑥促使国有企业受到市场规则的约束；⑦促进资本市场发展。

英国的改革主要经历了三个阶段：1979～1983 年属于试验阶段，政府出售了规模相对较小、在竞争性市场上运作的公共资产和国有企业，包括英国石油公司、英国宇航公司、有线和无线电公司等；1984～1987 年是深化改革阶段，这一阶段私有化扩大到公共事业部门，包括居垄断地位的重要基础设施部门，如英国电信公司、天然气公司等；1988 年以后是普遍扩展阶段，这一阶段在各自然垄断部门也引入民间资本，包括各供水公司、污水处理厂、电力公司等（见表 9 - 6）。

表 9 - 6 英国主要国有企业私有化

年份	企业	金额（百万英镑）
1979～1980	英国石油公司（BP）	276
1980～1981	英国宇航公司	43
1981～1982	大东电讯（C&W）	181
1982～1983	英国石油公司（BP）	293
1984～1985	企业石油公司	384
	英国电信公司	1420
	Wytch Farm 油田	82
	捷豹汽车（Jaguar）	297
1985～1986	英国石油公司	426
	英国电信公司	1037
	大东电讯（C&W）	577
	英国宇航公司	347

续表

年份	企业	金额/百万英镑
1986～1987	英国煤气公司	2570
	英国电信公司	1384
	英国宇航公司	435
1987～1988	英国煤气公司	1758
	英国石油公司（BP）	863
	英国电信公司	273
	英国机场管理局	534
	罗尔斯罗伊斯公司	1028
1988～1989	英国煤气公司	1805
	BP	3030
	英国机场管理局	689
	英国钢铁公司	1138
	英国电信公司	335
1989～1990	英国供水公司	500
	BP	1370
	英国煤气公司	850
	英国钢铁公司	1280
	Rover	150

数据来源：HM Treasury of United Kingdom, Public Expenditure Statistics.

英国在城镇基础设施领域的改革的主要方式有三种：一是出售国有资产，即对国有企业实行股份制改革，然后向社会公众发行股票；二是放松政府管制，取消新企业进入基础设施领域的行政法规壁垒；三是通过合同承包、特许投标等方式，鼓励私人部门提供部分公共产品或服务。

根据 Bishop & Thompson（1993），英国基础设施在私有化后，大部分部门的生产效率均有不同程度的提高（见表 9－7）。经过私有化浪潮之后，英国（除北爱尔兰外）的城市基础设施除了城市公用道路、环保园林、固体垃圾处理几项外，其他设施基本实现了完全私有化，而且很多公司产权属于外国投资者。例如英国 12 家供电公司中，有 8 家被美国公司买走（毛腾飞）。

表 9 - 7 英国基础设施部门劳动生产率净平均发展速度   单位:%

企业名称	1970 ~ 1980 年	1981 ~ 1990 年
英航空公司	7.4	6.0
英机场管理公司	0.6	2.7
英煤气公司	4.9	4.9
英铁路公司	-2.0	3.2
英电信公司	4.3	7.1
英电力供应局	3.7	2.5
英邮政局	-0.1	3.4

数据来源: Mattew Bishop. David Thompson, 1993: Privatization in the UK: Deregulatory Reform and Public Enterprise Reformance. Inv. V. Ramanadham（ed.）. Privatization: A Global Perspective, London: Rafledge.

2. 英国政府在城镇基础设施投融资中的作用

（1）各级政府分工。在城镇基础设施领域，英国政府的投资重点在于交通、教育、医疗保健和住房，并且以地方政府为主。中央政府在投资决策中起主导作用，成立于 2001 年的首相办公室直属的公共服务送达专署（Prime Minister's Delivery Unit）直接指导各公共管理部门有效提供公共服务。① 金融危机后，英国财政部专门设立"英国基础设施"（Infrastructure UK）部门，致力于下一阶段基础设施的融资与建设。而地方政府是中央政府的"授权"机构，负责在全国范围内执行中央政府的公共政策，成为公共服务的具体操作者，是城镇基础设施领域投资的实施者。

在英国，行政体系分中央政府、省政府、大区政府和市（小区）政府四个层次。在财政预算支出方面，中央和省政府集权较多，其中省级政府主要负责城镇基础设施投资，其资金来源主要包括公有住房出售收入、预算法资金的利息收入、经常费预算结余、中央联邦政策专项拨款和补贴以及借债等。但借债受地方政府开支控制体系约束，之前必须得到中央政府的信贷批准。同时，由于大区和市政府属二级法人，不具独立性，省政府又控制大区和市政府的借债总量、类型和偿债能力，所以大区和市政府能投资的范围和规模非常有限。

（2）政府的作用。尽管英国的私有化运动已进行多年，但对基础设施的投融资仍进行有效管理。具体表现在以下几个方面。

---

① 该机构 2010 年改组为效率和改革委员会（Efficiency and Reform Group）。

专栏 9-3　英国政府部门的基础设施融资机构

作为应对危机的手段之一，2009 年 3 月英国财政部成立了基础设施融资部门 (The Infrastructure Finance Unit，TIFU)，旨在为无法筹集足够债务融资的 PFI 项目提供借款，与商业银行、欧洲投资银行共同发挥作用。英国财政部在成立 TIFU 时强调：它是作为商业银行和资本市场的补充，而不是作为代替或挤出它们；TIFU 的借款旨在成为临时、可撤销、最后保障的干预手段。

当时英国政府认为，应对危机最有效的方式是由财政部成立共同借款机构。尽管也考虑了将设施委托给商业银行或独立机构的选择，然而由于财政部希望保持 TIFU 作为临时政策的灵活性和政府机构应对的及时性，最终仍然采取了此种方式。

尽管 TIFU 由政府出资建立，它的借款程序与商业银行类似。它的工作人员都是在私人项目中富有融资经验的专业人士，运营程序也像商业银行一样对待 PFI 项目审核贷款申请者、商量条款、管理贷款组合，并有自己一套严格的评估程序。它以固定或浮动利率提供长期贷款，并像其他商业贷款者一样收费和定价。它还拥有自己的内部信贷委员会，由财政部官员和商业银行高层组成。

考虑到该部门可能会挤出私人借贷、扭曲市场，或者同时作为借款者和项目参与方，难为利率定价，TIFU 也制定了相应的原则：(1) 成为市场价格和条款的接受者；(2) 并像其他任何债权人一样保护贷款；(3) TIFU 规定了特殊的贷款对象：无法在规定时间内获得足够资金的项目、计划中私人基金的条款不具市场代表性的项目以及因为缺乏资助支持而有延期风险的项目。

2010 年 12 月，英国财政部宣布成立 "英国基础设施" (Infrastructure UK，IUK) 部门，整合了财政部中负责项目转移的 PUK (Partnership UK)、负责借款的 TIFU、负责制定公私合作政策的 PPP 政策团队 (PPP policy team)，负责对长期基础设施的设计、建设、融资等所有工作。

目前 IUK 的主要职责是：(1) 改善经济基础设施，包括能源、交通、废物处理、水利和电信等；(2) 继续致力于国家基础设施计划 (National Infrastructure Plan) 的 40 个项目；(3) 在未来 5 年中保证 2000 亿英镑的投资，大部分来自私人部门；(4) 支持公共部门投资的基础设施项目；(5) 引入 "英国担保方案"，避免基础设施的投资延误。

数据来源：根据世界银行报告 "Public - private partnerships solutions" 和 IUK 网站 www. gov. uk. government/organisations/infrastructure - uk 整理。

第一，中央政府在投资决策中起主导作用。正如上文讨论，基础设施建设的资金来源、预算规模和投资决定都受政府尤其是中央政府的控制。中央政府设置专门机构，对公共部门的建设和经营进行监管。

第二，政府对民营化的基础设施企业持"金边股"，即政府在这些企业保留一些特殊的股份，这些股权使政府对企业的重大决策持有特别否决权，如限制公司卖掉经营项目中的有形资产、组织股份发行人对章程中的关键条款进行修改、否定不合理的价格变动等。

第三，政府主导基础设施的私人融资活动。英国私人融资（Private Finance Initiative，PFI）事业的重要特征是政府主导。在推进 PFI 的过程中，英国政府不仅具有针对性地制定一些优惠政策，提供补贴来吸引社会资本，更强调建立健全投融资管理体系，围绕政策提案、资金支持和项目监督三个方面来规范和管理 PFI 项目。

3. 公私合作体制是英国基础设施融资中广泛应用

英国的基础设施大都采用了公私合作（Public - private Partnership，PPP）方式，其中最常采用的是 PFI 形式。PFI 项目在 1992 年引入英国，旨在公共采购过程中引入私人部门的效率、管理方式和商业经验，从而为公共部门提供高质量的资产和服务，并将风险转移至私人部门。目前 PFI 已完成融资的项目超过 700 个（见图 9 - 1），总投资达到547 亿英镑。项目涉及面很广，包括学校、医院、道路、监狱、住房和废物处理。

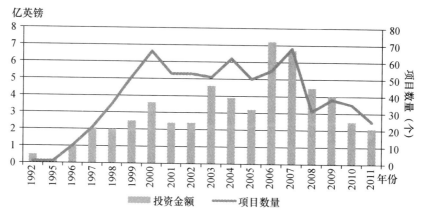

图 9 - 1 英国 PFI 项目的数量和投资金额

数据来源：英国财政部报告，A New Approach to Public Private Partnerships。

传统采购和 PFI 的主要不同点之一，是公共部门在项目的建设阶段不需出资。当项目投入运营并达到所需标准，公共部门将支付的费用包括资产运营的花费，以及对债务利率的补偿（见表 9 - 8）。但由于 PFI 项目的合同期限长、公私共担风险、涉及投资各方面的整合，其转移通常更加复杂。总的来看，PFI 项目比传统项目的服务质量更高、管理更有效。

表 9 – 8　英国传统项目和 PFI 项目的区别

传统项目	PFI 项目
通常签订短期的设计和建设合同	长期的合同（通常 20～30 年）包括了设施的设计、建造、融资过程，有时还包括运营
要求有具体的投入	要求有具体的产出，从而最大化私人部门的创新
采购机关承担建设延误和成本超支的风险	私人部门承担建设延误和成本超支的风险，以保证工程的质量和成本
采购单位在项目发生时支付建设、维护和服务的费用	所有花费作为一个整体，在建设完成、服务达到标准后才支付
采购单位通过资本预算，在项目成立时支付投资成本	资金成本由私人借款者承担，同时成本在整个项目过程中分期偿还
借款通过政府国债进行，基于政府资产组合管理	借款由私人部门进行，基于项目管理
不存在长期的维护合同，维护的成本和质量标准有很大弹性	公共部门承担的维护成本平均到了每年的费用中，因此成本和维护质量是固定的

数据来源：英国财政部报告，A New Approach to Public Private Partnerships。

但英国 PFI 项目也存在诸多缺点，包括合同签订的时间较长、PFI 合同在运营阶段不够灵活、债务和收益方面不够透明、不正确地转移风险导致风险溢价过高等问题。近年来，英国针对这些问题制定了一系列政策措施，以完善 PFI 制度。主要包括：

（1）提高政府服务效率。对一般公务员，英国制定了五年培训计划，旨在增加办事技巧和能力；对管理者，近期建立了"重大项目领导学院"，要求只有完成培训项目的人才可以领导政府重大项目。同时借鉴加拿大的经验，加强"采购集中化"，由中央机关而非地方政府发起项目，以提高政府办事的专业性，加强 IUK 对项目的监管。

（2）增加条款的灵活性。在 PFI 的基础上，英国近期创新出新的 PPP 方式——PF2。PF2 项目在单一合同中规定了项目设计、建设和维护的责任，保证承建商在项目的设计和建设阶段就将运营成本考虑在内。同时 PF2 合同中减少了规定的服务，使清洁、餐饮类的服务可以更灵活地通过未来短期合同实现，并增加该类服务的自由裁量权。

（3）增加 PFI 项目的透明度。英国要求私人部门定期发布实际和预测股本回报的信息，并要求公共部门制定更加透明和权责清楚的制度。政府还公布完整政府账目（The Whole of Government Accounts），包括 PFI 负债的详细信息。同时，英国财政部的网站在 2013 年开通了项目审批状态查询服务，以便私人部门跟踪审批流程。

专栏 9-4　英国基础设施融资的新方式——PF2

为克服目前 PFI 项目中存在的诸多不足，英国在推出 PF2 方式来更好地为基础设施融资。PF2 在 2012 年 12 月由英国财政部公布，2013 年 10 月结束了广泛咨询听证，出台了正式标准文件。与 PFI 相比，PF2 的主要区别在于：

股权融资

为了加强公共部门同私人部门的伙伴关系，政府愿意：（1）以股权（非控股方式）方式共同投资 PF2 项目；（2）引入竞争形式按比例吸引长期投资人以股权投资形式投资项目。

加快交付

为了保证项目采购比过去快捷及便宜，政府：（1）通过加强政府相关部门的职责来提高公共部门的采购能力；（2）PF2 项目开始投标，必须在 18 个月内敲定投标人；（3）引入标准化的综合性的采购文件；（4）加强项目准备程序过程中的审核。

灵活服务

为了改善服务的灵活性、透明度及效率，政府将：（1）软服务从项目中剔除；（2）采购当局有权从项目一开始就某些维修活动加入项目；（3）公开账目及收益分享机制使项目全寿命周期的盈余为相关方分享；（4）为了确保服务引入周期性的审核。

增加透明度

为了 PF2 模式的透明度，政府愿意：（1）要求私营部门公布股权投资收益；（2）对于政府持有股权的项目每年要公布详细的年报及财务报告；（3）在标准合同中改善信息披露规定。

适当的风险分担

为了改善资金最佳使用价值，公共部门必须加强风险管理，包括由于法律的变化造成建设费用超支、使用费用、现场污染、保险费用的增加

后续债权融资

PF2 融资结构必考虑到，特别是从资本市场、长期债权融资。

提供资金价值最大化

政府将编制新的资金价值最大化评估指引来替代老版的资金价值最大化评估指引。

数据来源：李继忠，PF2——第二代 PFI 诞生。

（4）增加风险分配的适当性。在新的方式 PF2 中，增加了公共部门承担的管理风险，例如由法律变革带来的额外成本增加。同时，允许公共部门适当增加风险，以防承建者收取更多的保险费。

（三）独特的财政投融资体制——日本的主要特点与经验

1. 以产权变更和法律约束为特征的改革

与英国类似，日本的城镇基础设施产权结构同样经历了政府为主向私有为主的转变过程。在"二战"后，日本迎来了长达 20 年的高速增长时期，关键因素之一便是通过制定计划和产业政策，扶持基础产业和支柱产业，同时相应的财政政策来配合产业发展，实现宏观调控。在这种机制下，日本的大部分基础设施产业也是国有或者由政府控制的，在 1980 年后，同样面临着机构臃肿、效率低下等问题。

日本的改革主要是产权制度变更，主要形式包括：分拆国有垄断企业、出售政府持有股份、制定相关法律等。1987 年 4 月，日本对"国铁"实行民营化，将其分割为 11 个单位，其中包括北海道、东日本、东海、西日本、四国和九州 6 家客运公司及 1 个货运公司都实行了股份制。出售基础设施股份的主要方式包括竞争投标、包销、认购、自由出售、委托买卖等（见表 9 - 9），对众多企业实现了市场化融资。同时，日本制定了如《铁路事业法》、《电力事业法》、《电力通讯事业法》等，对基础设施的投融资、建设和经营进行规制和约束。

表 9 - 9 日本政府持有基础设施企业部分股权出售情况

企业名称	出售时间	出售股份 （万股）	出售方式	出售收入 （亿日元）	上市时间
日本电信公司	1986.10	20	竞争投标	2395	1987.2
（NTT）	1986.11	165	认购	19748	
	1987.2	10	委托买卖	1603	
	1987.11	195	包销	49725	
	1988.10	150	包销	28500	
电源开发	1987～1991	400	自由出售	327	未上市
日本航空	1987.12	4810	包销	6445	1961.10
冲绳电力	1988.11	150	竞争投标	37	1992.2
	1989.1	1322	认购	330	
	1989.9	1	委托买卖	0.3	

续表

企业名称	出售时间	出售股份（万股）	出售方式	出售收入（亿日元）	上市时间
日本国铁	1993.8	60	竞争投标	2279	1993.10
	1993.10	132.7	认购	5004	
	1993.10	57.3	委托买卖	3436	

数据来源：彭清辉：《我国基础设施投融资研究》（2012）。

日本的私有化改革也大大提高了运营效率。以国有铁路为例，私有化后，不仅增发了列车，而且旅客运送量大幅提高，原有的国有铁路13年不纳法人税，而且每年提价3%～10%的基础上还要亏损，私有化后，铁路公司连续8年未涨价，且年年盈利（丁芸）。

2. 日本政府在城镇基础设施投融资中的作用

（1）各级政府分工。日本的城镇基础设施建设一般由多个实体共同参与，包括中央政府、地方政府、官方代理机构和私营公司，形成了独特的"基础设施建设投资分担制"。一般而言，中央政府负责基本的、核心的基建项目，这些项目的覆盖范围一般超越地方；地方政府负责同居民日常生活直接相关的基建项目；官方代理机构和私营公司运作那些收取使用费和能够自给自足的基建项目。

通常情况下，由于财政权较为集中，日本中央政府在市政融资中承担较多责任。为了从全国角度保证各地持续发展基础设施建设，同时为了保证各地公共服务的质量不会因地方政府财力不同而差别太大，中央政府为每个行业制定了国家发展蓝图，并在财力上支持地方的基础设施建设，采取的形式通常包括配套补助和专项拨款等（见表9-10）。

表9-10 日本中央政府对地方基础设施建设补贴情况

支出类型	中央政府补贴比例
地方公路建设	1/2
地方公路改造	2/3
河岸工程与水坝建设	2/3
港口修建与改造	1/2
地方机场修建与改造	3/4
污水排水管道工程	2/3
国家公路维护	1/2

数据来源：毛腾飞：《中国城市基础设施建设投融资问题研究》（2007）。

（2）政府作用。日本的重大基础设施项目仍是政府投融资占主导，政府在城镇基础设施投融资领域的作用表现在以下几个方面。

第一，日本具有独特的财政投融资制度，是中央政府运用计划发展市场经济的一个重要手段。日本的"财政投融资"制度创立于1953年，指政府通过公共金融机构为公共事业和需要扶持的产业筹集资金，并按照有效利用、有偿使用的原则进行直接投资的投融资制度，它是政府利用金融政策实现财政政策的有效手段。财政投融资的基本资金来源为邮政储蓄、国民年金、厚生年金和简易生命保险等。[①]

第二，对基础设施投资提供许多优惠和扶持政策，包括：政府向基础设施提供长期低息贷款；实施"租税别法措施"，降低基础设施企业法人税率，提高投融资能力；为道路公团等公共团体发行债券或提供借款担保，积极推进PFI事业发展。

3. 公共债券是日本城镇基础设施融资的重要方式

日本发行市政债券的历史可追溯至明治初年，1879年已确立"发行地方债必须通过议会议决"的原则。"二战"后，日本修订后的《宪法》和《地方自治法》允许地方政府可以发行地方债，筹集资金。但日本地方政府的财政受到中央政府的严格控制，每年内阁必须制订一份地方财政计划，估算出下一个财政年度地方大额财政收支总额。在该计划颁布并提交过会后，各地方政府必须严格遵循。

日本的债券也称公社债，包括由公共部门（国家、地方公共团体或政府机构）发行的"公债"，以及由民间股份公司（株式会社）发行的"社债"。在市政债券的意义上，日本债券有地方公债和地方公营债两种：地方公债由地方政府发行，主要用于地方道路建设、地区开发、义务教育建设、公营住宅建设、购置公用土地及其他公用事业；而地方公营债是由地方特殊的供应企业发行、地方政府担保的债券，主要用于下水道、自来水和交通基础设施等方面。

与美国的市政债券不同，日本市以基础设施为目的的地方债，其主要特点体现在以下几个方面：

（1）受中央政府的严格控制。为确保地方财政的安全与稳健，实现资金有效率地分配，计划发行地方债的都道府县和城市都要得到内阁府总务大臣的批准，债券发行经过中央政府部门的严格监督，发行数额和发行条件由监管部门制定和实行。预算赤字太高、以往发行债券需要偿还的比例太高、地方税征收未超过90%、地方公务员工资较高的地方不允许发行地方债券。

---

① 2001年后，日本财政投资资金主要来源于财政融资资金中特别会计国债（即财投债）发行而转入的资金和各种特别会计的积存、富余资金等。

（2）资金来源严重依赖政府资金。日本地方债约一半的资金来自资金运用部和公营公库（见图9-2），民间资金比例仅占40%，且这些民间资金大都来自与地方有密切联系的地方金融机构。日本地方债通过银行、证券公司的市场公募比例不足10%（持田信树），因此并非真正意义上的市场性融资。

（3）通过政府交付税来确保地方债偿还。地方交付税是中央政府为调整地方政府间的财源不均衡，让不同地区的居民可享受统一标准的服务而提供的地方财源，通常由总务省按统一标准的差额向地方自治体支付。通常情况下，由中央政府的交付税来充当偿债的财源，超过了偿还比例的50%。①

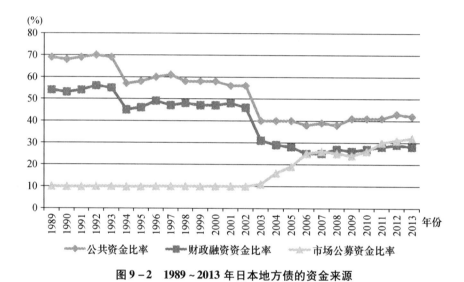

图9-2　1989~2013年日本地方债的资金来源

数据来源：日本财务省网站。

（四）政府主导，民间参与——德国的主要特点与经验

1. 以引入竞争为特点的改革

德国的社会市场经济体制着重强调政府对经济的调控作用，在改革前，（联邦）德国在邮政、电信、铁路等部门中国有企业占100%。而且即使是在市场化阶段，也仅将私有化作为加强竞争的手段，而非改革的结果。

具体做法来看，德国政府通过公开招标的方法，将城市绿化、建筑维修、全部污水处理、大部分道路、公交轨道维护等基础设施产业进行市场化改革，由市场主体进行市

---

① 庞德良、唐艺彬：《日本地方债制度及其变革分析》，《现代日本经济》，2011年5月11日。

场化经营。同时，德国政府又通过各种管理方法来监管基础设施的价格。如对交通、邮政、能源、通信和供水等垄断性较强的基础设施产业价格进行直接控制，同时兼顾成本地对不同地区的自来水进行分别定价。另外，德国政府认为在一些必须存在自然垄断的行业或环节，倡导国家垄断，限制私人资本进入。

因此，如今德国的市政基础设施仍以社区公有为主导，市政府和国家在基础设施部门持有股份的部门也非常多。直到 2000 年，德国市政府所有的供电、供气、供热、供水及污水处理等部门占市场份额的一半以上（见表 9 - 11）。

表 9 - 11　德国市政设施企业所有权和市场份额（2000 年）

市政设施部门	完全市政府所有（家）	市场份额（%）
供电	588	43
供气	556	70
供水及污水处理	693	51
供热	492	72
垃圾处理	243	50
城市交通	200	

数据来源：彭清辉：《我国基础设施投融资研究》（2012）。

2. 德国政府在城镇基础设施投融资中的作用

德国城市基础设施的投资和管理，由联邦政府、州政府和地方政府共同承担。其中，联邦政府投资建设影响重大的项目，例如跨州公路和少数航空港，一般所占比例不高。州政府承担各州的基础设施建设和管理任务，一般负责道路和公用建筑的投资，分别由道路部和建房部进行管理。地方政府的财政投资对象主要是城市基础设施，如供电、供暖、垃圾清除、地方道路建设等。地方政府的资金来源于地方财政资金、向州政府申请的专项资金和银行贷款等。根据德国法律，地方政府的财政支出必须按一定比例用于基础设施建设。

总的来说，德国政府在城镇基础设施领域的角色有如下几种：一是作为投资主体，主导或参与基础设施的建设和经营；二是作为价格监管者，对基础设施的价格实行严格管理；三是掌握经营授予权，对一些自然垄断行业，政府允许一些优势企业进行特许经营，从而以更广泛的形式筹集资金。

3. 德国具有较为完善的价格政策体系

在社会市场经济体制下，德国政府对于城镇基础设施有一套较为完备的价格监管体系，其价格政策的主要特点有：

（1）以成本为基础制定价格。由于德国政府曾饱受巨额财政赤字的困扰，因此德国制定价格时，强调以成本为依据。对于供水、供电、供气等经营性行业，销售价格基本定位在保本微利的水平上。例如曾经在同一时期，法兰克福的自来水价格为5.6马克/立方米，慕尼黑的价格为1.8马克/立方米。原因之一是法兰克福的水源为莱茵河，水质比较差，制水成本较高；而慕尼黑的水源是阿尔卑斯山上的雪水，制水成本相对较低。对非经营性的企业，政府也努力使其价格与成本靠近。

专栏9-5　柏林市的基础设施建设

德国统一后，联邦政府决定将首度由波恩迁至柏林，迁都工作到1999年完成，为迁都进行了大规模的基础设施建设。3年中，每年投资310亿马克，其中政府投资占15%~20%。柏林市政府负责投资的范围主要有：中小学、幼儿园、体育、文化设施、政府办公楼、城市交通等。

柏林市在基础设施建设中有两种投资方式：

一种方式是传统的公共投资方式，先由主管部门提出项目申请，同时提供计划材料，然后由市财政委员会决定是否立项，并决定最高投资后，承建单位就会有多少钱花多少钱，而不会节约投资，甚至会增加投资额。市政府每年有投资预算，同时有5年投资计划，市政府提出后由议会批准。一个项目如果周期是2~3年，那么整个投资就要分期拨到项目上。如果财政收入减少，原计划的项目就要拖延。

另一种方式是政府正在采取的新方式，即利用市场进行融资。建设项目确定后就开始招标，同时搞融资招标，由企业投标、银行投资，政府不再投资也不管建设。项目建成后，政府可以租赁或购买。柏林市建成的6个体育馆，融资和建设都由银行和企业承办，政府只支付一些日常费用。这样做的优点是：一是减少风险，风险转移给投资的银行和建筑企业；二是节省人员，现在只需监督合同执行，而非进行管理；三是建设周期缩短，建设费用减少；四是减少政府负债，并增加政府税收。

联邦政府规定在新州（原民主德国）投资，除一般折旧外，还有特别折旧，而且投资税可以减免50%。如修建体育馆投资100万马克，采取招投标方式一般造价低于100万马克，节约部分归承包公司。

数据来源：余池明、张海荣：《城市基础设施投融资》（2004）。

（2）为保护环境、节约资源，德国对污水处理、垃圾处理等行业实行高额收费。西欧国家普遍注重对环境的治理和保护，采取的重要经济手段就是高收费政策。如慕尼黑，在垃圾分类的基础上，对不能回收利用又影响自然环境的垃圾征收高额处理费，一方面抑制了居民和企业投放更多有害垃圾，另一方面也增加了垃圾处理厂的收入，提高其运营和处理能力。

（3）对城市公共交通实行低票价政策。为解决城市交通拥堵问题，德国政府在核算成本的基础上，对公交、地铁等公共交通的票价进行限制。如慕尼黑的公交价格长时间较低，政府的补贴虽投入巨大，但为了保护环境、减少拥堵，政府也愿意将其价格维持在较低水平。

专栏 9-6 英国和美国的价格管制政策

英国与美国对城镇基础设施采取了两种不同的价格管制政策。英国采取的是制定价格上限（price cap）的形式，其好处是可以带给承担企业更多的激励。当企业在经营和管理上更有效率，可以以更低的成本提供优质的服务，就可以获得更多的利润。同时，这种方式下基础设施的使用价格与它的利用程度并不挂钩。当对该基础设施的需求较小时，企业的收入和获利较少。

而美国采取的是回报率监管（rate of return regulation）的形式。此政策对企业提高效率和降低成本的激励不如英国，因为企业的最高回报率受到了限制。在此模式下，产品的价格与市场需求密切相关，因为监管者可以允许企业在需求小的地方定价较低，而在需求大的地方以较高的价格收费。

数据来源：世界银行研究报告：Infrastructure Policy – Basic Design Options, 2012。

（五）国家所有，特许经营——法国的主要特点与经验

1. 以完善公私合营方式为特点的改革

法国政府也对经济的干预程度较强。在"二战"后，法国进行了 10 年的国有化运动，政府控制了能源、交通运输、金融等重要部门，而其国有企业至今仍在经济中发挥着重要作用。如在 2001 年，超过 50% 的国有企业都与政府签订计划合同，其经营目标和发展方向也都与政府政策密切相关。

法国在基础设施领域的改革，主要是完善特许经营制度下的公私合营方式，如法国特许经营协会于 1977 年制定《特许经营行为准则》，对政府和特许经营企业所拥有的权利和承担的义务做出了详细的规定；1998 年颁布了《萨班法》，对特许经营项目必须实行公开招标做出了专门的规定等。

2. 法国政府在城镇基础设施投融资中的作用

与英国类似，法国政府也在城镇基础设施投资和建设领域承担重要角色。通常对于非经营性或社会效益大的项目，如地铁等，完全由政府财政预算出资。当财政资金不够时，政府会向银行贷款，但数额必须控制住长期预算收入可偿还的范围内。一般影响较大的项目由中央政府出资，如巴黎的香榭丽舍大街；一般性的城市基础设施项目由中央政府、地方政府和企业共同承担责任，且中央政府也占有较大比重。

法国政府在基础设施领域的作用也与英国类似，比如是投资的主体，特许经营权的授予者，并且注重对项目建设的前期规划。对于城市基础设施建设，政府需做出最多 10 年的长期规划。这些规划一般由行业协会提出，需经政府审核批准。无论国营或私营，基础设施项目建设必须服从国土规划和城市规划，而且必须有计划、有步骤地进行建设，政府的审批和监督工作非常严格。

3. 特许经营模式是法国城镇基础设施融资的特色

特许经营模式是法国城市公用事业经营建设的典型模式，曾被世界银行称为"一种真正的法国模式"。法国的特许经营模式历史悠久，在 17 世纪，法国人成功用此方式求助于私人企业建造军舰和港口等基础设施，来补充国家财政不足，迅速发展了海军；在 18 世纪，法国用此方式修建了运河和桥梁；在 19 世纪，法国得以开发和经营了铁路、供水、照明、交通等城市公用设施；20 世纪以来，法国广泛用于城市基础设施的各方面，如供电、通信、供暖、垃圾处理等。

城镇基础设施的特许经营包含多种形式，总体指政府（或公共部门）委托民间企业对特定项目进行建设开发或经营管理。一方面可以为政府减轻支出负担、降低财政风险，另一方面也可借私人经营的形式来提高管理和运营效率。

通常来看，特许经营有三种主要形式：

（1）传统形式，即承租企业对承租的公用事业进行开发经营，自负盈亏，并承担各种风险，也称全部风险特许经营（CRI），通常所说的 BOT 即属于这种模式。这种方式政府不承担风险责任，适用于企业对某一公用事业的全面开发和管理，比如法国早起的供水特许经营合同。

（2）改进形式，承租企业承担项目建设和经营中的技术风险，以及部分投资风险，原有的投资风险由政府分担，也称共担风险特许经营（CRP），通常的租赁管理便属于这种模式。在租赁模式下，政府每年付租金，租赁公司拥有企业财产所有权和经营权。

（3）相关单位直接管理的形式。当承租企业不能获得足够的营业收入，就必须从财政预算中支付报酬，承租企业承担有限风险，也称有限风险特许经营（CRL）。这种方式适合于用户数量或定价较低的公共设施，如法国的公共交通系统，通常每年会得到国家50%的补助。

三、国外基础设施投融资经验对我国的启示

（一）加快我国城镇基础设施投融资的市场化改革

主要发达国家的城镇基础设施都经历了引入民间资本、加强竞争的过程，我国也应学习各国的市场化改革经验，广泛采取放松准入门槛、价格多样化监管、委托租赁管理等各种形式。对经营性的城镇基础设施项目鼓励私人企业进入、加强行业内的竞争，以减轻政府的财政压力，并通过竞争以达到降低成本、提高效率、增加质量的效果。对准经营性的项目加强市场运作，提供一定补贴，用公私合作的方式起到相互监督，协商定价的效果。

同时，设施的市场化应伴随着价格的市场化。多年以来，我国城市基础设施作为福利品，价格受到严格管制，但实际上部分产品应更多地转向商品属性，学习德国和日本，尊重产品的生产成本，对于资源利用大、环境成本高的产品收取更多费用。

（二）规范我国政府在城镇基础设施领域的作用和分工

发达国家的城镇基础设施，不论是市场主导还是政府主导，共同特点是政府在该领域有明确的角色定位，而且从中央到地方政府有严格分工。不论政府作为主导者、委托者，还是参与者、监督者，我国政府应在市场中摆正定位，不可事事投资，过度干预。总体而言，政府应对设施的规划和决策有规范程序，对项目的建设和经营的过程有全面监督，对产品和服务的价格和质量标准有基本规定。

同时，在财政和行政制度上，我国各级政府应对基础设施领域有明确分工。一般性、区域内的基础设施由市、县级政府负责，但应由上一级政府审核批准。资金来源可包含上级转移支付、配套投入、社会筹集等多种方式，但应对资金使用过程严格监督程序，同时控制地方融资规模。

（三）对基础设施采取多元化的融资手段

发达国家一方面建立了多元化的城市基础设施的财政融资渠道，另一方面广泛吸纳社会资金，采取多种方式筹集资本。财政渠道上来看，应根据"使用者付费"的原则，规范我国的财税体系。可为基础设施征收不同种类的目的税，如学习日本、德国为公路建设对汽油、汽车等征税。同时可对基础设施的受益者征税，如学习美国，为公路开发对周边增值的房产、地产所有者征税。另外还应继续完善用户使用收费制度。

同时，在向社会融资时，应重视政策性银行、基础设施开发基金、私人基金的作用，同时扩展股票、债券等多种形式的融资渠道，并加强对外资的利用。其中发行市政债券是各发达国家和发展中国家城镇基础设施的重要融资手段，我国也应在严格发行和审批程序、完善政府信用体系的基础上，逐步发展市政债券市场。

（四）强化法律、制度在基础设施投融资中的作用

在城镇基础设施领域加强法律和制度的建设也是必不可少的。规范城市基础设施投融资的相关法律法规，不仅有利于明确政府在该领域的地位和作用，也可以从法律和制度上保障我国城镇基础设施投融资的科学规划和规范操作，同时对风险控制、提升投资者信心也大有好处。

参考资料：

1. Michael Klein：Infrastructure Policy—Basic Design Options, The World Bank Policy Research Working Paper, 2012. 11.

2. Department of the Treasury, A new Economic Analysis of Infrastructure Investment, 2012. 3.

3. Mateen Thobani, Private Infrastructure, Public Risk, IMF Finance & Development, 1999. 3.

4. Executive Office of the President, Recent Examples of the Economic Benefits from Investing in Infrastructure, 2011. 11.

5. William Mallett, Steven Maguire, Kevin R Kosar, National Infrastructure Bank：Overview and Current Legislation, 2011. 12.

6. H. M. Treasury, Government Response to A new Approach to Public Private Partnerships consultation on the terms of Public Sector Equity Participation in PF2 Projects, 2013. 10.

7. H. M. Treasury：A new approach to public private partnerships, 2012. 12.

8. Ed Farquharson and Javier Encinas：The U. K. Treasury Infrastructure Finance Unit：Supporting PPP Financing During the Global Liquidity Crisis, 2010. 3.

9. H. M. Treasury：The UK Guarantees Scheme for Infrastructure Projects, 2013. 6.

10.《1994 年世界银行发展报告：为发展提供基础设施》，中国财政出版社，1994 年。

11. 彭清辉：《我国基础设施投融资研究》，湖南师范大学出版社，2012 年。

12. 柳学信：《中国基础设施产业市场化改革风险研究》，科学出版社，2009 年。

13. 丁芸：《城市基础设施资金来源研究》，中国人民大学出版社，2007 年。

14. 马建春：《市政债券市场发展与基础设施融资体系建设》，经济科学出版社，2007 年。

15. 毛腾飞：《中国城市基础设施建设投融资问题研究》，中国社会科学出版社，2007 年。

16. 余池明、张海荣：《城市基础设施投融资》，中国计划出版社，2004 年。

附 录 篇　APPENDIX

中国投资政策信息
（2014 年）

2014 年 1 月

2015 年底前全面实行阶梯水价

国家发展改革委与住建部 1 月 3 日联合发布《关于加快建立完善城镇居民用水阶梯价格制度的指导意见》（以下简称《意见》），要求 2015 年底前，中国的设市城市原则上要全面实行居民阶梯水价制度。《意见》明确要求，各地要按照不少于 3 级设置阶梯水量，第一级水量原则上按覆盖 80% 居民家庭用户的月均用水量确定，保障居民基本生活用水需求；第二级水量原则上按覆盖 95% 居民家庭用户的月均用水量确定，体现改善和提高居民生活质量的合理用水需求；第一、第二、第三级阶梯水价按不低于 1∶1.5∶3 的比例安排，缺水地区应进一步加大价差。住建部城市建设司负责人指出，实施阶梯水价，并非是上调用水价格。执行阶梯水价，主要是遵循三个原则：一是保障基本需求，二是满足合理用水，三具抑制奢侈浪费。对此，国家发展改革委经管所科研管理处处长姬鹏程透露，该所与国家发展改革委价格司联合调查全国 484 个城市发现，实行阶梯水价的城市为 133 个，不足 1/3。要在 2015 年底前全面实行居民阶梯水价制度，从目前进展看，依然有一定难度。

影子银行"基本法"出炉

随着我国金融创新的不断加速，游离于监管之外的影子银行，监管套利风险正在累积。但一直以来，中国各界对于影子银行的概念、规模和风险界定，皆存在很大争议。国务院办公厅 1 月初下发的《关于加强影子银行业务若干问题的通知》（以下简称"107 号文"），不仅厘清了中国影子银行的基本概念，而且明确影子银行监管责任分工以及各类金融机构的监管问题。"107 号文"相当于中国影子银行体系的一部"基本法"，为下一步加强影子银行监管指明了方向。"107 号文"中，首先明确了我国影子银行的基本范畴，主要包括三类：一是持有金融牌照、完全无监管的信用中介机构，包括新型网络金融公司、第三方理财机构等；二是持有金融牌照，存在监管不足的信用中介机构，包括融资性担保公司、小额贷款公司等；三是机构持有金融牌照，但存在监管不足或规避监管的业务，包括货币市场基金、资产证券化、部分理财业务等。当前，我国影子银行风险总体可控。同时，文件确立了"谁批设机构谁负责风险处置"的监管原则，逐一落实各类影子银行主体的监督管理责任，建立中央与地方统分结合，国务院有关部门分工合作的监督管理体系。对于已明确法定监督管理部门的，由相关部门按照法定职责分工分别实施统一归口监督管理。譬如，银行业的理财业务由银监会负责监管，保险机构的理财业务由保监会负责监管。对此，有分析指出，"107号文"虽然对影子银行的监管框架首次给出"顶层设计"，但在这样复杂的多头管理格局之下，未提及如何监管协调，未来监管重叠和监管空白仍将共存。"107号文"下发两周后，银监会又成立了一个由主席尚福林任组长的银行业改革领导小组，拟推动包括理财业务和同业业务治理体系改革在内的多项改革任务。由此，影子银行的监管治理或将逐步推进落实。

国土部：将加快组建不动产登记局

2014年1月11日，国土资源部副部长徐德明在全国国土资源工作会上表示，国土部将协调有关部门建立部际联席会议制度，加快组建不动产登记局，开展不动产统一登记。徐德明称，不动产统一登记是国土资源管理的一项新职能，建立实施以土地为核心的不动产统一登记制度，是中国产权管理体制机制的重大改革。徐德明表示，当前统一登记机构，统一登记依据，统一登记簿证，统一登记信息平台，要逐个落实到，重点是做好不动产统一登记的顶层设计、制度安排。不动产统一登记的具体工作主要在地方，特别是市、县一级，当前要努力争取将不动产统一登记工作纳入地方政府机构改革和职能转变工作重点，做好省、市、县的职责整合和机构设置工作。事实上，2007年的《物权法》就明确了要实施统一的不动产登记制度，但统一登记的范围、执行登记机构和登记办法都不清晰。对于建立不动产统一登记制度的目的，不少分析认为，这有利于"征税"和"反腐"，即开征房产税和建立官员财产公开制度，以推动房产税的征收和官员财产的"阳光化"。

国务院调整上海自贸区32项法规

为了配合上海自贸区试验，国务院6部委和上海市政府在自贸区范围内暂调了32项与外商投资准入有关的措施，以实施负面清单管理模式，扩大服务业开放。2014年1月6日，国务院下发了《国务院关于在中国（上海）自由贸易试验区内暂时调整有关行政法规和国务院文件规定的行政审批或者准入特别管理措施的决定》。暂时调整的法律法规行政性文件，主要针对改革外商投资管理模式和扩大服务业开放两大领域，而最受关注的金融领域并未涉及。本次调整共涉及 32 项具体规定。在对外开放领域主要是在负面清单之外的领域，暂时停止实施该项行政审批，改为备案管理；有的暂停行政法规和国务院文件后，自贸区存在法律的空白。因此国务院要求有关部门、上海市政府要根据法律、行政法规和国务院文件调整情况，及时对本部门、本市制定的规章和规范性文件作相应调整，建立与试点要求相适应的管理制度。上海法制办副处长常江透露，上海自贸区基本法有望 2014 年 6 月出台。

企业退休人员养老金再提 10％

国务院常务会议 2014 年 1 月 8 日决定从 1 月 1 日起按照 10％的标准上调企业退休人员基本养老金，这已经是连续第 10 年上调企业养老金。此次上调之后，全国企业退休人员平均每月养老金将突破 2000 元。会议确定，从 2014 年 1 月 1 日起，将企业退休人员基本养老金水平再提高 10％，并向其中有特殊困难的群体适当倾斜。全国 7400 多万企业退休人员因此受益。要积极采取措施，不断提高企业职工基本养老保险基金的支付能力，确保政策及时落实到位。下一步，要通过改革养老保险等制度，逐步建立和完善企业退休人员基本养老金的正常调整机制。专家分析指出，连年上调养老金水平的目的并非是缩小企业与机关事业单位养老金的差距，而是因为制度本身就要求按照物价和工资的增长水平来做调整。

部分电商实行出口退税

2014 年 1 月 1 日起，符合条件的电商出口企业出口货物将可以享受到增值税、消费税退（免）税政策。此项政策旨在推动支持跨境电子商务零售出口，推动中国的跨境电子商务发展。2014 年 1 月 9 日，财政部和国家税务总局发布了《关于跨境电子商务零售出口税收政策的通知》，对电子商务零售出口税收政策作出明确说明。涉及的电商企业包括，自建跨境电子商务销售平台的电子商务出口企业，和利用第三方跨境电子商务平台开展电子商务出口的企业；而为电子商务出口企业提供交易服务的跨境电子商务第三方平台，不在此列。近两年跨境电子商务贸易快速增长。商务部的数据显示，2012 年中国外贸增速为 6.2％，而跨境电商贸易同比增速超过 25％；2011 年跨境电子商务交易额约 1.6 万亿元，2012 年达到约 2 万亿元。2013 年跨境电子商务交易规模有望继续扩大。

商务部终裁美韩多晶硅倾销

2014 年 1 月 20 日商务部公布了对太阳能级多晶硅反倾销调查的终裁决定。商务部最终裁定，在本案调查期内，原产于美国和韩国的进口太阳能级多晶硅产品存在倾销，中国太阳能级多晶硅产业受到实质损害，且倾销与实质损害之间存在因果关系。根据《反倾销条例》有关规定，经商务部建议，国务院关税税则委员会决定，自 2014 年 1 月 20 日起，对上述产品征收反倾销税。进口经营者在进口上述产品时，应依据公告中列明的各公司税率向中国海关缴纳反倾销税。商务部此举也是我国光伏行业 2014 年以来再度迎来的一大利好。

保险市场化大幕开启

保监会密集出台险资运用新政。保监会 2014 年 1 月 13 日发布《关于修改〈保险资金运用管理暂行办法〉的决定（征求意见稿）》，拟将第十六条修改为："保险（和讯放心保）集团（控股）公司、保险公司从事保险资金运用应当符合中国保监会相关比例要求，具体规定由中国保监会另行制定。中国保监会可以根据情况调整保险资金运用的投资比例。"此举旨在进一步推进保险资金运用体制的市场化改革，提高保险资金运用效率。而此前的 2013 年 9 月，保监会向各保险公司和保险资产管理公司下发《关于加强和改进保险资金运用比例监管的通知（征求意见稿）》，重新将保险投资资产划分为流动性资产、固定收益类资产、权益类资产、不动产类资产和其他金融资产五大类，针对五大类资产制定保险资金运用上限比例和集中度监管比例，流动性资产不设总量控制。分析人士预计，随着更多后续政策的进一步明确，险资投资有望趋于灵活，保险公司将获得更多自主权，这将促进行业资产配置结构的优化和投资收益提升，长远来看有利于行业的市场化改革。

银监会：首批民营银行试点 3 ~ 5 家

银监会在 2014 年 1 月 6 日召开的全国银行业监管工作电视电话会议上，明确了 2014 年银行业监管工作重点工作，其中，民营银行的设立广受社会关注，银监会表示首批试点 3 ~ 5 家，成熟一家批设一家。银监会表示今年监管工作重点是五项任务，一是深化银行业治理体系改革；二是推动业务产品创新；三是扩大银行业对内对外开放；四是推动政策性银行改革；五是大力推动监管改革，简政放权，还权于市场，让权于社会，放权于基层。拓宽民间资本进入银行业的渠道和方式，切实做好试点制度设计，强调发起人资质条件，实行有限牌照，坚持审慎监管标准，订立风险处置安排。

2013 年人民币贷款新增 8.89 万亿元

中国人民银行 2014 年 1 月 15 日公布数据显示，2013 年全年新增人民币贷款 8.89 万亿元，比 2012 年多增 6879 亿元，创出 4 年来的历史新高。2013 年 12 月，人民币贷款增加 4825 亿元，同比多增 279 亿元。交通银行金融研究中心发布的研究报告认为，从外生变量影响看，12 月有一系列因素有利于信贷供给增加，但存款压力集中暴露，时点考核压力和市场紧张情绪明显推高利率水平，造成实际存款吸收成本较高、信贷投放约束较大。

IPO 再开闸

2013 年 11 月 30 日，中国证监会正式发布推进新股发行体制改革意见，提出推进股票发行向注册制过渡。12 月 13 日，证监会修订并发布《证券发行与承销管理办法》。12 月 30 日，纽威阀门等 5 家已过会企业率先获得 IPO 的发行批文。至此，A 股告别史上最长 IPO 暂停。

2014 达沃斯：探索全球超大城市的出路

2014 冬季达沃斯论坛 1 月 22 日开幕，其中，城市发展是其讨论的重要议题之一。此前，世界经济论坛《2014 年全球议程展望》报告指出，超大型城市重要性上升将是对世界产生最重大影响的十大趋势之一。报告认为，从全球变暖到无家可归，从债务危机到能源短缺，从水资源匮乏到传染病暴发……如今的城市已经变成了翻滚冒泡的熔炉。但同时，城市本身也是寻找良策应对挑战的希望所在。因此，眼下的紧迫任务就是读懂城市，特别是读懂那些人口超过 1500 万人的超大型城市。据城市中国网报道，作为拥有世界上最多的超大型城市的国家，中国的城镇化进程和城市发展无疑受广泛关注。中国城市和小城镇改革发展中心主任李铁将出席本届达沃斯论坛上多场关于全球城市发展的讨论。近年来，包括北京、上海在内的中国超大型城市感受到了人口膨胀带来的巨大压力，试图推出系列举措控制人口规模。对此，李铁认为，北京应坚定不移地以改善公共服务为导向，逐步缩小外来人口和本地人口的公共服务差别；充分利用北京市行政辖区的空间，合理配置人口和资源。要通过经济手段和市场机制，引导人口流向的分布趋势。

北京首部大气污染防治条例出台

北京市十四届人大二次会议通过了北京市大气污染防治条例。这是 2001 年后，北京市人代会 13 年来再次行使立法职权。该地方法规旨在用最严格的制度、最严密的法规，为首都生态文明建设提供可靠保障。法规要求构建以政府为主导、法人、公民共同参与、共同负责的公共治理体系。其核心内容之一是污染排放总量控制。有分析指出，当前北京大气污染形势非常严峻，仅靠控制污染物排放已不能解决问题，要对污染物排放总量进行控制。在总量不增的前提下，尽快削减总量，才能实现 2017 年 PM2.5 年均浓度比 2012 年下降 25% 以上的治理目标。

农业部拟选两省试点土地确权颁证

农业部 2014 年 1 月 21 日发布《关于切实做好 2014 年农业农村经济工作的意见》，对全面深化农村改革作出了部署，其中提出抓紧抓实农村土地承包经营权确权登记颁证工作，进一步扩大试点范围，选择 2 个省开展整省试点，其他省份至少选择 1 个整县开展试点等。此举引发舆论关注。土地确权颁证，就是要让土地管理和农民合法土地权益更好地置于法律的保护之下，不仅不是城建盲目扩围甚至新一轮房地产业的"盛宴"，反而是土地城镇化的一支"镇静剂"，要为进一步建立健全规范完善的土地市场创造条件。而在法律框架下，工业化和城镇化所必需的土地指标，也有了更规范、更协调、更科学的保障。农村土地确权登记颁证工作，在高层议程中已经不止一次出现。显而易见，新一届中央政府希望对此项工作有所推进。至于哪两个省份会被选定作为试点，至今尚未得知。

渤海湾海底隧道方案将报国务院

中国工程院院士王梦恕在接受《经济参考报》采访时表示，"渤海海峡跨海通道战略规划研究项目已经完成，包括 1 个总报告、9 个分报告，我们将于近期上报国务院"。"渤海海峡跨海通道战略规划研究"是中国工程院、国家自然基金委设立重点咨询项目，中国工程院院士王梦恕任课题组组长，工程院有十几个院士参与，参与单位包括北京交通大学、鲁东大学、铁道部工程设计鉴定中心、中铁隧道集团有限公司等。研究方案指出，渤海海峡全隧道方案，按长 125km 进行投资匡算，约 2200 亿元。渤海海峡隧道内含报酬率大于社会折现率，投资具有经济可行性，预测运营 15 年可收回成本。渤海经济圈之所以难以像珠三角、长三角那样，形成完成、连续、统一的经济圈，实现区域经济一体化发展，主要原因是环渤海南北两岸相隔，成为交通死角。王梦恕表示，目前的运输格局是环渤海 1800km 多 "C 形" 运输，如果打通渤海海峡跨海通道，东北至山东和长江三角洲的运距，比原绕道沈山、京山、京沪、胶新、陇海等缩短 400 ~ 1000km，大大节省了运费及时间，并缓解运输压力。

深圳历史遗留违建有望转正

深圳市拥有巨量的历史遗留违建，在经历 4 年清理后违建治理终于迎来突破。2014 年 1 月 15 日，深圳市政府公报披露，2014 年 4 月 1 日起，《〈深圳市人民代表大会常务委员会关于农村城市化历史遗留违法建筑的处理决定〉试点实施办法》（以下简称《实施办法》）将在试点区域内正式实施。对原村民拥有的符合条件的违建可根据不同情况补缴差异化地价及罚款后，进行处理确认，但深圳市政府称此举不能理解为"小产权房"确权。根据《实施办法》，四大类符合相关条件的历史遗留违法建筑经处理确认、依法办理初始登记后，可以按照深圳市有关规定申请转为商品性质。同时，部分历史遗留违建还可由政府收购，作为临时性保障性住房。早在试点《实施办法》出台前，深圳就已经对这些历史遗留违建"摸了个底"。1999 年时，深圳的历史遗留违建约为 10 万栋，现在增加到了 40 万栋，历史遗留违法建筑总面积达到 4 亿多平方米，占了深圳市全部土地面积的"半壁江山"。

2014 年 2 月

李克强：市场主体"法无禁止即可为"

国务院总理李克强在 2014 年 2 月 11 日的国务院第二次廉政工作会议上的讲话上指出，今年简政放权的力度不能减，要进一步取消下放行政审批事项，更多、更快释放改革红利，有效遏制权力"寻租"。他表示，对市场主体，是"法无禁止即可为"；而对政府，则是"法无授权不可为"。李克强指出，要进一步简政放权。政府管得过多，直接干预微观经济活动，不仅影响市场在资源配置中发挥决定性作用，增加交易成本，还容易滋生腐败。发展经济，要靠简政放权添活力，增动力；反腐倡廉，也要通过简政放权加强源头治理。取消下放审批事项，不仅要看数量，还要重质量，要把那些含金量高的、管用的，真正能够激发市场活力的直接放给市场，放给企业。特别要下决心最大限度减少对投资项目的审批，同步减少、规范投资项目的前置审批。搞市场经济，谁投资谁承担风险，大部分投资决策都应放给市场主体。还要全面清理取消非行政许可审批事项，确需保留的，也要依法办理，按行政许可法的要求，经过严格论证和规范程序，调整为行政许可。今后，不能再搞非行政许可审批。凡增加公民、法人和其他组织义务和责任的事项，必须通过法定程序，以法定形式设定。对目前仍保留的审批事项，要公布目录清单，听取基层和群众意见。对那些反映多、意见大，又不利于激发市场活力的，还是要继续取消下放。清单以外，一律不得实施行政审批，更不得违规新设审批事项。

实际上这也是对"负面清单"管理模式进行探索。也就是说，对市场主体，是"法无禁止即可为"；而对政府，则是"法无授权不可为"。

养老保险城乡并轨启动

国务院总理李克强 2014 年 2 月 7 日主持召开国务院常务会议，决定合并新型农村社会养老保险和城镇居民社会养老保险，建立全国统一的城乡居民基本养老保险制度。在城乡居民养老制度并轨后，基金筹集采取个人缴、集体助、政府补的方式，中央财政按基础养老金标准，对中西部地区给予全额补助，对东部地区给予 50% 的补助。虽然基础养老保险最低标准仍为 55 元，即使加上地区差异造成的浮动，原新农保参保者的待遇也不会立即出现很大的数字提升，但此次并轨是我国首次消除福利方面的城乡差别，促进了城乡融合，亦有助于推动人的城镇化。

注册资本登记制度改革 3 月 1 日实施

据新华社 2014 年 2 月 22 日消息，按照国务院部署，注册资本登记制度改革将于今年 3 月 1 日全面实施，工商登记制度其他改革也将逐步展开。2013 年 3 月，十二届全国人大一次会议审议通过《国务院机构改革和职能转变方案》，提出要改革工商登记制度。同年 10 月，国务院常务会议就推进公司注册资本登记制度改革进行了部署。近期，国务院出台了《注册资本登记制度改革方案》。方案提出，将通过改革公司注册资本及其他登记事项，进一步放松对市场主体准入的管制，降低准入"门槛"；同时，严格市场主体监督管理，依法维护市场秩序。国家工商行政管理总局局长张茅 2 月 21 日表示，工商部门将在放宽注册资本等准入条件的同时，进一步加强对市场主体的监管，"宽严相济"全面推进改革，确保取得实效。

县级公立医院改革再增 700 个试点县

第一次全国卫生计生工作会议 2014 年 2 月 10 日在北京召开，国家卫计委新闻司副司长姚宏文在会上介绍，2014 年工作重点仍是公立医院改革。据经济参考报援引消息人士透露，今年公立医院改革的重中之重是县级公立医院改革，卫计委正尽快协调出台县级公立医院综合改革指导意见，再增加 700 个试点县，2015 年在全国推开县级公立医院改革。据了解，第一批县级医院改革试点县已有 311 个，今年再增加 700 个试点县，至 2014 年末全国共有 1011 个试点地区。据姚宏文介绍，县级公立医院改革是这次公立医院改革的重中之重，主要任务是要破除以药补医机制，以此作为关键环节，理顺医疗服务价格，增加政府投入，推动建立科学补偿机制和适应行业特点的人事薪酬、绩效评价等制度，控制医药费用不合理过快的增长。

商务部：重点开展周边自贸区谈判

商务部 2014 年 2 月 18 日举行例行发布会，介绍 1 月商务工作运行情况。商务部新闻发言人沈丹阳表示，今年商务部将以周边为基础，加快实施自贸区战略，通过建设高水平、宽领域的自贸区，为今后形成面向全球的高标准自贸区网络这一目标奠定基础。今年重点开展周边自贸区谈判，主要是中韩自贸区、中日韩自贸区以及区域全面经济伙伴关系 RCEP 这 3 个谈判。关于中韩自贸区谈判，沈丹阳介绍，今年中韩自贸区谈判将继续开展具体出要价和各领域协议案文的实质谈判，中方将与韩方共同努力，在前一阶段达成共识的基础上，以灵活务实的态度推动中韩自贸区谈判早日实现。关于中日韩自贸区谈判，沈丹阳指出，今年中日韩自贸区计划开展三轮谈判，三方将继续就货物、服务、投资及其他领域的相关议题进行讨论，中方期待着与日韩共同努力，尽早达成一个平衡、互惠、共赢的协定，使三方企业和人民早日受惠。

多地加速试点农地抵押贷款

据《瞭望》新闻周刊报道，中共十八届三中全会提出"赋予农民对承包地占有、使用、收益、流转及承包经营权抵押、担保权能"后，各地农地抵押类贷款试点正加速推进。山西省已在 2013 年 12 月提出，将在灵丘县等 13 个县（市、区）全面开展土地收益保证贷款的试点工作。1 月初，人民银行成都分行和四川省农业厅等部门联合印发《四川省农村土地流转收益保证贷款试点工作方案》，决定在成都等 8 个市 9 个县（市、区）开展农村土地流转收益保证贷款试点。近年来，山东、吉林、重庆等地在部分地区已先期开展了农地承包经营权抵押或农地收益贷款的相关试点工作，包括"农村土地承包经营权抵押"、"农村土地收益保证贷款"、"农村土地流转收益保证贷款"、"农村土地使用产权证抵押贷款"等多种形式，但总体上范围较小，近期各地试点明显加速了农地抵押类贷款的进程。农地抵押贷款创新，在一定程度上增加了农民的"财产权利"，为"三农"提供了更多融资支持，受到当地群众的欢迎。

楼市开启阶段性降价空间

据《经济参考报》2014 年 2 月 24 日报道，继浙江杭州北海公园项目楼盘均价直降2000 元，给杭州乃至全国楼市投下一枚"重磅炸弹"后，江苏常州"雅居乐星河湾"楼盘也加入降价行列，单价直降 5000 元。与此同时，杭州方面，距离德信北海公园宣布降价不到 24 个小时，其不远处的天鸿香榭里也率先跟进，并打出广告宣称"直降

6000 元/平方米"。对此，中原地产市场总监张大伟认为，房地产业持续一年多的暴涨后，市场势必要理性回归。在资金面趋紧的情况下，房价出现调整的可能性越来越大。特别是三四线城市，很可能会陷入整体低迷。但有专家表示，此次降价城市特征明显，其待售库存较大，新增需求却难以跟进，因此，持续一年多的暴涨后，在资金流动性偏紧的背景下，库存高，人口新增放缓，消化周期较长的城市都有可能在最近再次出现降价，楼市开启阶段性降价区间。但值得注意的是，2014 年全年房地产市场趋势仍难以判断，其是否会延续现在的走势，仍需看两会后市进行定夺。

公立医院向公益性转向

据《人民日报》消息，中共中央政治局委员、国务院副总理刘延东 2014 年 2 月 18～20 日在福建考察时强调，着眼于人人享有基本医疗卫生服务的目标，加强医药卫生体制改革的顶层设计和制度创新，发挥好政府和市场在医改中的作用，积极推进医疗、医保、医药统筹协调的综合配套改革，努力办好惠及全民的医疗卫生事业，为群众提供安全、有效、方便、价廉的医疗卫生服务。刘延东强调，要扎实推进公立医院改革，牢牢把握公益性方向。要健全全民医保制度，加快推进重特大疾病保障机制建设，防止发生冲击社会道德底线的事件。要进一步规范药品流通秩序，减少流通环节，切实降低虚高的药价。要统筹推进公立医院各项改革，完善基层首诊、分级诊疗、双向转诊的医疗模式，采取多种措施使优质医疗资源能够服务农村、社区和边远贫困地区。建立现代医院管理制度，使公立医院更好、更有效地造福群众。刘延东指出，要积极鼓励社会力量举办医疗事业，扶持民营医疗机构发展。要优先发展非营利性医疗机构，引导民营医疗机构与公立医院公平发展，互利共赢。民营医疗机构要加强行业自律，苦练"内功"，上水平，提质量，不断满足人民群众多样化多层次需求。

煤企负债经营转型受困

据《中国产经新闻》报道，目前环保压力迫使政府向煤企"开刀"。国家能源局已明确提出，2014 年，煤炭消费比重降低到 65% 以下，严格控制京津冀、长三角、珠三角等区域煤电项目，新建项目禁止配套建设自备燃煤电站，京津冀鲁合计削减原煤消费 1700 万吨，全国淘汰煤炭落后产能 3000 万吨。眼下只有部分有实力的大型煤企在尝试转型升级，然而，日益严峻的债务风险给他们的发展前景蒙上了阴影。据彭博社报道，燃料价格的下滑令煤炭巨头偿还债务变得更加艰难。自 2012 年我国煤企结束"黄金 10 年"以来，一直在走下坡路。尽管这加速了煤企间的兼并重组，淘汰了一部分落后产能，然而，不断下滑的经营形势使国有大型煤企或民营股份制煤企都苦不堪言。在

2013 年最为艰难的春夏之际，某些国有煤矿减产减薪甚至放假者有之。转型升级成为煤企的不二选择，但是面对不断恶化的形势，众多煤炭企业深陷泥沼动弹不得。

北京 2014 年制定交通拥堵费政策

据《中国交通报》消息，日前，《北京市 2013～2017 年清洁空气行动计划重点任务 2014 年工作措施》发布，将 5 年计划 84 项重点任务进一步细化，并提出研究制定燃油排污费、阶梯油价、低排放区交通拥堵收费等引导降低机动车使用强度的经济政策，积极探索车辆电子牌照推广应用。其中，"控车减油"任务包括：严格落实机动车总量调控政策，全年配置小客车指标降低为 15 万辆，机动车保有量控制在 560 万辆左右。淘汰 20 万辆老旧机动车，基本淘汰黄标车。新增重型柴油车全面实施第五阶段标准，其中市域内使用的安装颗粒物捕集器，低速货车执行与轻型货车同等的节能环保标准。另悉，根据 2014 年 3 月 1 日起实施的《北京市大气污染防治条例》，北京市政府可以根据大气环境质量状况，在一定区域内采取限制机动车行驶的交通管理措施，机动车进入限制行驶区域的，由公安机关交通管理部门责令停止违法行为并依法处罚。进入北京市行驶的外埠车辆，应当按照规定进行排放污染检测；检测合格的，方可办理机动车进京手续。

尚福林：银行业局部个体风险上升

中国银监会主席尚福林日前在《人民日报》发表题为《更加奋发有为地推进银行业改革》的文章中指出，中国银行业整体风险可控，但个体风险、局部风险和区域风险却有所上升。金融竞争更加激烈，是尚福林认为风险增加的首要因素。他表示，这会对银行业的经营管理提出更高的要求。在外需不足和内需短期不振的双重压力下，产能过剩矛盾和企业经营困难加大，也让银行的信贷风险防控压力陡然上升。而利率市场化改革和人民币汇率形成机制改革步伐加快，将给银行业带来新的挑战。"银行业要克服发展瓶颈和体制障碍，必须全面深化改革"，尚福林指出。尚福林还指出，要规范发展理财融资，不断探索理财业务服务实体经济的新产品和新模式。

周小川：对影子银行实行有效监管

2014 年 2 月 22～23 日，20 国集团（G20）财长和央行行长会议在澳大利亚悉尼举行。周小川行长在会上表示，中国政府高度重视经济运行中存在的风险，参照和学习国际经验教训，对"影子银行"实行有效监管。中国"影子银行"总体规模不大，但近期增长较快，我们正谨慎应对。中国人民银行行长周小川在发言中简要介绍了当前中国经济金融形势，指出 2013 年中国经济增长有所放缓，GDP 实现同比 7.7% 的增幅，略低于近 10 年以来平均水平。经济放缓有如下原因：一是许多新的投资涌入基础设施建设项目，可能造成产能下降；二是政府更多鼓励兼顾环境保护，导致生产成本增加，但这也是政府鼓励绿色发展的好迹象；三是一些结构调整和改革有利于增强经济长期基本面，但短期内可能会有负面影响。中国政府将按照中共十八届三中全会的承诺继续推进结构改革，创造经济增长内生动力。周小川行长强调，中国政府高度重视经济运行中存在的风险，参照和学习国际经验教训，对"影子银行"实行有效监管。中国"影子银行"总体规模不大，但近期增长较快，我们正谨慎应对。当前债务占 GDP 比例上升，已经引起政府重视。家庭负债不高，公司债务偏高，高储蓄可能通过商业银行渠道拉动信贷增长和债务上升。中国政府将大力推动资本市场建设和完善，提高直接融资比例，但这将是长期工作。

保监会：险资投资股市比例提至三成

中国保监会 2014 年 2 月 19 日发布实施《关于加强和改进保险资金运用比例监管的通知》，系统整合了现行监管比例政策，其中规定投资权益类资产、不动产类资产、其他金融资产、境外投资的账面余额占保险公司上季末总资产的监管比例分别不高于 30%、30%、25%、15%。按照保监会之前的有关规定，保险公司投资证券基金和股票等权益类资产的比例不得超过该保险公司上季末总资产的 25%。此次险资投资权益类资产上限提至 30%，意味着保险公司可将更多的资金投入到股市上来获取收益。其规定，投资流动性资产、固定收益类资产无监管比例限制。投资单一上述资产的监管比例均不高于保险公司上季末总资产的 5%，投资单一法人主体余额的监管比例不高于保险公司上季末总资产的 20%。有分析指出，险资进入会不会成为一个长期投资者有待观察，从现在情况来看，很多资金希望持到扛顶的作用，但是事实上基金后来也进入短炒领域，因为这个市场波动太大，它如果不短炒，不进行对冲的话，基金的收益是没有办法保证的，很有可能险资进入之后，也进入一个短炒的区间。

国开行去年城镇化放贷近万亿元

据新华社消息，国家开发银行 2014 年 2 月 26 日发布的信息显示，截至 2013 年底，国开行资产规模突破 8 万亿元，2013 年全年发放城镇化贷款 9968 亿元，接近全行当年人民币贷款发放的 2/3。此外，在国际合作业务方面，过去一年，国开行深化上合组织、中国—东盟、金砖国家等多边金融合作，优化海外网络布局，推进一批重大周边互联互通基础设施项目，服务开放型经济体系建设。去年全年，国开行发放外汇贷款超过

1000 亿美元，国际业务贷款余额 2922 亿美元，资产质量继续保持优良。国开行董事长胡怀邦表示，国开行将以"改革"为主题，大力支持新型城镇化基础设施、保障性安居工程、产业结构调整和国际合作等国家重点领域，同时不断完善管理架构，全面加强风险管理，提高经营发展质效，进一步增强服务国家战略的能力。

央行首次发布理财产品进入银行间债市细则

央行金融市场司发布《关于商业银行理财产品进入银行间债券市场有关事项的通知》，规范商业银行理财产品投资银行间债市行为。这是央行金融市场司首次发布理财产品进入银行间债市的条件。央行规定，申请在银行间债券市场开立债券账户的理财产品，应以单只理财产品的名义开户，但理财产品由非本行的第三方托管人独立托管的，也可以理财产品系列或理财产品组合的名义开户。有分析认为，央行这条规定是为了防止利益输送的问题。理财产品的交易中，有一些理财部分的亏钱会被转到自营的部分消化掉，此外还可能出现一些倒腾非标资产的不规范行为。

北京人口控制：新一轮"堵"和"疏"

据《时代周报》报道，在 2013 年年底的中共十八届三中全会和中央城镇化工作会议提出"严格控制特大城市规模"。而今年年初的"两会"上，北京又启动了新一轮的人口调控。北京市副市长陈刚重申"市委市政府决心很大，坚决控制常住人口增长速度"。北京此轮调控尤其强调经济手段，除了重申首都功能疏解、城市规划优化，更加具体的"产业调控"、"以房管人"依然是重点。波及面最广的或是"以房管人"。2013 年开始的群租房整治可能将更猛烈。同年 9 月北京市就提出中心城区"坚决"停止新建商品住宅，严格控制旧城的新增规模，停止大拆大建。朝阳区也已表态不再大量建设商品房。而此前已多有讨论的地铁涨价和阶梯水价、电价的执行，也以期通过提高生活成本，挤出一部分外来人口。从已经公布的消息来看，"低端"产业及相关从业人口也将面临一轮"迁移"。"产业调控"具体体现为北京动物园服装批发市场等商品市场的外迁。北京市规划委表示，近期将重点启动中心城小商品市场整治和外迁工作，其中"动批"已确定外迁，选址方案包含北京市郊和河北，2014 年上半年会确定迁址地。据悉，其他准备外迁的还有南三环外的大红门批发市场和东二环附近的雅宝路批发市场。北京市委党校教授曾宪植接受采访时预计，随北京批发市场外迁的外来人口或达50 万～100 万人。中国国际经济交流中心常务副理事长郑新立不久前在受访时称，北京与河北已达成一项协议，北京将向周边疏散 500 万人。

上海自贸区启动跨境人民币支付

5个月前成立的中国（上海）自由贸易试验区，启动了支付机构跨境人民币支付业务，银联支付、快钱、通联、东方电子和盛付通5家支付机构获准与合作银行对接签约。中国人民银行上海总部2014年18日宣布了这一措施。据新华社消息，依托已有的后勤、港口和机场设施运营的上海自贸区，希望该项业务能结合金融自由化的其他措施，推动人民币国际化以及它在国际贸易中的使用。从现在开始，上述5家支付机构就可以在工商银行、中国银行、建设银行、招商银行、民生银行5家商业银行上海（市）分行开设人民币账户，进行跨境人民币支付业务。银联电子支付总经理孙战平表示，从消费者、结算组织、银行到商户，都是以人民币计价和结算（跨境交易），从而规避了汇率变动带来的风险。除了已批准的5家支付机构，预计未来还有更多支付机构加入。环球银行间金融通信协会的最新报告指出，至2013年底，人民币是国际贸易中的第八大货币。2013年12月全球使用人民币支付的国际贸易中74%的支付发生在香港。伦敦、多伦多、新加坡和台北等城市也希望成为国际业务人民币支付的地区中心。

16省争抢"丝绸之路经济带"机遇

习近平在2013年访问中亚四国期间提出了建设"丝绸之路经济带"的战略构想，引起了包括很多地方政府在内各界的广泛关注。在2月12日召开的湖北省委省政府专题座谈会上，湖北省政府研究了抢抓构建丝绸之路经济带战略机遇、推进湖北向西开放，与新疆博州产业共赢发展的意见措施。该会提出，湖北将"参与丝绸之路经济带的建设，完全有信心有所作为，实现互利双赢甚至多赢"。对丝绸之路经济带感兴趣的还有河南、山西、山东、湖南等地。山东、河南表述分别是，"积极参与丝绸之路经济带和海上丝绸之路建设"、"推动河南融入丝绸之路经济带发展"。有消息透露，已经有东部某省发展改革委系统领导到国家发展改革委对接，希望加入丝绸之路经济带以及海上丝绸之路的建设。目前国家发展改革委给予了初步同意的反馈。此前2013年12月14日，国家发展改革委和外交部举行推进丝绸之路经济带和海上丝绸之路建设座谈会，当时西部的9省市，东部5省市的相关领导参加。

2014年3月

国家新型城镇化规划发布

据新华社2014年3月16日消息，近日，国务院印发了《国家新型城镇化规划

(2014～2020年)》（以下简称《规划》），并发出通知，要求各地区各部门结合实际认真贯彻执行。通知指出，《规划》是今后一个时期指导全国城镇化健康发展的宏观性、战略性、基础性规划。城镇化是现代化的必由之路，是解决农业农村农民问题的重要途径，是推动区域协调发展的有力支撑，是扩大内需和促进产业升级的重要抓手。制定实施《规划》，努力走出一条以人为本、四化同步、优化布局、生态文明、文化传承的中国特色新型城镇化道路，对全面建成小康社会、加快推进社会主义现代化具有重大现实意义和深远历史意义。通知要求，各级党委和政府要进一步提高对新型城镇化的认识，全面把握推进新型城镇化的重大意义、指导思想和目标原则，切实加强对城镇化工作的指导，着重解决好农业转移人口落户城镇、城镇棚户区和城中村改造、中西部地区城镇化等问题，推进城镇化沿着正确方向发展。各地区各部门要科学规划实施，坚持因地制宜，推进试点示范，既要积极，又要稳妥，更要扎实，确保《规划》提出的各项任务落到实处。根据《规划》，我国将有序推进农业转移人口市民化，按照尊重意愿、自主选择，因地制宜、分步推进，存量优先、带动增量的原则，以农业转移人口为重点，兼顾高校和职业技术院校毕业生、城镇间异地就业人员和城区城郊农业人口，统筹推进户籍制度改革和基本公共服务均等化。

国务院多措施支持企业兼并重组

据中国政府网消息，2014年3月24日，中国政府网发布《国务院关于进一步优化企业兼并重组市场环境的意见》（以下简称《意见》），从行政审批、交易机制、金融支持、支付手段等全链条进行梳理革新，市场化力度超乎预期，企业兼并重组的生态环境将发生重大变革。据了解，这是继2010年国务院《关于促进企业兼并重组的意见》、2013年12部委《关于加快推进重点行业企业兼并重组的指导意见》等之后，国务院对兼并重组的又一重磅级政策，彰显决策层全力推动市场化改革的施政导向。工信部总工程师朱宏任解读《意见》时表示，中国产业结构不合理，集中度低，企业小而分散的问题仍十分突出，兼并重组仍面临审批环节多、时间长、跨地区跨所有制兼并困难、税收负担重、融资难等问题。新出台的《意见》主要着眼于优化政策环境，破除这些障碍。与2013年版的《意见》相比，此次兼并重组政策涉及的部委新增3个，共15个；且2013年版的《意见》主要针对9个重点行业，本次《意见》未限定具体行业，但明确了行业运行特征，产能严重过剩的钢铁、电解铝、玻璃、船舶等行业首当其冲。

发展混合所有制经济关键在细则

据经济之声《天下财经》报道，习近平总书记在2014年3月9日参加安徽代表团审议时指出，发展混合所有制经济，基本政策已明确，关键是细则，成败也在细则。要吸取过去国企改革经验和教训，不能在一片改革声浪中把国有资产变成牟取暴利的机会。自中共十八届三中全会进一步明确要积极发展混合所有制经济以来，关于混合所有制经济的讨论就不绝于耳。今年两会召开前夕，中石化率先在石化行业启动混合所有制改革，放开油品销售业务更是引起了广泛的讨论，而是否会吞并民营资本的担忧和国有资产是否会流失的顾虑也伴随其中。全国政协经济委员会副主任、民建中央副主席王永庆表示，国企改革从20世纪80年代初一直到现在，大概三十几年一直在做，这中间几经反复，虽然主流是好的，但也留下了国有资产流失的"后遗症"。对于这些担忧，习近平总书记给出了明确答案，发展混合所有制经济的关键是公开透明。国务委员王勇认为，在推进国企的混合所有制改革时，一定要加强监管、规范运作，在制度和法律的框架下运作。

中国加快发展对外文化贸易

国务院印发《关于加快发展对外文化贸易的意见》（以下简称《意见》），对加快发展对外文化贸易、推动文化产品和服务出口做出全面部署。《意见》在现行政策的基础上，从4个方面、15个分类全面系统地提出了支持对外文化贸易发展的政策措施。《意见》提出，要统筹国际国内两个市场、两种资源，加强政策引导，优化市场环境，壮大市场主体，改善贸易结构，在更大范围、更广领域和更高层次上参与国际文化合作和竞争，把更多具有中国特色的优秀文化产品推向世界。据《国际商报》报道，商务部服务贸易和商贸服务业司负责人指出，《意见》是我国对外文化贸易发展到一定阶段的经验总结，是新时期发展文化产业、推动中华文化走出去、提升开放型经济水平的重要举措。2003～2013年，我国文化产品进出口从60.9亿美元攀升至274.1亿美元，年均增长16.2%；文化服务进出口从10.5亿美元增长到95.6亿美元，年均增长24.7%。但同时，我国对外文化贸易在对外贸易中的比重偏低，核心的文化产品和服务贸易逆差仍然存在，文化企业参与国际竞争的能力还较弱，有待进一步改善和加强。

存款利率将在一两年内放开

据腾讯消息，央行行长周小川2014年3月11日表示，存款利率最终要放开，这也是利率市场化中的最后一步。存款利率放开在计划之中，在最近一两年就能实现。各种新型的业务方式也是对利率市场化有推动作用的。周小川是在"金融改革与发展"答记者问时做出此表态的。周小川表示，至于在利率市场化过程中，由于管理方式、宏观调控方式的改变，市场上肯定会出现一些新的过去没有过的机会，这些机会可能会在短期内带来稍高一些回报的机会，因此市场会追求这些机会，所以可能就会有利率在一定期间内有上行的可能性。但是随着市场配置资源和广泛竞争的存在，实际上利率最后还是会有总供给、总需求关系的平衡，个别的机会会慢慢变小。周小川在"两会"上接受采访时同时表示，存款保险制度今年有望推出。这也是央行层面首次给出存款保险制度出台的时间表。存款保险制度一直被看作是未来银行倒闭时对百姓存款的保护屏障。

锂电盛宴背后：产能过剩已陷入价格战

据《中国证券报》报道，过去一年，受"特斯拉"热刺激，无论是国家政策，还是地方政府，无论是海外市场，还是国内市场，"新能源汽车"都是绕不开的热门关键词，而"锂电"俨然成为人人欲图争抢的盛宴。2014 年 3 月 26 日，围绕新能源汽车，在广东东莞举行的锂电产业峰会异常热闹。据不完全统计，有超过 300 家企业及其负责人慕名前往。与此同时，大洋的另一边，由特斯拉引爆的热潮方兴未艾。据统计，2014 年 1 月，国内新能源汽车（包含 EV、PHEV、HEV）产量为 3190 辆，较上年同比上升 16%；2 月，产量为 1837 辆，较上年同比持平。预计 3 月，产量将达到 3000 辆，同比上升 12%；预计全年增长 30%。高工产业研究所预测，全球电动车市场将会在 2014 年下半年开始放量。动力电池市场将带动锂电池材料增长，随着电池的增长，材料企业将掀起新一轮的投入热，四大关键材料市场规模至 2020 年约为 2013 年的 4 倍左右。但盛宴背后的真相却显得残酷，由于缺乏核心技术、产能严重过剩，国内锂电企业已陷入欲罢不能的价格战。面对"流血"的行业无序竞争，锂电龙头企业试图通过 G20 的协会方式寻求自律合作。有分析指出，由锂电行业的第三方平台高工锂电来发起的 G20 锂电峰会的成立，有利于缓解目前行业内的乱战，促进行业的资源整合，实现把行业做大做强。

我国焦炭出口回升势头加速

据新华网 2014 年 3 月 28 日报道，2013 年，中国正式取消了焦炭 40% 出口关税和配额制度，转而实行焦炭出口许可制。受这两项出口政策调整的刺激，继 2013 年大幅增长后，2014 年前两个月中国焦炭出口回升势头明显加快。2013 年，中国焦炭及半焦炭出口量为 467 万吨，比 2012 年出口量增长了 358%。据海关总署统计，2014 年前 2 个月中国焦炭和半焦炭出口量已经超过去年全年出口量的 1/4，达到了 129 万吨。按收发货地口径统计，2014 年前两个月，山西生产的焦炭出口量为 124.6 万吨，占全国出口总量的 97.4%，是中国最主要的出口焦炭货源地。太原海关相关负责人表示，中国焦炭出口之所以出现恢复性增长，取消焦炭 40% 出口关税和配额制度起到了极大刺激作用，这使得中国焦炭出口成本下降，不少企业由挂靠经营焦炭出口改为自主经营，经营机制更加灵活，增加了拓展国外市场的积极性。

1400 亿元铁路投资项目获批

据《中国证券报》消息，近期国家发展改革委接连核准了新疆红柳河—淖毛湖、哈尔滨—牡丹江、哈尔滨—佳木斯、青岛—连云港、杭州—黄山 5 条铁路建设项目，总投资共计 1424.22 亿元。目前，部分线路已经开工，如广汇在新疆主导的红柳河—淖毛湖，已经基本建设完成，其余线路也在逐步推进。有分析指出，国家发展改革委在这个时点集中批复多个铁路投资项目，是在向市场释放稳定预期信号，也为今年铁路建设投资打下良好开局。此外，从地方政府热切建设城际铁路的现实来看，国家铁路中长期规划的四纵四横有可能最终实现八纵八横的大突破，铁路投资或有望在高位保持多年。

4 大行下调支付宝快捷支付限额

据人民网消息，2014 年 3 月 22 日，建设银行下调了其用户通过支付宝快捷支付网上消费及购买余额宝的额度，幅度从原先的单笔 5 万元降为 5000 元，每月不超过 5 万元。加上此前工行、农行、中行已经下调了用户使用支付宝快捷支付的额度，至此，四大行均已对支付宝快捷支付额度作出了下调。这意味着支付宝、理财通等"宝宝类"用户在使用快捷支付转账功能时将受影响。虽然四大行额度调整让"宝宝"用户购买"余额宝"多了不便，但也并没有完全堵住他们的理财之路。四大银行客服人员均表示，额度调整只是针对快捷支付，如果客户办理了网上银行，照样还是可以进行大额支付。其实，在建行之前，工、农、中 3 家国有银行便已下调了转账限额。其中，工行的额度由原先的单笔 5 万元下调为 5000 元，每月限额则从 20 万元降为 5 万元。中行、农行则将额度从原先的单笔 5 万元降为单笔 1 万元。综合来看，四大行对支付宝快捷支付的单笔额度和单日累计基本限制在万元以下，最低的仅为 5000 元。对于下调额度的原因，业内人士称，"是为了保护用户资金安全"。其实，对于不少用户来讲，银行此举从另一方面反映出余额宝等互联网理财产品对传统银行业务的巨大冲击，为了符合存贷比的监管要求，大银行也得"精打细算过日子"，同时，不断推出更多有利于消费者利益的产品来护卫"领地"了。

央行：互联网金融可注册制

据新浪财经讯，中国人民银行调查统计司副司长徐诺金在 2014 年 3 月 28 日的互联网金融大会春季峰会上表示，开展互联网金融一定要有准入管理，可以采取注册制。此外，互联网金融监管要侧重交易秩序，互联网金融企业要自担风险，鼓励充分竞争，反对垄断。徐诺金提出，互联网金融一定要管，不管会乱套，但要以开放的心态、尊重互联网的精神来监管。要相信这一代人的自信、自保和自管能力，以开放心态影响互联网金融的颠覆性创新。对于开放监管理念，他做了几点建议，包括开展互联网金融一定要有准入管理，不一定采取准入制，也可以采取注册制。此外还有监管要侧重交易秩序；要互联网金融自担风险，而不能转嫁给社会；鼓励充分竞争，反对垄断。演讲中他对互联网金融的评价很高，总结为9大突破和1个不变。

伦敦将设人民币清算银行

据《新京报》消息，在成为人民币离岸中心之后，下一步伦敦将开展人民币清算和结算业务，为在伦敦设立清算银行做铺垫。这是继中国香港、新加坡之后的第三家境外人民币清算银行。2014年3月27日，英国财政部表示，英格兰银行和中国人民银行已达成共识，将于3月31日签署在伦敦开展人民币清算与结算业务备忘录。英国财政大臣乔治·奥斯本称，将"很快"指派一家在伦敦的人民币清算银行。分析指出，此举将进一步加强伦敦作为西方人民币交易中心的地位。

拉加德：结构性改革将促进中国发展据第一财经日报报道，3月23日，在华访问的国际货币基金组织（IMF）总裁克里斯蒂娜·拉加德在清华大学发表演讲时表述："中国当前的增长模式使其成为世界制造中心。但经济依靠这种增长模式就只能走这么远了。"拉加德认为，在全球新经济持续增长的同时，各国相互联系越加紧密。美国应该尽快批准IMF份额改革，以使中国等新兴市场拥有更多该有的话语权。而对于中国未来的发展，拉加德表示，中国应该采取结构性改革措施以驱动经济增长，并释放发展潜力。"利率、汇率自由化，存款保险制度，对于影子银行的适度监管，这些措施都将重整中国的经济结构"。

河北明确京津冀协同发展战略

新华社消息，2014年3月26日出台的《河北省委、省政府关于推进新型城镇化的意见》明确，这个省将落实京津冀协同发展国家战略，以建设京津冀城市群为载体，充分发挥保定和廊坊首都功能疏解及首都核心区生态建设的服务作用，进一步强化石家庄、唐山在京津冀区域中的两翼辐射带动功能，增强区域中心城市及新兴中心城市多点支撑作用。按照拟定的《河北省新型城镇化规划》，这个省将打造京津保三角核心区，做大保定城市规模，以保定、廊坊为首都功能疏解的集中承载地和京津产业转移的重要承载地，与京津形成京津冀城市群的核心区。把首都周边的一批县（市）建设成规模适度、特色鲜明、设施完善、生态宜居的卫星城市，构筑层次分明、梯度有序、分工明确、布局合理的区域城镇布局结构。其中，保定市作为畿辅节点城市，利用地缘优势，谋划建设集中承接首都行政事业等功能疏解的服务区。做强产业支撑，以白洋淀科技城、京南现代产业基地、首都服务功能承接区为载体，发展高端装备制造、新能源、节能环保和临空经济、现代物流等产业，承接首都部分行政事业单位、高等院校、科研院所和医疗养老等功能疏解。着力做优城市环境，按照国际化标准抓好城市建设管理，提高综合承载能力，增强对驻京外迁企事业单位的吸引力。

广州将申报国家城镇化改革试点

据《南方都市报》报道，2014年在3月27日召开的广州市农村工作会议上，广州市市长陈建华透露，广州将推进申报国家城镇化改革试点。据悉，此前广州市已经制定了申报试点分工相关方案。广州市委书记万庆良表示，两年来，广州在规划体系、平台体系、重大基础设施建设等方面对推进城乡统筹发展进行了战略性、全局性谋划，特别是从化、增城撤市设区，从行政体系上打破了城乡分割的局面，为推进城乡一体发展奠定了坚实基础。在《国家新型城镇化规划》出台的背景下，广州提出申报国家城镇化改革试点引人关注。从公开资料看，广州申报国家新型城镇化改革试点工作已在上个月开始部署。今年2月中旬，广州市委常委会、市政府常务会议先后就全力推进广州市申报国家新型城镇化改革试点工作进行部署，形成《广州市申报国家新型城镇化改革试点分工方案（讨论稿）》。两天后，广州市发展改革委召集24个市有关单位召开广州市推进申报国家新型城镇化试点工作专题会议，明确专人负责并按照分工和时间节点推进相关工作。

原中央苏区振兴规划获批

中国政府网2014年3月18日披露，国务院原则同意《赣闽粤原中央苏区振兴发展规划》（以下简称《规划》）。发展目标是到2015年，赣南等原中央苏区在解决突出的民生问题和制约发展的薄弱环节方面取得突破性进展；到2020年，赣南等原中央苏区整体实现跨越式发展。目前市场态势相对较弱，对除自贸区外的其他区域发展规划敏感度较低。国务院批复提出，《规划》实施要着力承接沿海地区产业转移，推动产业结构优化升级；着力加快基础设施建设，增强发展的支撑能力；着力加快新型城镇化进程，促进城乡一体化发展；着力推进生态文明建设，提高生态保障能力；着力保障和改善民生，切实提高公共服务能力，努力走出一条欠发达地区实现跨越式发展的新路子，使原中央苏区广大人民早日过上富裕幸福的生活，确保与全国同步实现全面建成小康社会的

2015 中国投资报告
CHINA INVESTMENT REPORT

奋斗目标。有分析认为,《规划》获批对于江西、福建、广东 3 省未来的经济发展有着一定的带动作用,当地的基建及房地产也有望从中受益。但是对于市场而言,带动力度可能比较有限。首先本次区域发展规划覆盖范围比较大,3 省的协调对接相对比较复杂。另外,3 省份的发展路径也并不相同,因此方案的推动方面可能会相对缓慢。

湖南将全面整治亚洲最大雄黄矿

据新华网 2014 年 3 月 28 日消息,记者从湖南省环保厅了解到,针对当地突出的砷污染遗留问题,湖南省将对"亚洲最大雄黄矿"石门雄黄矿区进行全面整治。近期治理重点是加强污染环境的砷废渣处理,并将对矿区居民分步实施搬迁安置和全面进行一次体检和救治。位于湖南省常德市石门和张家界市慈利两县交界处雄黄矿,是亚洲最大的单砷矿区,矿区具有 1500 多年的开采历史,长期的采、选、炼矿产生的废气、废水无组织排放,废渣裸露堆积,对矿区周边环境造成严重污染,留下了沉重的治理包袱。雄黄加工后可入药,遇热会分解变成剧毒三氧化二砷,俗称砒霜。多年的开采使石门雄黄矿区积累了大量含砷废水、废渣,污染遗留问题突出。据石门县有关部门调查,砷污染已对居民的健康造成巨大危害。湖南省环保厅有关负责人透露,目前,《湖南石门典型区域污染土壤综合治理项目工程实施方案》已通过国家环保部组织的专家评审,规划批准后,将启动总投资 15 亿元进行全面整治。

2014 年 4 月

不动产登记时间表面世

2014 年 4 月 23 日,《经济参考报》报道,不动产登记时间表终于确定,国土部将在 2016 年全面实施统一登记制度。国土部还明确给出了时间表:在 2014 年建立统一登记的基础性制度,2015 年推进统一登记制度的实施过渡,2018 年前,不动产登记信息管理基础平台投入运行,不动产统一登记体系基本形成。目前我国尚无统一的登记机关负责各类登记,不动产统一登记的难度在于部门职能划分不清。包括房屋、林地、草地、普通建设用土地等不动产的登记分布在多个部门当中,不动产登记系统还需要和民政、公安、税务、银行等部门信息联网,突破"信息孤岛"。

营改增减税明显将扩大试点

2014 年 4 月 22 日,国家税务总局货物和劳务税司司长杨益民在国家税务总局的新闻发布会上指出，营改增是财税体制改革的"重头戏"。2014 年以来，税务部门在继续做好交通运输和部分现代服务业营改增试点工作的同时，顺利实施新纳入的铁路运输和邮政业营改增试点，目前整体运行情况良好。对于下一步的试点计划，杨益民称，将继续做好铁路运输和邮政业营改增试点工作，逐步在电信业、生活服务业实行营改增试点。将与财政部一起做好上半年电信业营改增试点的准备工作，并抓紧制定在生活服务业实施以及在建筑业和不动产开展营改增试点的方案。1 季度全国因实施营改增减税375 亿元。其中，试点纳税人因税制转换减税 161 亿元，非试点纳税人因增加抵扣减税214 亿元。自实行营改增试点以来，全国已累计减税 2203 亿元。

能源发展新战略确立

2014 年 4 月 18 日，中共中央政治局常委、国务院总理李克强主持召开新一届国家能源委员会首次会议。李克强在会上强调，国家将开工一批核电、特高压输电、大水电等重大能源项目。由此释放的政策信号表明，未来重大能源项目投资或将有所加快，但与以往不同的是新增投资规划将会更加综合考量，既利当前又谋长远，侧重经济转型和结构调整。转变经济发展方式亟须推动能源生产和消费方式变革。从生产和消费两方面着手，大力实施节约优先战略，以较少的能源消耗促进经济社会较快发展，这是本次会议传递出的新信号、新要求。实施节约优先战略，需要发挥政府和市场"两只手"的作用。让市场价格杠杆反映能源稀缺程度，促进企业和个人增强节能意识。同时，政府加强立法并严格执法，促使能源利用效率提高。面对我国处于高位的能源对外依存度。李克强指出，要立足国内，加大陆上、海洋油气勘探开发力度，创新体制机制，促进页岩气、页岩油、煤层气、致密气等非常规油气资源开发。这表明，优质能源勘探将获得高速发展，随着行业投资加速，能源供应能力将逐步增强。国内能源开发将在开放格局中掌握发展的主动权，勘探相关产业链也将大举受益。

境外投资项目核准权限进一步下放

2014 年 4 月 22 日，国家发展改革委发布《境外投资项目核准和备案管理办法》（以下简称《办法》）。大幅缩小了境外投资项目核准范围，对一般境外投资项目实行备案制。《办法》规定，根据《政府核准的投资项目目录（2013 年版）》，境外投资项目不再区分资源类和非资源类，除涉及敏感国家或地区、敏感行业的项目，将国家发展改革委核准权限统一提到中方投资 10 亿美元及以上，中方投资 10 亿美元以下项目一律实行备案。已在境外设立的中资企业在境外实施的再投资项目，如不需要境内投资主体提供融资或担保，不再需要办理核准或备案。《办法》明确对于需要国家发展改革委核准或由国家发展改革委报国务院核准的项目，地方企业直接向所在地的省发改委提交项目申请报告，由省发改委提出审核意见后上报国家发展改革委核准，属于国家发展改革委备案的项目也采取同样程序，不再要求地方企业按照县、市、省层层申报。

券商牌照将大规模发放

证券公司牌照持续近 16 年的严格管制很快将成为历史。财新网报道，中国证监会将于年内向社会开放一批单项/专业证券公司业务牌照，涵盖并购财务顾问、资产管理、自营和投资顾问等。此项工作 2013 年曾接近突破，今年又重新进入日程表。综合性券商则将在《证券法》修订后降低新设和参股的准入门槛。"新设券商主要不会是综合性券商，而是一些轻资产券商，以单一牌照和部分牌照为主，比如并购券商、投行券商等"，接近证监会的人士表示。市场也对证券牌照表现出浓厚兴趣。公募基金中，嘉实基金已经酝酿相关方案，拟在深圳前海参与设立新的证券公司；私募股权投资机构昆吾九鼎则特别关注券商并购顾问业务牌照。

盐业改革提速

国家发展改革委 2014 年 4 月 21 日发布公告，根据《国务院关于第六批取消和调整行政审批项目的决定》和《国务院关于取消和下放一批行政审批项目的决定》，现决定废止《食盐专营许可证管理办法》，自公布之日起执行。中国盐业协会随即解读称，取消食盐专营许可证管理办法不等于取消食盐专营，国家发展改革委废止的是其已经不操作的 3 证办理程序《食盐专营许可证管理办法》规章，不是代表国务院废止食盐专营制度的《食盐专营办法》行政法规。有分析指出表示，这是一个令从业者振奋的消息，是国家推进盐业政企分开的又一个信号。上海彭旨平律师事务所律师邹佳莱也认为，尽管本次国家发展改革委的文件只意味着权力下放，但从长远看，随着盐业行政体制改革的推进，盐务局与盐业公司"政企合一"的局面将被改变。

中国向社会资本开放 80 个基建项目

中国将面向社会资本开放 80 个基础设施示范项目，以提振正在放缓的经济速度，并让私营资本扮演更重要的角色。2014 年 4 月 23 日，国务院总理李克强主持召开国务院常务会议，决定在基础设施等领域推出一批鼓励社会资本参与的项目。首批推出 80 个符合规划布局要求、有利转型升级的示范项目，面向社会公开招标，鼓励和吸引社会资本以合资、独资、特许经营等方式参与建设营运。这 80 个项目集中在铁路、产业等交通基础设施，新一代信息基础设施，重大水电、风电、光伏发电等清洁能源工程，油气管网及储气设施、现代煤化工和石化产业基地等方面。会议指出，让社会资本特别是民间投资进入一些具有自然垄断性质、过去以政府资金和国企投资为主导的领域，有利于加快投融资体制改革，推进投资主体多元化。下一步，国务院还将推动油气勘查、公用事业、水利、机场等领域扩大向社会资本开放。

开放天然气储备投资

2014 年 4 月 23 日，国务院办公厅转发了国家发展改革委《关于建立保障天然气稳定供应长效机制若干意见》（以下简称《意见》），提出为增加国内天然气供应，各类市场主体可平等参与储气设施的投资、建设和运营。"对独立经营的储气设施，按补偿成本、合理收益的原则确定储气价格"。这意味着，中国天然气价格机制将进一步市场化。近年来，随着城市的快速扩张，"煤改气"导致用气量大增，中国天然气供应缺口逐年加剧。《意见》指出，近年来，中国天然气供应能力不断提升，但是，一些地区时常出现供气紧张，民生用气保障亟待加强。主要问题有三个：一是消费需求快速增长；二是需求侧管理薄弱；三是调峰应急能力不足。针对上述问题，《意见》首先明确将增加天然气的供应量。主要的办法是：一是对天然气尤其是页岩气等非常规油气资源，将加大勘探开发的政策扶持力度；有序推进煤制气示范项目建设；落实税收政策，鼓励开发低品位、老气田和进口天然气。二是通过控制"煤改气"工程的规模，避免短期内天然气需求急剧提升。三是开放民间储气投资，理顺天然气价格机制。

铁路投资重回 7000 亿元高位

年度投资一再追加，市场对于中国铁路的观望气氛仍然浓重。据《第一财经日报》从中国铁路总公司相关部门确认，2014 年 1 季度全国铁路完成基本建设投资 545.1 亿元，同比增加 119.2 亿元、增长 28.0%。中国铁路总公司总经理盛光祖公开表示，2014 年全国铁路固定资产投资增加到 7200 亿元。历经 3 年低位徘徊后，中国铁路重回 7000 亿元以上投资高位。尽管 1 季度数据同比实现增长，但相较于 7000 亿元的年度投资，这一数据显然不够"优秀"。最近中国铁路总公司人士接受采访时称，随着融资改革的迫切，铁总将出台多项涉及核心利益松动的措施，以激活市场投资热情，铁路发展基金和价格改革在上半年就能看到重大突破。

涉 9000 亿元投资特高压年内开建

2014 年 4 月 18 日，国家能源委员会召开了第二次全体会议，这也是国务院总理李克强担任本届政府国家能源委员会主任以来，召开的首次全体会议。李克强总理强调，今年要按规划开工建设一批采用特高压和常规技术的"西电东送"输电通道。国家能源委员会专家咨询委员会主任张国宝支持发展特高压，他说，在成为世界第一大装机容量大国后，中国发展高效的特高压电网是非常必要的。能源专家韩晓平认为，这一批特高压投资将涉及约9000亿元。

央行、银监会出手互联网金融监管

据《上海证券报》报道，2014年3月24日，央行终于正式对外摆明态度——鼓励互联网金融发展创新的理念、方向、政策不会改变。央行明确了互联网金融监管必须遵循五个原则：一是互联网金融创新必须坚持金融服务实体经济的本质要求，合理把握创新的界限和力度；二是互联网金融创新应服从宏观调控和金融稳定的总体要求；三是要切实维护消费者的合法权益；四是要维护公平竞争的市场秩序；五是要处理好政府监管和自律管理的关系，充分发挥行业自律的作用。纵贯五项原则的根本，是宏观调控部门一直强调的底线思维。"互联网金融是创新的产物，既然是创新，就肯定有失误和风险。我们既要包容失误，又要防范风险，坚持底线思维，才能处理好创新、发展与风险之间的关系。"央行副行长刘士余也强调了这一理念。另据每日经济新闻报道，近日，银监会和央行联合下发了《关于加强商业银行与第三方支付机构合作业务管理的通知》（以下简称"10号文"），要求规范商业银行与第三方支付机构的合作。监管层主要从保护商业银行客户信息安全，保障客户资金和银行账户安全角度，明确了20条监管规定，并要求商业银行在今年6月30日之前，做好相应制度和合同修订（与第三方支付机构）工作。"10号文"要求银行要对客户的风险承受能力进行评估，以确定客户与第三方支付机构相关的账户关联、业务类型、交易限额等，包括单笔支付限额和日累计支付限额。针对此次监管层出手整顿商业银行与第三方支付机构的合作模式，有分析认为，随着互联网金融的发展，传统的业务合作模式和双方利益面临再平衡。

我国外汇储备达 3.95 万亿美元

中国人民银行2014年4月15日公布的数据显示，截至2014年3月末，国家外汇储备余额为3.95万亿美元，占到全世界外储总量的1/3，比世界第二的日本多了2.85万亿美元。外汇储备，指一国政府所持有的国际储备资产中的外汇部分，即一国政府保有的以外币表示的债权。根据数据，截至2013年年末，国家外汇储备余额为3.82万亿美元，比2012年年末增长了5097亿美元，年增幅创出历史新高。分季度来看，去年1季度中国外汇储备增加约1300亿美元，相当于前年全年外汇储备增幅。去年2季度外汇储备增幅出现明显放缓，增加约600亿美元，去年3季度外汇储备增加约1600亿美元，出现 2011 年 2 季度以来国家外汇储备的最高季度增幅。

外国保险公司在华并购放宽

外国保险公司在中国拓展业务一直面临挑战，但有迹象表明，中国正在对它们进一步开放市场。中国保险监督管理委员会 2014 年 4 月公布，从 6 月开始，包括国内外公司在内的所有保险公司可控制两个经营同类业务的保险公司。现在各家保险公司可拥有一家寿险公司以及一家财产和意外保险公司，但不能控制一家以上经营同类业务的保险公司。投资者也可通过贷款等融资方式进行收购，规模不能超过货币对价总额的 50%，而不是只能用自有资金收购。放松中国保险业交易限制可能会扩大外国投资者在该行业的发展空间。

新疆：未来能源资源陆上大通道及战略基地

据《中国证券报》援引新疆自治区发改委的规划称，新疆将被打造成中国能源资源陆上大通道及战略基地。由新疆自治区发改委牵头提出的丝绸之路规划草稿表示，建议落实差别化产业政策，建设东联西出的能源资源加工基地；扩大原油和天然气进口配额，鼓励和支持各类企业参与境外原油、天然气和非常规油气资源开发利用，提高油气资源在新疆就地加工的数量和深度。"未来新疆将加快 国家大型油气生产加工和储备基地、大型煤炭煤电煤化工基地、大型风电基地和国家能源资源陆上大通道建设，形成比较优势明显的能源密集型产业承接转移聚集区和进口资源加工区"，参与方案设计的专家分析。

上海自贸区 51 条金融细则渐次落地

2014 年 3 月 25 日，据新华网报道，上海金融办主任郑杨在中国（上海）自贸区金融创新案例发布会上表示，上海自贸区金融开放创新制度框架体系已基本形成，截至目前，一行三会已出台 51 条金融支持上海自贸区有关政策细则和措施。郑杨表示，央行已经出台了支付机构跨境人民币支付、扩大人民币跨境使用、小额外币存款利率上限放开、深化外汇管理改革、"二反"（反洗钱、反恐融资）等 5 项金融实施细则；银监会已正式发文，允许获得离岸业务资格的 4 家中资银行授权自贸区内分行开办离岸业务；最近保监会已基本同意涉及国际业务的保险条款允许使用英文和国际协会条款，目前正在积极研究如何利用自贸区扩大保险资金境外投资使用。郑杨还表示，各类市场主体正在上海自贸区建设若干个面向国际的市场平台。目前，上海期货交易所已在自贸区设立国际能源交易中心，有关原油期货产品的开发已基本完成，预计年内可以推出。上海黄金交易所计划在自贸区内设立国际交易平台，得到央行的大力支持，平台建设有望在年内完成。

2014 年 5 月

定额存单将获准发行

2014 年 5 月 26 日，知情人士对《华尔街日报》表示，中国央行不久将允许银行面向个人和企业发行大额定存单，规避利率管制。一位银行业消息人士称，定存单最低投资额将定在人民币 10 万元（约合 1.6 万美元），利率将略高于相同期限的定期存款利率。银行最早将在 5 月末试点发行定存单，以便将这一金融产品逐步引入市场。银行业消息人士称，将有超过 10 家银行参与试点。他们表示，在试点阶段，1 年期定存单的利率将设在 3.4%，略高于目前最高 3.3% 的银行 1 年期存款利率。

30 余个城市允许调整房地产限购政策

据《上海证券报》报道，中国正计划允许 30 余个库存过大的城市调整房地产限购政策。报道援引一名接近住建部权威人士的话称，房价依然坚挺的北上广深等一线城市不会调整限购政策。

民资外资均可参与首批基建开放项目

国家发展改革委 2014 年 5 月 21 日公布了首批鼓励社会资本参与的 80 个基础设施项目，涵盖铁路、公路、港口等交通基础设施，新一代信息基础设施，重大水电、风电、光伏发电等清洁能源工程，油气管网及储气设施、现代煤化工和石化产业基地等。

宽带接入业务拟向民资开放

2014 年 5 月 14 日，工信部部长苗圩透露，将进一步向民间资本开放通信市场，目前已草拟了宽带接入网业务试点方案，完善后适时推出。民营企业最快今年下半年可向工信部提出申请。据业内专家分析，此次工信部在"宽带中国"战略实施的大背景下，酝酿出台宽带接入网业务试点方案，有望激活宽带市场的竞争力。另外，自 2013 年 12 月以来，工信部向三大运营商颁发 4G 牌照的同时，还向中国移动发放了固网运营牌照。种种举动都给宽带市场格局增加了变数。

2000 亿元建 12 条输电通道

据财经网 2014 年 5 月 12 日报道，一份由电力规划设计总院制定的电网投资方案，已经通过了中国国际工程咨询公司的评估，很快也将获得国家能源局的批复。这份方案涉及投资超过 2000 亿元，内容包含建设 12 条贯穿中国东西部的输电通道，将内蒙古、山西、陕西和云南等地的电力资源向京津冀、长三角和珠三角地区输送，用以解决这些区域日益严重的雾霾和电力短缺问题。这 12 条通道包含 4 条特高压交流工程、5 条特高压直流工程和 3 条 ±500 千伏输电通道，这意味着，特高压交流获得国家能源局放行，多年来围绕交流特高压的争议终有定论。这 12 条输电通道是国家能源局围绕《大气污染防治行动计划》出台的配套措施。2014 年 2 月，国家能源局局长吴新雄主持召开落实大气污染防治有关工作专题会议上就已经提及年将加快 12 条输电项目建设进程。

京津冀在地交界处共设金融试验区

据新华网 2014 年 5 月 19 日报道，京津冀三地金融部门正酝酿在三地交界处共设"金融试验区"，尝试通过金融改革与创新助推三地实体经济发展。天津金融办副主任李克强表示，京津冀三地金融办正在调研，计划在北京大兴、河北廊坊和天津武清三地交界地区联合设立小范围的金融创新试验区，目前试验区相关细节正在协商中。有市场人士说，按目前政策比如修路，如果一条路穿过京津冀三个地区，就要分别找三家银行贷款；又比如小额贷款公司，在哪个地区设立就只能在哪个地区放贷经营，"如果设立试验区，就有可能根据金融机构和企业发展的需求，探索一些改革创新措施"。此外，三地金融一体化还将有望推动实现企业信用评级一体化，既能更好服务于整个区域经济，同时有利于打击非法集资。当前，一些公司注册地、经营地和资产藏匿地分设在三个地方，使得跨境打击难度加大，信用体系的共同建设，将能有效对其进行遏制。

陕西谋划国家航空城试验区

据《21 世纪经济报道》报道，近日，中国民航局在给陕西省政府的复函中，对设立西安国家航空城试验区表示支持，并将积极协助陕西省建设丝绸之路航空枢纽。陕西省下一步将继续推动试验区申报工作，在航空、口岸、金融、财政、税费等方面争取国家更多政策支持。按照《西安国家航空城实验区发展规划（2013～2025 年）》，其几大战略定位是丝绸之路经济带对外开放国际门户、临空现代服务业引领区、现代航空高端制造科研聚集区、国际内陆型空港城市示范区等。试验区面积 146 平方公里，以西安咸阳国际机场、西咸新区空港新城为核心区。根据规划，2020 年初步建成临空经济产业体系，开放门户地位基本确立，城市框架基本形成；2025 年试验区将全面建成。

2014 年 6 月

国务院：加速东部向中西部产业转移

2014 年 6 月 25 日，国务院总理李克强主持召开国务院常务会议，确定促进产业转移和重点产业布局调整的政策措施。有评论认为，中西部地区将会推出有利于产业承接的重大项目。从国家层面来看，促进产业转移和重点产业布局调整，是对西部大开发战略以及打造"新丝绸之路经济带"的有力政策支撑，也是推进产业结构调整、加快经济发展方式转变的必然要求。把培育新的区域经济带作为推动发展的战略支撑，是今年《政府工作报告》中确定的一项重要工作内容。在国家政策层面，营造承接产业转移的良好"硬环境"和"软环境"，对于中西部地区弥补薄弱环节，东部地区加快产业创新升级，进而实现整体经济提质升级，意义重大。

国土部酝酿调整耕地保有量

2014 年 6 月 25 日，国土部表示，要求依据第二次全国土地调查成果数据，适时调整耕地保有量、基本农田保护面积和建设用地规划规模。第二次全国土地调查显示，我国耕地实际保有量超过 20 亿亩，距 18 亿亩耕地红线还有 2 亿亩余量，但个别地区耕地总量却不增反降，耕保压力加大，用地腾挪空间也将受限。其中，北京、上海和天津这三大直辖市境况最差，距离突破 2020 年的耕地保护指标已经是"咫尺之遥"。若最终突破红线，按照我国相关规定，省级政府负责人将被问责。

中国今年有望成为净对外投资国

联合国贸发组织 2014 年 6 月 24 日发布的《世界投资报告》表示，中国对外投资（包括金融领域投资）将很可能在今年超过吸引外资的规模，中国有可能跻身净对外投资国。报告指出，2013 年，中国全年吸引外资达 1239 亿美元，较上年增长 2.3%，居全球第二位，与位居全球第一的美国距离进一步缩小。同时，中国对外投资达 1010 亿美元，较上年增长 15%，成为美日之后的全球第三大对外投资国。截至 2013 年底，中国对外投资存量达 6136 亿美元，全球排名从 2011 年第 17 位上升至 2013 年的第 11 位。

中企海外矿产业投资亏损比例达八成

中国矿业联合会数据显示，仅 2013 年中国海外购矿即突破百例，中国资本流向超过 36 个国家。然而，随着购矿规模增大，矿业项目投资亏损比例却达 80%。业内专家认为，企业亏损的原因复杂多样，主要与投资过于盲目、对当地环境不了解等因素有关。截至 2014 年 5 月，中国累计非金融类对外直接投资 5565 亿美元。2014 年 1～5 月，中国境内投资者又对全球 146 个国家和地区的 2766 家境外企业进行直接投资。瑞银等机构数据显示，从项目金额来看，矿产资源类投资占中国对外投资的 1/3 左右。

核电产业将在中国能源行业 "一枝独秀"

国家发展改革委在 2014 年 6 月 24 日召开的会议上表示，将加快步伐核准一批核电项目。此前，中央已经多次重申和强化"将适时重启沿海核电"的必要性。最近的一次是在 6 月 13 日召开的中央财经领导小组第六次会议上，习近平总书记要求，在采取国际最高安全标准、确保安全的前提下，抓紧启动东部沿海地区新的核电项目建设。多名中国核电企业的内部人士此前就表示，辽宁大连红沿河 2 期、辽宁葫芦岛徐大堡 1 期、山东海阳 2 期、浙江三门 2 期、广东陆丰 1 期和山东荣成示范项目，将优先得到国家发展改革委的核准。中投顾问新能源行业研究员萧函认为，核电产业的发展有很强的经济效益、环保效益和社会效益，国家层面重启沿海核电的决定可以理解，在经济增速放缓、投资萎靡的情况下大力推动核电项目上马也符合市场预期。尽管业内对于内陆核电、核电技术还有争议，但核电产业大发展的态势仍不可阻挡，目前没有任何政策是要收缩核电，该产业将在中国能源行业"一枝独秀"。

外币利率市场化走出自贸区

从 2014 年 6 月 27 日起，小额外币存款利率上限的改革试点由上海自贸试验区扩大到上海市。这是第一项走出自贸试验区、推广复制到区外的金融改革政策。与此同时，上海地区各家机构成立金融机构利率定价自律组织，建立良好的信息沟通和协商机制。央行表示，放开小额外币存款利率上限改革在上海市的全面复制推广，将为下一步在全国推进这项改革探索积累经验。"这项政策是人民币存款利率市场化的一次预演"，招商银行金融市场部高级分析师刘东亮表示。

央行酝酿取消 QFII 资格和额度审批

2014 年 6 月 11 日，央行发布《中国人民银行年报 2013》指出，条件成熟时，将取消 QFII 和 QDII 资格和额度审批。将研究建立境内外股市的互联互通机制，逐步放宽境外机构境内发行人民币债券限制。央行表示，加快实现人民币资本项目可兑换面临相对良好的国内外条件。从国内看：中国经济实力显著增强，宏观经济环境较为平衡；金融业改革成效显著，金融部门整体稳健，抵御风险能力大幅提升；人民币资本项目可兑换已经取得积极进展，为最终实现可兑换打下了良好基础。从国外看：发达经济体经济复苏趋好，整体上有利于中国推进人民币资本项目可兑换；此次金融危机以来，国际上普遍认为资本项目可兑换是一个有弹性和调整空间的制度安排，实现可兑换后也可对资本流动进行必要的管理，显然有助中国妥善应对资本项目开放后的潜在风险。

部分领域金融风险突出

2014 年 6 月 25 日，央行副行长刘士余在第十二届全国人民代表大会常务委员会第九次会议上，作《国务院关于加强金融监管防范金融风险工作情况的报告》时指出，当前我国金融体系运行稳健，金融风险总体可控。但由于我国经济发展面临的不确定性因素较多，稳中有忧，稳中有险，经济结构调整的任务十分艰巨，部分领域或地区的金融风险还比较突出。刘士余说，下一阶段继续加强对地方融资平台债务、各类影子银行业务、企业互保联保等风险领域的监测分析，动态排查风险隐患，督促金融机构及有关方面做好各种情境下的应对预案。刘士余透露，加快建立存款保险制度，研究制定金融机构破产条例，对严重违法违规、经营不善导致资不抵债的金融机构依法实施市场退出。

2014 年 7 月

新政策助力新能源汽车推广应用

中国政府网 2014 年 7 月 21 日公布了《关于加快新能源汽车推广应用的指导意见》（以下简称《意见》），《意见》明确以纯电驱动为新能源汽车发展的主要战略取向，重点发展纯电动汽车、插电式（含增程式）混合动力汽车和燃料电池汽车，以市场主导和政府扶持相结合，建立长期稳定的新能源汽车发展政策体系。鼓励在停车场（位）等现有建设用地上设立他项权利建设充电设施。利用现有建设用地新建充电站的，可采用协议方式办理相关用地手续。政府供应独立新建的充电站用地，其用途按城市规划确定的用途管理，应采取招标拍卖挂牌方式出让或租赁方式供应土地，可将建设要求列入供地条件，底价确定可考虑政府支持的要求。电价方面，《意见》明确提出，充电设施经营企业可向电动汽车用户收取电费和充电服务费。2020 年前，对电动汽车充电服务费实行政府指导价管理。

铁路建设基金年规模有望达 3000 亿元

据中国证券报报道，国家发展改革委 2014 年 7 月 8 日正式印发《铁路发展基金管理办法》。规定，铁路发展基金存续期 15～20 年，中国铁路总公司为基金发起人及政府出资代表人，同时吸引社会资本；基金中不低于 70% 的资金用于充当国家铁路项目资本金，其余资金将投资于土地综合开发等经营性项目。业内人士预计，2014 年、2015年的铁路建设基金年募集规模有望达到 2000 亿～3000 亿元，资金杠杆作用下，其撬动的铁路固定资产投资年均有望达到 4000 亿～6000 亿元。

全面户籍改革启动

据《人民日报》报道，2014 年 7 月 30 日，《国务院关于进一步推进户籍制度改革的意见》正式发布。要求，取消农业户口与非农业户口性质区分和由此衍生的蓝印户口等户口类型，统一登记为居民户口。全面放开建制镇和小城市落户限制，有序放开中等城市落户限制，合理确定大城市落户条件，严格控制特大城市人口规模。观察人士指出，伴随着户籍改革深化，存在半个多世纪、形成于计划经济时代的传统的户口身份识别将不复存在。此举是"重要进步"，不再以城乡标准划分户口，体现了改革的公平和正义，将促进实现公民权益的平等和一致性。

财税体制改革重点锁定 6 大税种

据《新京报》报道，近日召开的中共中央政治局会议审议通过了《深化财税体制改革总体方案》。财政部部长楼继伟表示，下一步改革重点锁定 6 大税种，包括增值税、消费税、资源税、环境保护税、房地产税、个人所得税。下一步营改增范围将逐步扩大到生活服务业、建筑业、房地产业、金融业等各个领域，"十二五"全面完成"营改增"改革目标，相应废止营业税制度，适时完成增值税立法。完善消费税制度。调整征收范围，优化税率结构，改进征收环节，增强消费税的调节功能。加快煤炭资源税改革。推进资源税从价计征改革，逐步将资源税扩展到水流、森林、草原、滩涂等自然生态空间。建立环境保护税制度。按照重在调控、清费立税、循序渐进、合理负担、便利征管的原则，将现行排污收费改为环境保护税。加快房地产税立法并适时推进改革。

煤化工政策闸门再度收紧

据《经济参考报》报道，在不顾环境风险盲目的地方投资潮涌下，刚刚出现松动的煤化工政策闸门再度收紧。2014 年 7 月 22 日，国家能源局下发《关于规范煤制天然气产业科学有序发展的通知》（以下简称《通知》），严格能源转化效率、水耗、排放等产业准入要求，禁止建设年产 20 亿立方米及以下规模的煤制天然气项目和年产 100 万吨及以下规模的煤制油项目；并提出，没有列入国家示范的项目，严禁地方擅自违规立项建设。根据公开数据显示，煤制油等均是每万吨需投资亿元，这意味着到 2020 年，煤化工投资额累计将超过千万亿元，甚至万万亿元。

互联网金融监管指导将出台

据《华尔街见闻》7 月 29 日消息，接近央行的人士向《证券时报》透露，互联网金融行业的顶层设计已基本成型。相关文件《关于促进互联网金融健康发展的指导意见》（以下简称《指导意见》）随时可能发布。据《指导意见》，央行将互联网金融定位为传统金融的补充，强调传统金融是主流。央行认为，互联网金融并未改变金融风险的本质，因此仍需加强监管。业内人士分析称，监管部门将会建立基本的监管制度和标准，把互联网金融按照第三方支付、网贷（P2P）、众筹、互联网保险等进行分类，央行、银监会、证监会、保监会等各部门对互联网金融机构协作监管。

引更多民资"活水"进入民航业

2014 年 7 月 9 日召开的全国民航年中工作电视电话会议上，民航局局长李家祥提出要组建民航投资管理有限公司和设立民航投资基金，以吸引社会资本广泛参与民航建设。民航投资管理有限公司的成立以及民航投资基金的设立，将有效促进民航投融资体制改革，引更多民资"活水"进入民航业。李家祥称中国民航要引导航空公司开拓中西部和支线市场，改善低成本航空经营环境。要适度扩大航权开放，提高国际航线市场的贡献率。特别是重点配合"丝绸之路经济带"战略构想，推进西安、乌鲁木齐、银川、昆明的航权开放，研究完善周边国家和地区的航权开放政策。要研究出台关于规范和促进航空经济发展的指导意见，继续支持上海自由贸易试验区民航业务先行先试，促进京津冀地区航空运输协调发展；要努力克服体制障碍，千方百计地加快基础设施建设进度。

P2P 监管政策或 2014 年 8 月出台

据《南方日报》报道，目前 P2P 监管方案已经基本确定，目前已到银监会、人民银行和工信部会签环节，预计将在 2014 年 8 月出台。日前，银监会创新部主任王岩岫透露了银监会的五点监管意见，其中包括要设立准入门槛，不得以归集资金成立资金池，要完善平台收费机制、进行充分信息披露和对投资人进行风险评估等 5 个方面。王岩岫说，对于 P2P 的监管，既适用于互联网金融监管的总体原则，也要有一定的针对性。而最为重要的几项原则是要明确 P2P 的信息中介地位、对其设置准入门槛，严禁 P2P 汇集资金，明确收费机制，同时要对投资者风险进行评估。

特高压出海步伐加快

据《中国证券报》报道，2014 年 7 月 17 日，国家电网公司董事长刘振亚与巴西国家电力公司总裁科斯塔签署了《巴西美丽山特高压输电项目合作协议》。这是国家电网公司在海外中标的首个特高压直流输电项目。国网此前预计，该项目的回报率约为18%。因为市场运作方式不同，这一回报率要远远高于国内项目的收益。除了巴西，国网还在和印度洽谈特高压项目。与美丽山项目不同的是，在印度洽谈的是交流特高压技术。刘振亚曾表示，国家电网将在 2020 年前在国外投入 300 亿～500 亿美元，争取将海外资产在现有资产总量中的占比提高至 10% 左右。

中国积极开发北极航海运输及矿产资源

据英国经济学人网站报道，中国"雪龙"号科学考察船又于 2014 年 7 月 11 日开始了第六次北极破冰之旅，种种迹象表明，中国或已瞄准北极资源，寻求开发利益。中国极地研究中心杨惠根（音）主任预测，2020 年该航线将承担中国 5%～15% 的国际贸易运输业务，届时荷兰鹿特丹至上海的海运行程将缩减 22%。能源资源方面，中国作为格陵兰地区最大的矿产投资者，与俄罗斯石油公司达成协议一道开采北极近海区域的石油。但对于该区域沿海国家专属经济区内的海底资源，中国只能与相应的国家寻求共同开发。此外，2014 年 5 月，中国企业家黄怒波欲斥资 8000 万欧元在挪威建设度假村和旅游地产，大力投资北极圈，但由于北极石油、天然气和渔业资源一直是各国争夺的焦点，属于敏感地带，挪威当地报纸对该项投资表示不满。

两广携手建海上丝绸之路

据《第一财经日报》2014 年 7 月 17 日报道，国务院近日批复《珠江—西江经济带发展规划》（以下简称《规划》），提出要以推进协同发展为主线，以保护生态环境为前提，以全面深化改革开放为动力，坚持基础设施先行，着力打造综合交通大通道；坚持绿色发展，着力建设珠江—西江生态廊道。此次《规划》主要是针对广东和广西两省区。主要包括广西除北部湾的腹地区域和广东西部地区，这些地方目前经济发展水平不高，因此加快经济带的建设，也是为了通过黄金水道，加快西江沿岸的工业化和城镇化，促进区域平衡发展。

新疆设霍尔果斯市定位丝绸之路经济带

据《新疆经济报》2014 年 7 月 11 日报道，近日，国务院批复同意设立县级霍尔果斯市，由新疆维吾尔自治区伊犁哈萨克自治州管辖。新设立的霍尔果斯市位于亚欧大陆桥我国最西端，处于上海合作组织成员国与观察国整体区域在西部的核心位置。开发区面积约 73 平方公里（含兵团分区），其中霍尔果斯口岸 30 平方公里、伊宁园区 35 平方公里、清水河配套产业园区 8 平方公里。霍尔果斯经济开发区相关负责人说，霍尔果斯建市最直接的好处就是人口的快速增加和城市化进程的提速。

川东北经济区将建能源化工基地

四川省政府网站 2014 年 7 月 16 日发布《川东北经济区发展规划（2014～2020年)》（以下简称《规划》）。《规划》明确，将在经济区内构建以南充、达州为核心，沿江、沿线为发展带的"双核五带"城市群。《规划》提出，川东北经济区范围包括广元、南充、广安、达州和巴中 5 市 34 个县（市、区），幅员面积 6.4 万平方公里，发展定位是"一中心、两基地、两区"，即要将川东北经济区打造成川渝陕甘结合部的区域经济中心，建设国家重要的清洁能源化工基地、特色农产品生产基地、生态文化旅游区和川陕苏区振兴发展示范区。

武汉拟投资近千亿元打造长江中游航运中心

据新华社报道，2014 年 7 月 11 日，武汉市航运中心建设领导小组召开第一次小组会议。会议提出，到 2020 年，武汉计划投资 951 亿元，新建、续建 50 个航运重点项目，打造长江中游航运中心。据武汉新港管委会介绍，未来 6 年，"四平台、一特区、一主体"的综合航运产业集群将成为武汉建设长江中游航运中心的主要抓手。其中的一特区是指在七龙湖探索建立内陆首个航运产业"特区"，投资额达 200 亿元。"特区"拟定的建设面积为 26 平方公里，紧邻阳逻港集装箱核心港区，与花山港区、鄂州三江港区可便利往来。"特区"内集中布局新港海关、国检、航交所等机构，引入相对完备的航运服务功能，吸引航运企业总部、航运物流中心、船舶研发基地等项目进驻。

关中城市群城际铁路规划获批

据新华社 2014 年 7 月 4 日报道，国家发展改革委正式批复《关中城市群城际铁路规划》，同意建设以西安为中心，宝鸡—西安—渭南为主轴，覆盖 20 万人口以上城镇的城际铁路网，加快大西安发展步伐，加速关中城镇化进程，促进丝绸之路经济带的建设。按照规划，关中城际铁路网共包括 13 条线路，其中 3 条利用在建或已建线路，其余 10 条为新建线路。到 2015 年，陕西省将实施西安—阎良—富平—铜川和西安北—机场两条线路的建设，总长度 136 公里；到 2020 年，将再建成 4 条线路，分别是铜川—

黄陵—延安线、机场—法门寺线、西安—户县—周至—眉县—法门寺线和阎良—三原—泾阳—机场线，总长度近 500 公里。到 2030 年，以西安为核心的关中城际铁路网线规模达到 1484 公里，基本覆盖关中地区 5 市 1 区的 50 多个县区。

2014 年 8 月

多维政策缓解企业融资难

据新华社 2014 年 8 月 14 日报道，国务院办公厅近日印发《关于多措并举着力缓解企业融资成本高问题的指导意见》（以下简称《意见》），要求金融部门采取综合措施，着力缓解企业融资成本高问题，促进金融与实体经济良性互动。《意见》提出要优化信贷投向，为棚户区改造、铁路、服务业、节能环保等重点领域和"三农"、小微企业等薄弱环节提供有力支持。在社会整体资金链紧张的背景下，银行乱收费问题日益突出，不仅增加了企业融资成本，也给宏观调控带来干扰。《意见》提出，对于直接与贷款挂钩、没有实质服务内容的收费项目，一律予以取消。值得注意的是，为引导商业银行纠正单纯追逐利润、攀比扩大资产规模的行为。《意见》提出设立银行业金融机构存款偏离度指标，研究将其纳入绩效评价体系扣分项，约束银行业金融机构存款"冲时点"行为。银监会表示，下一步将按照意见的要求，在优化小微企业贷款服务、保持收费专项治理高压态势的同时，从抑制金融机构筹资成本不合理上升、完善商业银行考核评价体系、加快发展中小金融机构等各个方面继续着力，统筹推进，切实降低企业融资成本。

外企外汇资本金意愿结汇试点开启

2014 年 8 月 4 日，中国国家外汇管理局发布通知称，在天津滨海新区等 16 个地区开展外商投资企业外汇资本金结汇管理方式改革试点，对外商投资企业外汇资本金实行意愿结汇，以更好地满足和便利外商投资企业经营与资金运作需要。与之前发布的相关文件相比，"36 号文"主要的突破为：1. 在天津滨海新区等 16 个园区内试点意愿结汇制，试点园区内注册成立的外商投资企业可自行将外汇资本金结成人民币，并转入结汇待支付账户接受监管；2. 一般性外商投资企业（相对于投资性外商投资企业）可将资本金结汇用于股权投资。有文章同时指出，应该冷静看待"36 号文"，因要求结汇人民币资金纳入结汇待支付账户进行监管，银行对结汇待支付账户的收入和支出的监管原则，实质是从原来的外汇资本金结汇环节延伸到了结汇后的人民币资金使用环节。

国产医疗设备将获支持

据新华网北京 2014 年 8 月 19 日消息，工信部将用创新突破和推广应用相结合的办法，进一步推进国产医疗设备产业转型升级。工信部部长苗圩指出，未来将加强组织领导和顶层设计，制定出台推进国产医疗设备行业发展的专项行动计划，明确发展目标和重点支持领域，落实政策措施。围绕医疗卫生事业重大需求，突破一批关键医疗设备及核心部件。强化企业质量主体责任，严格生产流通环节质量监管，推动自主品牌创建和培育。进一步推进产需对接，充分发挥市场在资源配置中的决定性作用，努力改变产学研医脱节的情况。数据显示，到 2013 年底，我国医疗设备产业规模以上企业总销售收入达到 3287 亿元，"十一五"以来年均增长 27%，临床应用面广、使用量大的常规医疗设备都实现了国产化。

多地明确提高国企红利上缴比例

据中国新闻网 2014 年 8 月 21 日报道，新一轮国资国企改革正在进行，目前上海、北京、广东等多地已明确出台国资国企改革方案。多地在方案中提出，将合理确定并严格规范国企领导薪酬水平，并明确了提高国企红利上缴比例的时间表。上海提出，逐步提高国有资本收益上缴比例，到 2020 年不低于 30%；国资收益原则上按照产业调整发展、基础设施建设、民生社会保障各 1/3 安排支出。江苏提出，适当提高国有资本收益上缴比例。江西规定上述目标提前到 2018 年实现。江西的方案提出，建立覆盖全部国有企业、分级管理的国有资本经营预算和收益分享制度，逐步提高国有资本收益上缴公共财政比例，到 2018 年提高到 30% 左右。天津规定，逐步提高国有资本收益上缴比例，每年增加 1 个百分点；国有资本收益用于充实社保基金的比例由 50% 逐步提高到 65%。

国务院 35 条再推东北振兴

据《第一财经日报》报道，2014 年 8 月 19 日，中国政府网发布了《国务院关于近期支持东北振兴若干重大政策举措的意见》（以下简称《意见》），提出 11 方面 35 条政策措施，从基建项目、国企改革到产业支持等领域明确了扶持举措。有了解东北区域经济情况的知情人士表示，国家战略和区域发展的有效结合是《意见》的最大亮点。不论是财政政策、产业政策、国有企业改革等国家宏观层面的政策，都跟地方有了深度的对接，具体政策在落地上不是泛泛而谈，而是在具体的实施办法、资金支持等方面有了切实可行的方向。比如为确保各项政策落地，《意见》提出研究将东北地区具备条件的省市纳入地方政府债券自发自还试点范围，就引起了金融界的注意。与此同时，《意见》提出规划建设一批重大基础设施工程，则被解读为应对经济增长的燃眉之急。

三部委发文支持小微文化企业发展

据经济之声《央广财经评论》报道，2014 年 8 月 19 日，文化部、工信部、财政部联合发文《关于大力支持小微文化企业发展的实施意见》，分别从增强创新发展能力、打造良好发展环境、健全金融服务体系等提出支持发展的政策措施。这也是国家部委首次发文支持小微文化企业的发展。其从 5 个方面提出支持小微文化企业发展的政策措施。包括：培育小微文化企业的发展优势和创新意识；优化文化市场环境，加强人才培育，拓宽营销途径，推进小微文化企业创业载体建设；引导金融机构创新面向小微文化企业的金融服务方式；加大中央财政文化产业发展专项资金支持力度；加强公共服务网络建设，丰富社会组织服务手段等。

铁路土地开发方案落定

据《经济观察报》报道，2014 年 8 月 2 日，国土资源部副部长胡存智在出席某论坛时表示，最近由国土资源部，国家发展改革委、建设部、原铁道部共同起草的《关于支持铁路站场土地综合开发》的文件已经成型，并已出台，由国务院下发。胡存智指出，对轨道交通站场上盖、附近的土地进行综合一体开发，和铁路交通土地开发能形成综合开发新型城镇的格局，这是个方向，国土资源部会给予大力支持。这对将来京津冀城镇一体化可起到很好的支撑作用。胡存智说，支持发展综合交通体系，要配套支持以轨道交通为导向的新型城镇的发展，形成相互配套、衔接发展的城市群，使区内的经济交往、人员来往、经济活动强度高于区外。在人口众多的区域里，要支持以轨道交通为主的综合交通发展，按照轨道交通为导向的新型城镇发展，也会给予相应政策。

中国非化石能源投资比重大幅上升

据新华网 2014 年 8 月 19 日报道，一向以化石能源为主体的中国能源体系出现新变化，非化石能源投资出现大幅上升，非化石能源占电源总投资比重已达到 75% 以上。在 8 月 18 日甘肃酒泉市举行的第五届中国（甘肃）国际新能源博览会上，中国电力企业联合会秘书长王志轩表示，近年来中国在包括新能源在内的非化石能源发展方面取得了巨大成就。据了解，从年度完成的投资上看，2013 年，中国非化石能源占电源总投资比重已升至 75.1%，比 2005 年大幅提升 45.9 个百分点。王志轩说，非化石能源投入大增的同时，火电投资比重大幅度下降，2013 年煤电投资比重已经降至 19.6%。中国电力企业联合会最新公布的数据显示，中国非化石能源发电装机从 2005 年底的 1.25 亿千瓦迅速增加到 2013 年底的 3.94 亿千瓦，占总发电装机容量比重从 2005 年的 24.2%升至 2013 年底的 31.6%，其中并网风电 7548 万千瓦，占 6.1%，太阳能发电 1479 万千瓦，占 1.2%。

新兴媒体获支持

中央全面深化改革领导小组第四次会议于 2014 年 8 月 18 日上午召开，会议审议通过了《关于推进传统媒体和新兴媒体融合发展的指导意见》。会上，习近平主席强调，推动传统媒体和新兴媒体融合发展，要遵循新闻传播规律和新兴媒体发展规律，强化互联网思维，坚持传统媒体和新兴媒体优势互补、一体发展，坚持先进技术为支撑、内容建设为根本，推动传统媒体和新兴媒体在内容、渠道、平台、经营、管理等方面的深度融合，着力打造一批形态多样、手段先进、具有竞争力的新型主流媒体，建成几家拥有强大实力和传播力、公信力、影响力的新型媒体集团，形成立体多样、融合发展的现代传播体系。要一手抓融合，一手抓管理，确保融合发展沿着正确方向推进。

新一轮家电补贴政策或最快 2014 年 9 月启动

据人民网 2014 年 8 月 21 日报道，针对今年上半年家电行业持续下滑的态势，经过 1 年的搁置之后，家电企业几乎已"绝望"的家电补贴政策又有露头迹象。近日，有消息称国家将对高效节能家电产品启动新一轮政策性补贴，最快 2014 年 9 月就能启动。

家电节能补贴之所以被重新提起，源于国家发展改革委刊出的一篇文章，其中提到要鼓励节能减排技术创新与推广，征集、梳理节能减排先进技术，发布先进技术产品推广目录，实施"能效领跑者制度"，发布空调、冰箱等市场上能效最高的终端用能产品目录。据悉，和之前的家电下乡与节能补贴普惠制不同，该领跑者制度覆盖的范围仅仅是市场上能效等级较高的产品。具体形式为厂家自主申报，通过评审后再发放补贴，不会再像过去那样覆盖所有型号，补贴也仅仅是补贴给企业端，不涉及消费者层面。不过，家电行业研究者刘荷青分析认为，即便有"救市"的含义，但政府现在的思路是"鼓励优秀"带动行业升级。从这个角度看，"能效领跑者制度"很可能会使大型的家电企业受益更多。

煤炭业去产能化加速

据《上海证券报》报道，2014 年 8 月 21 日，国家发展改革委、国家能源局、国家煤矿安监局等三部委联合发布通知，遏制煤矿超能力生产。同一天，中国煤炭工业协会副会长姜智敏在青岛举行的 2014 中国煤焦钢产业大会上明确表示，中国首部《商品煤质量管理办法》将于本周正式实施，以有效提高煤炭质量，控制进口煤增长。三部委联合下发的通知指出，所有煤矿要按照登记公布的生产能力和承诺事项组织生产。煤矿年度原煤产量不得超过登记公布的生产能力，月度原煤产量不得超过月均计划的110%；无月度计划的，月产量不得超过登记公布生产能力的1/12。易贸资讯分析师张飞龙对上证报记者表示，三部委的联合发文体现了国家政策层对改善国内煤炭市场过剩现状的决心，而《商品煤质量管理办法》通过提高煤炭质量，控制进口煤增长，上述举措都是国家治理煤炭业组合拳的重要内容，意味着煤炭去产能化将加速推进。

2020 年入市险资可能超 5 万亿元

据《上海证券报》2014 年 8 月 20 日报道，近日出炉的保险"新国十条"，除对保险行业本身带来的巨大影响力，还有一个被忽视的"隐形红利"，即在使保险行业资产规模逐步增加的同时，也将为 A 股带来更多资金增量。按照保险"新国十条"的目标，保险深度（保费收入/国内生产总值）要从 2013 年的 3.3% 提高至 2020 年的 5%，保险密度（保费收入/总人口）要从 2013 年的 1265.7 元/人提高至 2020 年的 3500 元/人。目前保险行业年保费规模大致在 2 万亿元左右，考虑到 GDP 的增长，以及保险行业的增长潜力，业内人士预计，保险行业年保费规模有望在 2020 年达到 5 万亿元左右。业内人士预计，如果资本市场改革持续推进，预期保险业投入 A 股的占比可能会从目前的 10% 逐步提高至 15%，甚至 20% 以上，那么保险资金投入股市的规模就将达到 7 万亿~10 万亿元，甚至更多。这样的局面形成后，保险行业将有望成为稳定 A 股市场的中坚力量，并将长期推动股市稳健上涨。

浙企密集扩张金融版图

据中国新闻网 2014 年 8 月 19 日报道，近一个月，数家浙江企业先后成为国内财经媒体关注的焦点，他们被推上前的原因相似，加速各自金融布局。7 月 25 日，银监会批准温州民商银行筹建申请，主发起人正泰、华峰成为民营银行首批吃螃蟹者，万向及阿里巴巴亦快马加鞭；8 月 12 日，大智慧发布公告拟收购湘财证券，引出新湖系欲借湘财并购案控制大智慧的关注热点；8 月 15 日，万向旗下公司竞得浙商基金 50% 股权，拿下基金牌照。盛夏浙行渐远，浙企对金融的热情却丝毫没有退去之意，反而随着接连出招，关注度不断被推高。对此，知名财经评论人柯荆民认为："现在经济下行，主要是房地产下行，矿业也受到影响。民营企业除房地产、矿业资源，最大的一块投资应该就是金融了。从此意义而言，浙江企业今夏加快布局金融业，跟经济下行的形势有一定关系。浙江经济原来以民营为主的制造业为主，现在发展到一定程度，也遇到一定

"瓶颈"。在国家放宽金融管制的大背景下，民资更积极进入金融业，或是加快金融布局，是一种必需的选择"。

多地国企进军 P2P 领域

据中国新闻网 2014 年 8 月 19 日报道，继江苏、北京、陕西、安徽等地之后，广东国企也开始进军 P2P 领域。近日，广东金融高新区股权交易中心对外宣布，由其独资的 P2P "蓝海众投"即将上线。同时，广州金融控股集团有限公司控股 75% 的金控网贷也已开始公测，预计很快将正式上线。众多国资进军 P2P 现象说明"业界对 P2P 这种金融服务模式的基本认可"，零壹财经 CEO 柏亮表示。然而，一些业内人士担忧，众多国资进军 P2P 领域后，可能会带来担保甚至"刚性兑付"的市场预期，打破市场平衡。"在遭遇金融风险时，国企更容易选择兑付、妥协"，一位监管机构人士表示。

基金运营外包试水

《证券时报》记者 2014 年 8 月 19 日报道，证监会和中国基金业协会正在积极研究推进基金运营外包，相关细则指引最快有望年内出台。据知情人士透露，一家刚刚上报申请公募牌照的基金公司正在与一些能提供基金运营外包服务的公司接触洽谈，有意在公司成立后将中后台运营外包出去。同时，已经有券商瞄准了基金运营外包这一潜力市场，并为此专门设立了独立的子公司，打破原有的部门化模式。2014 年 6 月，证监会发布的《关于大力推进证券投资基金行业创新发展的意见》中提出，打造专业、高效的资产管理服务产业链，支持中小基金管理公司集约化经营，进一步降低运营成本。

万亿元低利率 PSL 启动棚改

据《第一财经日报》2014 年 8 月 18 日报道，最新消息显示，此 3 年期的 1 万亿元 PSL 今年支取的部分贷款利率为 4.5%，远低于当期银行贷款利率 6% 的水平。从国开行当前市场上的融资成本来看，最直接的受益者肯定是国开行，据业内人士分析，之所以专门提供 1 万亿元 PSL 给国开行用作棚改贷款，其实是希望将棚改作为拉动投资的启动点，所以其本身担负的是经济调控功能。国开行这两年的重点就是支持棚户区改造，所以棚改贷款发放量会比较大，但现在的一个问题在于如何防止棚改成为一个万能概念，成为众多地方申请廉价贷款的由头，尤其是如何防止这部分资金流入一些不符合贷款优惠条件的项目。

首只公募基金主动退市

据《上海证券报》报道，2014 年 8 月 16 日，汇添富基金发布公告称，旗下的汇添富短期理财 28 天基金拟召开基金份额持有人大会，讨论终止运作事项。若顺利通过执行，则该基金有望成为内地基金业首只主动申请退市的公募基金。分析人士表示，此次汇添富首开公募基金主动退出先河，对于行业树立资源合理配置观念、建立正常新陈代谢机制无疑有重要作用。银河证券的胡立峰认为，基金退市将是未来的"新常态"，过去传统审核制度下，对基金产品发行高度重视、高度期待的思维应该扭转。基金产品不是不能终止的，对于基金产品的关停并转应该持宽容观点。同时，新的体制也会鼓励各个基金公司更多地发行新产品，同时在一段时间后调整产品的运营状态，只要不损害投资者利益，这样的调整都是正常的。

中国 4 大很行发债 730 亿美元

据《华尔街日报》2014 年 8 月 18 日报道，8 月，中国 4 大银行已经开始了密集"补血"，计划以发债和优先股补充资本金的规模为 730 亿美元，未来 5 年这一数字有望扩大至逾 3000 亿美元。与此同时，5 家省级"坏账银行"的成立也将加速清理银行坏账。中国下定决心试图恢复金融系统健康状况，最近几年市场经历了信贷狂欢，银行体系风险不断累积。而清理坏账不仅可以为银行提供隔离屏障，减少资产恶化所带来的冲击，还可以重新放开资金闸口，刺激经济增长。半个月内，4 大行扎堆发债颇为罕见。商业银行补充资本金的办法，除了发债，还包括发行优先股。据统计，截至 8 月初，已经有浦发、农行、中行、兴业、平安和工行 6 家商业银行先后公布优先股发行计划，规模合计 3400 亿元。7 月末，酝酿已久的地方资产管理公司（AMC）平台试点也已出炉，银监会批准包括上海在内的 5 省市设立或授权成立 AMC，从金融机构购买不良贷款。首批试点省市还包括广东、浙江、江苏和安徽。

上海支持互联网金融企业上市

据中国经济网报道，8 月 7 日，上海市政府公布《关于促进本市互联网金融产业健康发展的若干意见》（以下简称《意见》）。《意见》明确，鼓励有条件的企业发展互联网金融业务，申请有关业务许可或经营资质；支持互联网金融企业在境内外多层次资本市场上市（挂牌）等。《意见》支持持牌金融机构向互联网金融领域拓展转型。支持银行业、证券业、保险业持牌金融机构积极开展互联网金融领域的产品和服务创新，提升金融服务广度、深度和能级。有专家表示，目前互联网 P2P 平台的风险包括 3 个方面：一是商业风险，如因借款人还不上或有意不还而造成的违约风险、超过基准利率 4 倍而不受保护的利率风险、用以处理赔偿的救济风险、征信体系尚未建立下的信用风险以及运营风险等；二是刑事风险，主要是非法集资风险。根据刑法和司法解释，非法集资形式风险主要有 7 类；三是行政风险。针对防范 P2P 借贷风险的措施，业内人士认为，应当从监管层和 P2P 主体两个角度来"发力"。对于监管层而言，一是推进利率市场化；二是建立完善的企业和个人征信体系；三是出台政策法规，建立法治环境。

北京民间投资快速聚集服务领域

据《科技日报》2014 年 8 月 15 日报道，从北京市统计局获悉，今年上半年北京民间投资实现快速增长，上半年全市完成民间投资 1141.6 亿元，同比增长 27.5%，占全社会固定资产投资的比重为 38%，比上年同期提高 6.3 个百分点。其中科技服务、商务服务、信息服务领域投资增长迅猛，分别增长 5.2 倍、1.6 倍和 45.7%。北京市的民间投资主要集中在高新技术产业、房地产开发、生产性服务业、文化创意产业等竞争性领域，在保障性住房、基础设施、社会事业、公用设施等领域的参与程度还不够高。2011 年北京市制定发布了《北京市关于鼓励和引导民间投资健康发展的实施意见》，当年就安排融资平台、北京服务股权投资基金等引导放大资金 148 亿元，带动社会投资 1500 亿元以上。2014 年下半年，北京将加大力度，引导促进社会与民间资本投资高品质生活性服务领域，包括发展国际学校、高端养老等。此外，鼓励民间资本进入的领域还包括北京基础设施和公用事业、市属国有企业改制重组、互联网金融等新兴准金融领域、园林绿化和水务事业等。

2014 年 9 月

央行向 5 大国有银行注资 5000 亿元

据财经网 2014 年 9 月 16 日报道，央行向 5 大国有银行注入 5000 亿元流动性，以应对国内预期经济放缓局面。以常备借贷便利分别向工商银行、建设银行、农业银行、中国银行和交通银行五大银行各注资 1000 亿元，本次注资采用向银行提供 3 个月低息贷款的形式，注资规模相当于把商业银行存款准备金率下调 50 个基点。此举表明，政府继续采用定向调控（而不是全面刺激计划）来刺激经济增长。这一定向贷款并不附加明确条件，但预计央行将引导上述 5 大银行信贷投向政府认为对经济很重要的领域，例如保障性住房以及民营或中小企业。建设银行董事长王洪章接受新华社采访时称，中国央行确实已向 5 大商业银行投放总计 5000 亿元的常备借贷便利（SLF）。王洪章认为，中国央行向 5 大行发放 5000 亿元 SLF，是执行稳健货币政策的一部分。建行将继续关注和评估这 5000 亿元对市场流动性的影响，加强自身资金配备的科学性。对于建行的情况，王洪章称，建行目前还没有补充流动性的需求，1000 亿元的常备借贷便利正在商谈中。

中国对外直接投资首次超千亿美元

据路透社 2014 年 9 月 9 日报道，商务部、国家统计局、国家外汇管理局联合发布《2013 年度中国对外直接投资统计公报》（以下简称《公报》），正式公布 2013 年中国对外直接投资的年度数据。该《公报》分为中国对外直接投资概况、中国对外直接投资特点、中国对主要经济体的投资、中国对外直接投资者构成、对外直接投资企业的地区和行业分布、综合统计数据等 6 个部分。去年中国对外直接投资流量创下 1078.4 亿美元的历史新高，同比增长 22.8%。这是中国连续两年位列全球 3 大对外投资国。商务部网指出，地方企业对外投资稳步增长，非金融类投资存量地方企业占比首破 3 成；而且非国有企业占比也不断扩大，国有企业流量占比降至 4 成。

预算法修正案通过地方政府获准发债

据新华社 2014 年 8 月 31 日报道，全国人大常委会表决通过预算法修正案。根据此前公布的预算法修正案草案，将允许地方政府发债来筹集资金，并规定地方举债只能用于公益性资本支出，不得用于经常性支出。修改过的预算法，将允许地方政府发债筹集资金，但举债规模必须有国务院报请全国人大或全国人大常委会批准。财政部长楼继伟表示，新法包括 6 大亮点，不仅突出预算完整性，政府全部收支要纳入预算管理，并强调预算必须接受社会监督，还拓展预算审核重点，完善地方债管理等多处修改，均传递出建立现代财政制度的改革方向。未来关键是要做好新预算法实施的立法配套工作，中央层面需抓紧修订新法实施条例，研究制定财政转移支付、财政资金支付、政府债务管理、政府综合财务报告等方面的规章制度；地方层面可制定有关预算审查监督的决定或者地方性法规。

智慧城市扶持新政出台

据央广网 2014 年 8 月 29 日报道，经国务院同意，发改委、工信部、科技部、公安部、财政部、国土部、住建部、交通部等八部委印发《关于促进智慧城市健康发展的指导意见》（以下简称《意见》），计划到 2020 年，建成一批特色鲜明的智慧城市，聚集和辐射带动作用大幅增强，综合竞争优势明显提高，在保障和改善民生服务、创新社会管理、维护网络安全等方面取得显著成效。其中在建立现代化产业发展体系方面，要积极培育发展工业互联网等新兴业态。加快发展信息服务业，鼓励信息系统服务外包。建设完善电子商务基础设施，促进电子商务向旅游、餐饮、文化娱乐、家庭服务、养老服务、社区服务以及工业设计、文化创意等领域发展。加快构建城乡一体的宽带网络，推进下一代互联网和广播电视网建设，全面推广3网融合。推动城市公用设施、建筑等智能化改造，加快智能电网建设等。《意见》还就"积极运用新技术新业态"、"着力加强网络信息安全管理和能力建设"等提出具体要求。在投融资方面，意见指出，在国务院批准发行的地方政府债券额度内，各省级人民政府要统筹安排部分资金用于智慧城市建设。城市人民政府要建立规范的投融资机制，通过特许经营、购买服务等多种形式，引导社会资金参与智慧城市建设，鼓励符合条件的企业发行企业债募集资金开展智慧城市建设。

上海黄金交易所国际板启动

据《证券时报》2014年9月19日报道，上海黄金交易所国际板9月18日宣告启动。国际板的实质，是引入国际投资者参与上海黄金交易所以人民币计价的黄金、白银等贵金属产品交易。同时，利用自贸区制度创新优势，为黄金投资者提供便利的实物黄金转口服务。9月18日晚8时许，上海黄金交易所国际会员首笔交易撮合竞价成功，标志着我国黄金市场对外开放迈出了实质性一步，具有里程碑意义，"上海金"正式从这里走向全球。黄金市场率先对外开放，也将成为上海国际金融中心建设的重要阶段性成果。目前，汇丰、渣打等全球主要银行，瑞士美泰乐等全球各大黄金精炼企业以及其他贵金属投资机构，已成为上海黄金交易所首批40家国际会员。上海黄金交易所在自贸区专门设立了一个千吨级的黄金实物指定仓库，全力打造"亚太黄金转口中心"。国际板黄金业务结算已正式纳入自由贸易账户体系，依托自贸区自由贸易账户体系为国际投资者参与黄金交易提供结算便利，并进行有效的管控。目前已有8家银行根据国际板结算银行管理办法的具体要求，完成了相关技术系统开发，具备上线条件，成为国际中心的首批结算银行。

新能源汽车提出新目标 2020 年 30 万辆

据央视网2014年9月18日报道，交通部发布了《关于加快新能源汽车推广应用的实施意见（征求意见稿）》，提出至2020年，新能源汽车在交通运输行业的应用初具规模，在城市公交、出租汽车和城市物流配送等领域的总量达到30万辆。2014年以来，国家相关部门在新能源汽车行业出台多个扶持政策，业内认为，新政频频出台有望刺激新能源汽车的市场需求得到释放。此前国务院发布的节能与新能源汽车产业发展规划，主要目标包括：到 2015 年时纯电动汽车和插电式混合动力汽车累计产销量力争达到 50 万辆，到 2020 年时产能达 200 万辆，累计产销量超过 500 万辆。业内表示，多个新能源汽车新政的推出，加上国内一二线城市车辆限购政策严格，购车摇号难度大，但新能源车单独摇号甚至免摇号的优惠，在多个利好刺激下，或能刺激国内整个汽车市场需求爆发。中国工业和信息化部在本月初，公布首批免征车辆购置税的新能源汽车车型目录，上汽集团、长安汽车以及比亚迪等旗下的主要新能源车型悉数入围。

金融业吸引民资参股

据《经济参考报》2014 年 9 月 17 日报道，继今年 8 月光大集团重组方案获批，引入外部战略投资者后，交通银行公告宣称正研究混合所有制改革，中国银行高管也在中期业绩发布会上表态称，将积极探索混合所有制改革。此外，证券行业中诸如华融资产管理公司近期引入了 7 家战略投资者，国元证券也在筹划引入民资，进行改制。证监会表示支持民营资本、专业人员等各类符合条件的市场主体出资设立证券经营机构，进一步放宽证券经营机构外资准入条件。支持国有证券经营机构开展混合所有制改革。同时，支持基金管理公司混合所有制改革，进一步优化基金管理公司股权结构和组织形式，支持建立专业人士持股；允许期货公司股东范围扩大为法人、自然人及其他组织，这意味着，国有、集体、民营等各类资本也能进入期货行业，在一定程度上实现期货公司混合所有制改革。银监会主席尚福林指出，目前 80% ~90% 的银行已经完成股份制改造。

1200 亿元集成电路产业基金 "试水"

据《中国证券报》9 月 5 日报道，备受关注的国家集成电路产业投资基金将于近期挂牌成立，该基金首批规模将达到 1200 亿元。该基金的设立，显示出中国集成电路产业发展将由国家进行统筹，改变过去松散无序的发展模式。产业界人士表示，该基金由工信部、财政部牵头发起，财政部与其他投资主体共同出资组建，筹备组设立在工信部，基金公司将于 10 月底前完成注资。主要投资于芯片制造等重点产业。基金出资方还有国开行、地方政府等，其中约 400 亿元的资金需要向社会募集。6 月公布的《国家集成电路产业发展推进纲要》（以下简称《纲要》）提出，到 2015 年，集成电路产业销售收入超过 3500 亿元；2020 年基本建成技术先进、安全可靠的集成电路产业体系。要设立国家产业投资基金，主要吸引大型企业、金融机构以及社会资金，重点支持集成电路等产业发展，促进工业转型升级。在《纲要》正式发布之前，有地方政府已经先行启动。2013 年 12 月，北京成立 IC 产业发展基金，打响地方政府支持集成电路产业发展的第一枪，该基金总规模 300 亿元，首期用于支持制造和装备为 60 亿元，设计和封测领域为 20 亿元。业内人士表示，集成电路产业作为电子产业链的最上游，具有非常高的技术壁垒，同时也具有很强的规模效应。从中国台湾、韩国的集成电路产业快速崛起的经验中可以看到，在追赶上世界领先水平前的二三十年里都是依靠政府持续不断地大力扶持，这是集成电路产业实现追赶的必经之路。

页岩气第三轮招标在即

据《21 世纪经济报》2014 年 9 月 19 日报道，17 日，国土资源部召开"页岩气勘查开发成果"新闻发布会，通报了我国页岩气开发进展。同时表示第三轮竞标工作已经在进行中。对比此前两轮的竞标方案发现，第一次页岩气招标仅有 4 个区块，总面积 4236.77 平方千米；而第二次招标的区块则多达 20 个，总面积为 20002 平方公里，分别分布在重庆、贵州、湖北等地。在资质方面，第一次竞标采取邀标方式，仅限于数家受邀参与竞标的国有企业，第二次招标对企业的资质则大为放松，规定凡在境内注册，注册资本金在 3 亿元以上、具有石油天然气或气体矿产勘查资质的企业，并首次对中外合资企业放开准入门槛。接近国土资源部的知情人士还透露，新一轮招标方案中，对竞标企业的门槛有望进一步放开，尤其是对民营企业。此前第二轮竞标的 75 家单位中，民营企业所占比例约为 1/3。国土部未来的工作重点之一，包括进一步向社会出让一批页岩气勘查区块，使更多包括民营企业在内的社会资本进入页岩气勘查开发领域。

分布式光伏国家标准即将出台

据《21 世纪经济报》2014 年 9 月 17 日报道，从国家发展改革委能源研究所获悉，9 月底将会出台《光伏电站性能检测与质量评估技术规范（征求意见稿）》，关注光伏电站性能比，为未来电站交易和银行贷款提供依据。分布式电站的标准出台对于行业有很积极的意义，意味着分布式项目将有一个完善、全面的评估流程，对市场有很大的规范作用。并且评估可以给投资者以公正、合理的投资收益分析。

在欧洲市场，光伏电站投资人在向银行解决融资问题时，银行都会要求其出具第三方认证，以证明电站的质量可以达到预期的收益率，之后才会同意贷款。阳光电源之所以会引入 TUV 认证，是为了在国内引领分布式光伏电站标准化，不要把市场做坏。分布式电站的质量认证主要考核以下几个方面，分别为：项目使用关键设备的质量合格性评估、设计评估、发电量以及收益评估、项目本身安全性评估、测试和运维要求。分布式质量监控、测试、验收的商业市场刚刚起步，但是度电补贴一定会让投资人意识到质量的重要性，第三方也期望通过技术服务来提升投资收益，降低投资风险，今后的第三方技术服务在分布式的增长应该是爆炸性的。

中国保险业首单永续债在港发行

据《上海证券报》2014年9月10日报道，首家在境外上市的中资保险企业中国太平保险控股有限公司，首次在香港发行永续次级债，作为这一新型融资工具的尝鲜者，中国太平此次发债共接获订单逾85亿美元，超额逾14倍。永续债也叫无期债券，是国际市场上较为成熟的债务融资工具之一，是在流动性非常充裕而股票估值很低时，补充资本改善负债率的良好工具。太平保险集团发行永续债的目的，在于借此提升整体财务及资本实力，进而提升偿付能力充足率。永续债具有类股权性质，具备补充资本金、提升信用评级、修饰报表、锁定长期限融资资金，可当作长期资金使用。全球永续债券的快速发展主要集中在近10年间，占整个债券市场的比重依然很小。尤其是在境内市场，永续债仍属新生事物，目前已发行的案例屈指可数，在保险机构中暂无发行先例。

证监会支持期货公司境内外上市

据《经济参考报》2014年9月17日报道，证监会16日发布了《关于进一步推进期货经营机构创新发展的意见》（以下简称《意见》），提出八大重点措施支持期货业创新，包括支持期货公司在境内外发行上市。在支持期货公司做大做强方面，支持符合条件的期货公司进行股权和债权融资，在境内外发行上市、在全国中小企业股份转让系统挂牌，增强资本实力。在放宽行业准入方面，《意见》提出，支持民营资本、专业人员等各类符合条件的市场主体出资设立期货经营机构。研究实施公开透明、进退有序的期货业务牌照管理制度，研究期货公司、证券公司、基金管理公司、证券投资咨询公司等机构交叉申请业务牌照的政策。鼓励外资参股境内期货经营机构，支持境外机构依法参与境内期货公司的兼并重组。目前国内各家交易所正在积极准备，争取尽快推出期权产品，未来一段时间，期权将成为中国衍生品市场创新发展的重要突破口，并将成为市场体系中不可或缺的工具。

沪港交易所签署协议两地投资者可互购股票

据路透香港分社2014年9月4日报道，港交所当日宣布，旗下联交所及香港结算已跟上海证券交易所及中国结算就建立沪港通订立协议，让一方市场的投资者可以买卖在对方市场上市的合资格股票。根据4方协议，联交所与上交所同意为各自市场的投资者提供订单路由安排及相关技术基础设施，让双方买卖在对方市场上市的股票。此外，香港结算及中国结算同意为中国及香港的投资者提供交易清算及交收安排。中国结算董事长周明指出，协议的签署，表明沪港通项目已全面驶入"快车道"。经中国证监会批准，中国结算已启动在香港设立全资子公司的筹备工作，该子公司将主要服务沪港通业务，确保沪港通业务安全高效运转。四方协议中所涉及各项安排，包括实现交易通和结算通的详细条文，都需经监管机构的批准。有关方面计划在满足所有相关条件后——包括沪港通的交易及结算规则获批准、市场参与方完成系统开发及调整、投资者教育工作充分开展等，正式推出沪港通。

险资获益阿里 IPO

据《上海证券报》2014 年 9 月 22 日报道，阿里巴巴新股配售使得保险资产管理公司获益，新华保险获得 1.8 亿美元的额度，中国人寿获 1.5 亿美元的额度。据悉，阿里巴巴主要给了美国超大公募基金，境内获得配额较多的都是保险公司，国内非保险类机构获配额度普遍较少，其中华夏基金获 2000 万美元额度，华夏香港获 160 万美元额度，融通基金获得 200 多万美元额度。阿里选择保险资金配售股票的原因，分析认为，这是阿里巴巴希望股价稳固，期待投资者锁定期比较长。与其他机构投资者相比，险资比较偏向长期配置。因此，国内获配较多的是保险公司。据了解，阿里巴巴的主要承销团是瑞信、德银、高盛、摩根大通、摩根士丹利以及花旗。作为机构投资者，最终能够获配数量的多少主要取决于以下几个因素：首先，下单的资金规模和买入股票的多少；其次，和投行的关系如何，是否经常在其平台交易；最后，通过以往的交易记录，看是否长线投资为主。

新型城镇化确定 62 个试点

据新华网 2014 年 9 月 16 日报道，当日国务院总理李克强主持召开推进新型城镇化建设试点工作座谈会。李克强指出，国家在新型城镇化综合试点方案中，确定省、市、县、镇不同层级、东中西不同区域共 62 个地方开展试点，并以中小城市和小城镇为重点。同时要加快基础设施建设，在"十三五"（2016~2020 年）时期重点向中西部倾斜；允许地方通过股权融资、项目融资、特许经营等方式吸引社会资本投入，拓宽融资渠道，提高城市基础设施承载能力。分析人士表示，在政策推动下，新型城镇化进程不断提速，新型城镇化未来 3 年投融资需求将达 25 万亿元，与城镇化相关的诸多行业将有望受益，包括机械、房地产、环保、建材和建筑等五大行业都将分享到政策红利，相关企业也将获得转型升级的发展机遇。

西部地区新能源项目获鼓励

据《每日经济新闻报》报道，2014年9月10日国家发展改革委发布《西部地区鼓励类产业目录》（以下简称《目录》）最终版本，并计划自2014年10月1日起施行。在西部大开发范围内的12个省区市，光伏和风电等新能源项目成为鼓励产业中的重点。《目录》共包括两部分：一是国家现有产业目录中的鼓励类产业；二是西部地区新增鼓励类产业。太阳能发电系统建设及运营、风力发电场建设及运营成为鼓励产业中的重点，城市轨道和地铁车辆修理组装产业也在当中。工业余热、余压、压差、综合利用技术开发及应用在重庆、云南、广西、青海等多地鼓励类产业目录中入列。值得一提的是，进入《目录》的产业将按15%的税率征收企业所得税，而现行的企业所得税法定税率为25%。有业内人士测算，若光伏发电项目所得税按照15%缴纳，则项目资本金内部收益率约能提高1%。近几年西部地区煤化工产能过剩、产品结构趋同等问题凸显，《目录》释放了产业调整信号。

福建公布 PPP 试点计划

据《21世纪经济报》2014年9月16日报道，福建省发改委公布了首批122个试点项目，涉及生态环保、水利工程、健康养老、交通工程、保障性安居工程、城乡建设、文化产业、旅游产业等多个方面，项目投资额共计2247亿元。同时公布了PPP试点的指导意见，明确提到会给予符合现行政策的基础设施建设项目公司以一定政策扶持，成立风险池，为地方基础设施建设项目贷款提供增信支持。交通工程领域所占比重较大，共计33项，投资总额为1559亿元，占首批PPP试点项目投资总额的69%左右。投资额度第二的领域，为旅游产业。35个项目，总投资共计470亿元。为吸引资本，福建省还出台扶持政策。除了省财政厅将视情况，逐步安排5亿元专项资金，福建省政府还鼓励给试点PPP项目公司融资方面的支持。如鼓励各金融机构开发金融产品和创新金融服务，符合条件的特许经营权还可向金融机构进行融资等。

京津冀一体化率先突破 3 领域

据《经济观察报》2014年9月12日报道，在本月初召开的京津冀协同发展领导小组第三次会议上，国务院副总理、京津冀协同发展领导小组组长张高丽指出，京、津、冀要在交通、生态、产业3个重点领域率先突破。而承德市将有突破，其首个京津冀协同交通一体化项目，即国道111线南大梁隧道项目在9月15日主体全部完工，并计划在2014年11月初通车。承德市交通运输局方面透露，承德早已制定了自身的交通一体化发展规划，项目总数达61项，投资总额达1236.7亿元，力争在2020年形成环京津县与京津之间 1 小时交通圈。推动京津冀交通一体化，国家层面和京津冀三地已是动作频频。目前在国家部委、省市政府以及各省的交通运输管理部门 3 个层面，建立起了一套协同发展（或者交通一体化）的管理和协作机制。京津冀三地政府成立了京津冀交通一体化协作领导小组，三地交通运输部门建立起一套京津冀交通一体化联席会议机制，并成立了工作机构，负责区域交通一体化具体协调工作。

无锡：苏南服务外包转型　对接上海自贸区

据无锡新传媒网 2014 年 9 月 17 日报道，无锡市商务局提供的最新数据显示，今年 1 ~ 8 月，无锡服务外包业务合同总额 75 亿美元，同比增长 27.8％；执行金额 63 亿美元，同比增长 29％；离岸外包执行金额 41.2 亿美元，同比增长 28.2％。无锡市外包服务产业主要指标保持在全国同类城市的前列，服务外包的增速在 30％ 以上。在政策上，无锡制定了服务外包企业"123"计划、率先与国家扶持政策进行 1∶2 资金配套、设立了服务外包人才培训专项扶持基金等特殊政策。目前，无锡市已经设立一个 500 万元创业孵化基金，并吸纳社会资金 2000 万元，用以支持优秀创业项目的发展。

江苏：拟建铁路投资公司引民资

据《每日经济新闻》2014 年 9 月 22 日报道，在 9 月 15 日召开的江苏省铁路建设推进工作会议，明确了该省将在今明两年再开工 7 条铁路。此轮建设完成后，江苏全省 44 个县（市）将有 26 个通上高铁，无锡、苏州、盐城和扬州等部分省辖市更会实现高铁县县通。并将要组建铁路投资发展有限公司，设立铁路建设基金，其目的就是要吸引社会资本参与建设，这也意味着江苏铁路投融资体制改革拉开大幕。在新一轮的国家铁路发展规划中，江苏共有 11 个项目列入了国家计划，已开工的包括宁启铁路、宁安城际铁路、郑徐客专、连盐铁路、沪通铁路。明年底前，余下的 6 个国家级项目以及沿江城际铁路将全部开工建设。江苏省官方公布的数据显示，11 条国家铁路项目加上沿江城际铁路，一共需要 430 亿元资金。为此，江苏拟成立铁路投资发展有限公司，由江苏交通控股有限公司和其他省属企业共同出资组建，注册资金达到 70 亿元。对于民间资本的参与方式，有业内人士指出，可以通过发行企业债券、股权信托、中期票据等直接融资工具，逐步提高直接融资比重，引入设备租赁、公私合营、特许经营权、资产证券化等多种运作模式，推进铁路股份制改革。

2014 年 10 月

财税改革框架初定

据新华社 2014 年 10 月 8 日报道，国务院发布《关于深化预算管理制度改革的决定》，向社会公开预算管理制度改革具体方案。预算管理制度改革是财税体制改革的首要内容，确保 2016 年基本完成深化财税体制改革的重点工作和任务，2020 年各项改革基本到位，现代财政制度基本建立。新一轮财税改革将会分步推进，主要包括三大任务：改进预算管理制度，完善税收制度，建立事权和支出责任相适应的制度。财政部部长楼继伟指出，这三大任务是有逻辑关系的，预算管理制度改革是基础，要先行；收入划分改革需在相关税种税制改革基本完成后进行；而建立事权与支出责任相适应的制度需要量化指标并形成有共识的方案。随着营业税改增值税全面推广，引发政府间收入格局变化，中央与地方税收划分必然面临新一轮调整。

央行将维持稳健货币政策

据路透中文网 2014 年 10 月 13 日报道，央行行长周小川 10 月 11 日在华盛顿向 IMF 所作的报告中重申，在宏观经济环境稳定、通胀保持温和的背景下，预计中国今年国内生产总值（GDP）增速在 7.5% 左右。中国政府将继续执行稳健的货币政策，推进各项金融改革，并加强对风险的管理。同时各国央行及国际货币基金组织（IMF）的官员与北京达成一致：认同中国经济放缓是一种良性调整，无须采取进一步的货币宽松。央行近期在货币政策委员会第三季度例会的声明中称，将继续实施稳健的货币政策，将使用各种货币工具维持充足的流动性及信贷和社会融资的合理增长，并将进一步推进利率市场化和人民币汇率形成机制改革。国务院总理李克强在 10 月初表示，中国已经实现了 2014 年预期的就业目标。他说，经济发展既要有一定的速度，更要有耐力和后劲。他的这言论说明了为什么中国一直避免采取包括货币政策在内的刺激措施来帮助实现经济增长目标。

农村集体资产产权试点启动

据中国之声 2014 年 10 月 19 日报道，农村改革试点工作已启动，试点工作将在 2017 年底完成。发展农民股份合作、赋予农民集体资产股份权能的改革试点方案目前已审议通过，标志着我国布局农村集体资产产权试点工作将全面展开。农业部副部长陈晓华对此次农村改革试点的重要内容进行了解读：一是保障农民集体经济组织成员权利，这是改革试点的重要基础。二是积极发展农民股份合作，这是改革试点的重要目的。三是赋予农民对集体资产股份占有、收益、有偿退出及抵押、担保、继承权，这是改革试点的核心任务。据了解，改革试点将兼顾东中西不同区域。陈晓华强调，不同地区、不同资产类型应当有不同的探索重点。陈晓华指出，对集体土地等资源性资产，重点是在坚持家庭承包的基础上，在尊重农民意愿的前提下，探索发展土地股份合作等多种形式；对集体物业等经营性资产，重点是把资产量化到集体经济组织成员，在此基础上发展农民股份合作；对用于公益服务的非经营资产，重点是探索集体统一运营管护的有效机制。

投资目录二次修订松绑境外投资

据中国政府网 2014 年 10 月 8 日报道，国务院总理李克强 10 月 8 日主持召开国务院常务会议，决定再次修订政府核准的投资项目目录，进一步修订核准目录是落实国务院简政放权、深化审批制度改革的一个步骤。把"核准"变成"备案"以后，主动权就给予企业或者投资人。中央层面政府核准的投资事项减少 40%，也大大释放市场活力。通过核准项目进一步的重新修订，可以进一步落实企业的自主投资权，包括促进地方经济社会的发展，释放投资活力。境外投资项目一律取消核准。向地方政府全部或部分下放通用机场、非跨境跨省电网等 23 类项目核准权限。对外商投资和境外投资放宽限制。从过去的核准所体现的行政管理转化为法制化管理，把执行法律的权利交给企业自己；引入更多的社会资本投入和更多的民间资本，参与过去一般需要通过核准才能经营的项目；为了实现投资便利化，要取消事实上没有必要存在的核准；法制化、市场化、便利化、合理化，这 4 个方面是"核准"变"备案"的基本含义。

住建部将启动地下综合管廊试点

据《21 世纪经济报》2014 年 10 月 21 日报道，住建部部长陈政高在合肥召开的全国城市基础设施建设经验交流会上提出要用 3 年左右时间，在全国 36 个大中城市全面启动地下综合管廊试点工程。同时表示，城市基础设施建设不仅承载了城市，还在拉动经济。基础设施投资一般占全社会固定资产投资的 15%，为经济发展做出重要贡献。预计到 2020 年，每年投资需求在 1500 亿元左右。陈政高指出，要进一步完善城市公用事业服务价格形成、调整和补偿机制，打破"玻璃门、弹簧门、旋转门"，吸引社会资本搞基础设施建设。同时，明确政府和企业的契约关系，做好原有企业的处置工作，努力培育一批大企业、名企业，进行连锁经营、专业化经营。在经济增长压力下，根据公开资料整理发现，今年第 2 季度开始，国务院常务会议超 8 次部署基础设施建设。近日发布的涉及体育、旅游、铁路、区域等多个行业发展意见通知，均强调要加大基础设施建设。

央企试点改革方案进入实施阶段

据《中国证券报》2014 年 10 月 12 日报道，第一批试点改革的央企根据自身情况提出的关于发展混合所有制经济、改组国有资本投资公司、董事会 3 项职权的方案经国资委审议已基本通过，将进入实际操作阶段，而顶层设计方案目前尚未有新进展。对于该试点方案即首批央企根据自身情况提出的关于发展混合所有制经济、改组国有资本投资公司、董事会 3 项职权的方案。中国企业改革与发展研究会副会长李锦表示，第一批试点的央企改革方案获国资委审议通过，意味着相关改革措施将进入到实际操作阶段，为顶层设计提供实践依据，有利于促进顶层设计方案政策制定。国有资本投资运营公司以产业资本投资为主，有助于培养央企的产业竞争力；董事会改革将使政企分离，减少央企的行政化色彩。随着第一批央企试点方案审议通过，将对市场带来利好影响。

"一带一路"沿线省市涌动投资热

据中小企业信息网 2014 年 10 月 18 日报道，自"一带一路"从提出倡议至今，国内十数个省市争取做战略支点。陕西、甘肃、青海、宁夏、新疆、重庆、四川、云南、广西等西部 9 省区市，江苏、浙江、广东、福建、海南等东部 5 省将参与其中，部分"区域段"已有框架规划，并启动项目建设。商务部最新出台的《关于促进商贸物流发展的实施意见》对"一带一路"沿线区域物流合作提出具体措施。在"一带一路"国内外沿线主要交通节点和港口建设一批物流中心。支持建设商贸物流型境外经济贸易合作区，鼓励有条件的商贸物流企业"走出去"和开展全球业务。

首部丝绸之路经济带蓝皮书出版

2014 年 10 月 10 日，由中国人民大学重阳金融研究院举办的"丝绸之路经济带的建设与未来主题研讨会暨《欧亚时代——丝绸之路经济带研究蓝皮书（2014～2015）》新书发布会"召开，首部丝绸之路经济带蓝皮书正式出版。本书就丝绸之路经济带和新欧亚时代的关系、丝绸之路经济带建设中的难点与障碍、丝绸之路经济带与各国关系以及丝绸之路经济带与中国未来关系等问题——展开论述。来自中国、俄罗斯、中亚 5 国、伊朗、阿富汗、巴基斯坦、印度、美国等 12 个国家的 40 多名智库学者在书中撰文分享观点。该书还收录了中国人民大学重阳金融研究院发布的题为《建设丝绸之路经济带：愿景与路径》的智库研究报告，这也是中国第一份丝绸之路经济带智库研究报告。

海外签单带动高铁全产业链

据中国经济网 2014 年 10 月 14 日报道，国务院总理李克强访问俄罗斯期间，中俄双方签订包括高速铁路在内的"一揽子"合作协议。国家发展改革委与俄罗斯运输部、铁路总公司与俄国家铁路公司四方签署高铁合作备忘录，推进构建北京至莫斯科的欧亚高速运输走廊，优先实施莫斯科至喀山高铁项目。中国高铁将开进俄罗斯。

中国北车副总裁余卫平表示，海外的铁路新建市场、车辆更新换代市场和维修服务市场均有较大的增长空间。其中，南美、中东欧、俄语地区的轨道交通装备进入车辆更新换代高峰期，市场潜力巨大。10 月 22 日中国南车向美国加利福尼亚高速铁路管理局正式提交了参建该州高铁的投标意向书，开始角逐美国加州最多 95 列 350 公里级别动车组的竞争。中投顾问高级研究员薛胜文称，高铁出国将带动产业链上下游细分领域的发展，如钢铁产业、高速机车、电子控制、能源以及新材料产业等，有望迎来更大的市场需求和发展空间。

6000 亿元投资水利工程

据《中国证券报》2014 年 10 月 14 日报道，作为定向调控、投资稳增长的重要部分，国家发展改革委正同水利部、财政部等相关部门采取多项措施，全力推进重大水利工程建设。目前在建工程总投资规模约 6000 亿元左右。作为国家实施定向调控的一项重要举措，水利发展今年迎来良机，截至 2014 年 9 月已落实重大水利工程中央投资 390 亿元。下半年是水利投资计划和预算资金下达，完成全年建设任务的关键期。三部委联合推动加快重点水利工程建设，将加快各省水利投资建设，水利板块有望迎来新一轮订单潮。根据近期印发的全国冬春农田水利基本建设实施方案，2014～2015 年度全国冬春农田水利基本建设计划完成总投资 3712 亿元，较上年增长 10%。分析人士表示，可从 4 大领域挖掘水利投资机会。前期调整较充分的水利管道板块，有望直接受益于水利投资的持续增长；大规模水利设施和水电工程设施的承包商将受益；看好农业灌溉和节水龙头企业；关注生态水利即再生水利用等新兴企业。

沿海内河同启动"邮轮经济"

据《上海证券报》2014 年 10 月 16 日报道，随着《中国邮轮旅游发展总体规划》的如期出台，交通部将天津、上海、福建、海南列为我国邮轮运输试点地；天津推出了国际邮轮采购交易平台。据了解，目前天津、上海等各地交通运输部门纷纷制定邮轮旅游发展规划，沿海港口城市开始形成邮轮制造业、港口运输业、旅游服务、批零贸易、金融保险等融合发展的邮轮产业经济。国家旅游局副局长吴文学称，在政府推动支持和市场驱动下，中国邮轮旅游进入大发展阶段，邮轮经济效应开始显现。目前中国已成为从东北亚到东南亚邮轮线路的重要中心。在上海、天津、厦门、三亚这些沿海城市奋力打造海外邮轮产业经济时，包括安徽池州和安庆、江苏常熟、湖北武汉等沿长江多个城市目前正在谋划内河"邮轮经济"。在市场井喷及政策力推的双重助推下，各路资金纷纷进军邮轮产业。

体育产业获重磅支持

据新华社 2014 年 10 月 20 日报道，国务院近日印发了《关于加快发展体育产业促进体育消费的若干意见》，部署积极扩大体育产品和服务供给，推动体育产业成为经济转型升级的重要力量，把全民健身上升为国家战略，把体育产业作为绿色产业、朝阳产业进行扶持，强调向改革要动力，向市场要活力，力争到 2025 年，体育产业总规模超过 5 万亿元，成为推动经济社会持续发展的重要力量。机构预计，到 2025 年体育产业规模占国家 GDP 的比重为 3%～4%，具有巨大增长空间。此举促进体育与多行业的跨界合作，包括支持体育与旅游、传媒、会展等业态融合发展，鼓励康体结合，支持金融、地产、交通、信息等企业开发体育领域产品和服务。因此有利于体育场馆建设运营、体育健身培训、体育旅游等多领域合作机会的涌现。将发展体育产业、促进体育消费纳入各级政府的重要议事日程。预期各级政府层面对体育产业的支持政策和具体措施有望陆续出台。

风电或将成能源消费主力

据《中国证券报》2014 年 10 月 23 日报道，国家能源局新能源和可再生能源处长李鹏在 10 月 22 日举行的 2014 北京国际风能大会上表示，目前新能源各领域"十三五"规划正在编制中，风电有望逐步改变当前被视作"替代能源"的地位，上升为未来扛鼎国家能源结构调整主体的地位。风电作为国内可再生能源发电形式中最具规模和效率比较优势的新能源门类，未来理应承载起我国能源替代战略的中坚作用。李鹏在会上表示，综合当前国内可再生能源发电各领域的现状，风电"十三五"开始有望逐步改变当前的"替代能源"地位，转为进入能源消费的主体地位。当前的京津冀雾霾治理方案中，一项重要任务就是提高清洁能源的替代作用，到 2017 年，京津唐电网风电等可再生能源电力占电力消费总量比重将提高到 15%。而当前这一比例却仅为 4%，其中风电贡献了八成比重。因此，要实现 15% 的既定目标，迫在眉睫的任务就是要大力发展风电。

农发行改革方案出台

据财新网 2014 年 9 月 25 日报道，央行副行长刘士余表示，国务院近日通过对中国农业发展银行的改革总体方案，下一步政策性金融机构的改革方案将相继出台，金融市场创新的一系列制度安排也将相继出台。农发行的改革总体方案将解决包括资本金补充机制、强化政策性、完善公司治理结构、农发行政策性业务挂账等一系列老问题。农发行近 3000 亿元政策性业务历史挂账，延续此前工行和农行与财政部共管账户的方式，以利润偿还、财政补贴等方式逐年化解。政策性金融机构此前一直呼吁的立法或出台专门的政策性银行管理条例，据记者了解，对于此类根本性解决方案，监管当局尚未启动。农发行整体改革方案获批，近 3000 亿元政策性业务挂账等问题有望解决。理清政策与商业的边界，完善公司治理和内控，才是农发行重获新生的源泉。

铁路发展基金完成首期资金募集

据中国政府网 2014 年 9 月 25 日报道，中国铁路发展基金股份有限公司发起人会议在北京召开，中国铁路总公司与中国工商银行、中国农业银行、中国建设银行、兴业银行等 4 家银行的投资平台，共同签署了《出资人协议》和《公司章程》，标志着铁路发展基金正式设立。中国铁路发展基金股份有限公司成立后，将作为铁路市场化投融资主体，进一步吸引社会资本投资，持续为铁路建设和发展筹措资金，重点保障中西部地区铁路建设资本金来源。铁路发展基金采用公司型基金形式。由中国铁路总公司作为基金的主发起人，吸引社会投资人作为优先股股东，共同投资设立中国铁路发展基金股份有限公司。设立铁路发展基金是贯彻落实《国务院关于改革铁路投融资体制加快推进铁路建设的意见》精神的重要举措，对于创新铁路投融资体制，吸引社会资金投资铁路，加快铁路建设，尤其是加快中西部铁路建设，促进经济社会持续健康协调发展具有十分重要的意义。

前海合建股权母基金

据《证券时报》2014 年 9 月 29 日报道，前海股权投资母基金政策正式落地。当日招商银行全资子公司招银国际金融有限公司与前海管理局全资子公司深圳市前海金融控股有限公司合资设立招银前海母基金正式对接落实。该母基金的首期投资标的将以在前海区域内注册的基金为主，基金 3 年内目标募投规模为 200 亿元。3 年后将进一步扩大募投规模，尝试多币种管理模式，以创新基金的募投结构满足不同投资人、被投资人的需求。基金成立后将成为我国最具创新引领的母基金，建立跨境投融资的双向拓展平台，股权投资资产管理机构资本资源集聚前海；满足重点战略新兴产业对资本投资的需求；为入驻前海的基金管理公司，新增募资路径。据前海管理局最新统计数据，前海注册企业累计达 14037 家，已形成金融业态较为丰富的集群港区。

首批民营银行试点出炉

据中新网 2014 年 9 月 30 日报道，29 日银监会发布批文通过了上海华瑞银行和浙江网商银行的筹建，至此，首批试点的 5 家民营银行已全部获准筹建。5 家民营银行试点获批筹建定位各具特色，如深圳前海微众银行重点服务个人消费者和小微企业，温州民商银行定位于主要为温州区域的小微企业、个体工商户和小区居民、县域"三农"提供普惠金融服务，天津金城银行将重点发展天津地区的对公业务。首批民营银行获批和金融市场准入的逐渐放开，解决民营企业尤其是中小企业的融资需求，更在于打破国有银行垄断局面，给市场"注入活水"，将互联网金融的理念真正运用到银行的经营实践中来。中央财经大学中国银行业研究中心主任郭田勇表示，民营银行的经营机制、激励机制等是有可能比国有银行要更先进、更强的，我国存款保险制度的建立，弥补了其在信用上的劣势，民营银行将具有很大的发展潜力。

放宽房贷鼓励发行专项金融债券

据《经济观察报》2014 年 10 月 8 日报道，央行、银监会联合出台《关于进一步做好住房金融服务工作的通知》，放松了对与自住需求密切相关的房贷政策，鼓励银行业金融机构通过发行住房抵押贷款支持证券（MBS）、发行期限较长的专项金融债券等多种措施筹集资金，专门用于增加首套普通自住房和改善型普通自住房贷款投放。分析人士指出，中国商业银行体系负债与资产间的流动性失衡问题正日益严重，运用资产证券化推出 MBS，被业界认为是解决该问题的良药，MBS 一方面解决了商业银行流动性失衡问题，另一方面又给盘活房地产融资市场提供了空间，对于金融资源优化配置，盘活存量以支持实体经济发展的作用，或许超越了金融创新产品本身。MBS 业务已经在交通银行、招商银行等多家商业银行内部开展调研，但尚未推出时间表。MBS 未来或成为中国央行定向刺激的渠道，可能的运作模式是由国家开发银行来购买市场发行的 MBS 债券，并以此为抵押品，向中国央行申请 PSL 实现融资。

安徽总投资 710 亿元推 PPP 项目

为拓宽城镇化建设融资渠道，财政部力推 PPP 模式（政府和社会资本合作），并于 2014 年 9 月 24 日发文在全国范围内开展 PPP 项目示范，地方政府积极响应。安徽省于近日公布了首批城市基础设施领域 PPP 项目名单，项目总投资 710 亿元。在项目发布会上，安徽省住房城乡建设厅厅长侯淅珉表示，推进 PPP 模式，可以为城镇化提供稳定的资金保障，可以有效减轻政府债务负担。安徽省推出的 42 个项目，涉及城镇生活污水处理设施、城镇生活垃圾处理设施、城镇供水设施、城市交通设施、生态园林等方面。推进 PPP 模式，可以为城镇化提供稳定的资金保障，可以有效减轻政府债务负担。安徽省城市基础设施建设投资年均 1000 亿元左右，其中政府性投资占 65% 左右，预计到 2020 年，每年投资需求在 1500 亿元左右。企业主要承担投融资、建设、运营和技术风险，政府主要承担国家政策、标准调整变化的宏观风险，双方共同承担不可抗力风险。

苏州保税区试点获批

据新华网 2014 年 10 月 9 日报道，国务院正式批复同意在苏州工业园区综合保税区现有规划面积内划出专门区域作为贸易功能区，开展调整相关税收规定，促进贸易多元化试点。这标志着苏州工业园区综合保税区贸易多元化试点政策率先落地，也使园区对接中国（上海）自由贸易试验区，政策功能更趋完善。海关部门相关负责人表示，经实践检验政策可行、措施成熟后，将适时在其他综合保税区、保税港区扩大试点。在综保区内设立贸易功能区的试点，本质上是对现行综保区贸易功能的优化，企业发展模式由外购外销、两头在外的"V"形转变为内购、内销、外购、外销相结合的"X"形，满足企业进行全球采购、分拨、销售的多样性、多元化贸易需求。早前园区已获批开展跨境人民币创新业务试点，个人跨境业务方面，园区个人跨境业务无国别限制，园区内的外商投资企业可以有效规避人民币升值带来的汇兑损失，使园区外商投资企业享受到政策红利，促进贸易投资便利化。

黑龙江构建东部陆海丝绸之路经济带

据新华社 2014 年 10 月 8 日报道，目前国家发展改革委正在编制"一带一路"规划，黑龙江谋划构建"东部陆海丝绸之路经济带"，使其成为横贯东中西、联结南北方对外经济走廊的重要组成部分，推动黑龙江对俄经贸合作不断升级，争取全省贸易额 2015 年达到 250 亿美元，2020 年达到 500 亿美元，2025 年达到 700 亿美元。构建"东部陆海丝绸之路经济带"，主要是打造以绥芬河—满洲里—俄罗斯—欧洲铁路和绥芬河—俄远东港口陆海联运为主的战略通道，对接俄欧亚铁路，发挥其最大运能，不仅运送黑龙江和东北其他地区的货物，还可以承载俄罗斯和我国长三角、珠三角、京津冀的货物。2014 年"苏满欧""沈哈欧""津哈欧"国际货运班列已开通，实现平均每天一列常态化运营。缩短运输时间，降低运输成本，不仅可以促进跨境物流业发展，也可以推动沿线地区产业转型升级。未来将在基础设施互联互通、互办经济实体、延伸产业链条、发展绿色食品产业和扩大人文及媒体交流 5 个方面深化对俄合作，加快推进同江铁路大桥、黑瞎子岛设立陆路口岸和跨境经济合作区等重点项目。

江西打造昌九一体化融合长江经济圈

据《人民日报》10 月 7 日报道，从江西省发改委获悉：《昌九一体化发展规划（2013～2020 年）》日前由江西省政府公布实施。昌九一体化发展战略定位为：全省发展升级引领区、中部地区崛起重要增长极、长江经济带开放开发重要支点、体制机制改革创新先行区。昌九一体化后，将加强与武汉城市圈、长株潭城市群联动协作，提升基础设施共建共享水平，促进产业互补和错位发展，推进公共服务资源共享，共同推进长江中游城市群一体化发展，建成长江经济带的重要支撑。规划提出，在昌九东部构建以鄱阳湖水体及湿地为主的生态"蓝肺"，西部构建以山地森林为主的生态"绿肺"，建设昌九生态屏障。规划从财税、金融、产业引导、土地利用、投资、环保 6 个方面，提出了支持昌九一体化发展的政策措施。

天津建空客交付中心

据天津网 2014 年 10 月 10 日报道，空中客车公司与天津保税区和中国航空工业集团公司，在德国柏林签署了合作意向书，将在天津建立空客 A330 飞机完成及交付中心。这意味着空客公司与由天津保税区和中航工业组成的中方联合体将探索在宽体飞机方面展开合作，空客 A330 部分环节实现"滨海制造"。空客天津总装线是空客公司在欧洲以外设立的第一条 A320 系列飞机生产线，自 2008 年运营以来，空客天津总装线已完成总装并交付 190 多架空客 A319 和 A320 飞机，成为中欧航空和高科技战略合作的典范项目。今年 12 月中旬，将向中国航空客户交付第 200 架飞机。该项目合作期已延长至 2025 年，并将在 2017 年开始转产广受市场欢迎的 A320NEO 新机型。空客 A320 系列飞机天津总装线项目的成功合作，也为双方探索在宽体飞机方面的合作奠定了基础。截至目前，中国各航空公司运营的空客飞机超过 1000 多架，其中单通道的 A320 系列飞机 900 多架，双通道的 A330 系列飞机约 140 架。空中客车公司预测，从 2014～2033 年的 20 年时间里，中国将需要新增 100 座以上客机和货机 5300 多架。

2014 年 11 月

服务业增速连续 7 季度超工业

受到经济周期和政府主动调整的影响，产业结构取得积极变化。第三产业增加值同比增速连续 7 个季度超过了第二产业增加值，二者在 GDP 中的占比也出现了"此长彼消"的趋势。民生证券研究院研究员李奇霖对记者表示，服务业逆转工业的主要原因是人口结构的变化。人口红利消退，低端劳动力供给收缩，使劳动力成本上涨，国民收入分配向劳动力倾斜，从而增加了消费者对服务业的需求，促使服务业、消费等第三产业继续高增长。同时，劳动力成本上升倒逼经济转向技术进步，从工业增加值数据看，高端装备制造和计算机通信等行业表现较好。近年来，国务院陆续出台了家庭、养老、健康、文化创意等生活性服务业发展指导意见，2014 年 8 月，又发布了《国务院关于加快发展生产性服务业促进产业结构调整升级的指导意见》。国务院抓住时机积极政策扶持，也是服务业快速增长的重要原因。

"一带一路" 为中企出海创投资契机

商务部召开的《对外援助管理办法》解读媒体见面会上，商务部部长助理张向晨表示："随着'一带一路'建设，周边受援国呼应中方战略提出了一系列的援助要求，我们都会认真进行研究，根据我国的实际能力和对方的需求来扩大援助规模。"他表示，新形势下，中国对外援助规模毫无疑问会进一步提高，和以往相比也会大幅度提高。"一带一路"沿线和周边国家的工程建设等项目，对有能力的企业来说将是一块巨大的蛋糕。"因为亚洲是我们的重点，按照《对外援助管理办法》白皮书的说法，亚洲资金约占到45%，非洲也是45%左右"，商务部国际发展合作研究所所长王泺表示，"一带一路"战略实施后，预测亚洲周边资金可能增加到50%。互联互通都是比较大型的基础设施建设，比如公路、铁路，还包括航空、港口等，以所谓"铁、公、基"比较多，投资规模大、期限长。需要通过多种融资方式带动更多的企业参与，等于形成利益共同体。

贵州重庆共建通道融入长江经济带

随着长江经济带国家战略的实施，长江上游重要支流乌江的航运将得到重大改善。近日，重庆与贵州两地航务管理局签署备忘录，两地将携手开发乌江水运大通道，促进流域经济社会健康发展。渝黔签署备忘录，重点加强乌江航道建设，是贵州启动水运建设 3 年大会战的重要内容。双方将加强乌江航道建设，力争使乌江航道在 2015 年底前按 4 级标准全线复航；鼓励两省市港口与运输企业加强合作，支持涪陵港贵州码头建设，纳入重庆市港口规划，解决贵州物流运输周转需求。目前，贵州正在加紧建设长江中上游中心城市和主要港口的通道，推进长江经济带经贵州连接南亚、东南亚的通道建设，打通长江中上游地区经贵州连接海上丝绸之路的快捷通道，大力发展民航运输。按照长江经济带"沿海沿江沿边全面推进对内对外开放带"的发展定位，贵州构建内陆开放型经济体的步伐不断加快。

交通基建引领投资热点

进入 2014 年第 4 季度以来，国家发展改革委已经批复了 27 个项目，总投资达 11651 亿元，并且多集中在交通基建领域。集中批复了 5 个公路项目，包括广西壮族自治区河池至百色公路建设、四川省汶川至马尔康公路建设、广东省东山（闽粤界）至潮州古巷公路建设等项目。加上北京新机场工程，6 个项目总投资额达 1922.9 亿元。

2014 年第 4 季度批复的 27 个项目主要集中在中西部地区，云南、贵州、四川、广西等西部省份都是本轮稳投资的主要受益者。铁路、公路等基建项目也是我国"一带一路"战略中先行的行业。从开放广度上讲，发展我国西部地区，实施向西开放战略，形成全方位开放新格局，需要交通先行。国家持续加大了铁路建设力度，全年铁路固定资产投资从年初的 6300 亿元上调至 8000 亿元。随着多条中西部铁路的陆续开工，实际到位资金有望创历史新高。

申银万国合并宏源证券

有望成为中国券商业最大规模重组案例的申银万国吸收合并宏源证券，即将进入实施阶段。宏源证券发布公告称，公司股票将从 12 月 10 日起开始停牌，此后将进入现金选择权派发、行权申报、行权清算交收阶段，不再交易。公告指出，宏源证券在实施换股后转换成申银万国股份，才会在深圳证券交易所上市及挂牌交易。按重组方案，申银万国本次发行价格为 4.86 元/股，宏源证券的换股价格为 9.96 元/股，即每股宏源证券 A 股股票可换得 2.049 股申银万国股票。据此估算，本次合并案的规模约 396 亿元。本次申银万国不再额外发行新股筹资。本次合并完成后，申银万国作为存续公司承继及承接宏源证券的全部资产、负债、业务、资质、人员、合同及其他一切权利与义务，宏源证券终止上市并注销法人资格。按此前公布计划，申银万国总部将设在新疆，通过战略定位和业务优化整合，转为不持证券牌照的投资控股公司。

国泰君安获首个券商结售汇牌照

国家外汇管理局已于近日批复国泰君安的结售汇业务资格。由此成为首家获此资质的证券公司，这将为其开拓更多类型跨境投融资业务提供便利。国泰君安获得结售汇业务牌照，打破了商业银行的垄断，证券公司可借此提供更丰富的跨境投融资服务，也是迈向国际现代投行的重要步骤。据国泰君安相关人士介绍，结售汇业务是国际投行重要部门 FICC（Fix Income, Currency and Commodity 固定收益、外汇和大宗商品）的重要一环。随着利率、汇率、信用市场化的加速，企业直接融资比例的提高和国际化进程的推进，结售汇和外汇业务是国内券商向国际现代投行转型重要一步。中企出海并购，在境外市场发债融资是成本较低的方式。不但涉及固定收益产品，还需有外汇产品对冲头寸风险，如果收购对象是原油或其他资源类别，则又要求交易执行者拥有大宗商品方面的风险管理能力。FICC 部门体现了投资银行的综合实力，是国内券商潜在的业务机会。

国际油价腰斩航企获利

民航局内部统计数据显示，2014 年 11 月航空公司的利润总额 0.2 亿元，同比增加 101%。在 11 月、12 月的传统淡季，大多数航空公司都是在亏本经营，而此次能够总体为正，主要还是得益于油价大幅下跌和人民币升值带来的汇兑收益。最近的油价大幅下跌，为航空公司"减负"起了很大作用，而这一趋势有望延续到 2015 年。随着新的航空公司成立和运力的不断增加，更开心的可能还是飞机制造商。2013 年，波音向中国交付了差不多 140 架飞机，2015 年波音交付量会持续稳定在 140～160 架之间，"整个市场的蛋糕是在持续增长的，差不多以每年 5%～10% 的速度增长。兴业证券的最新研报指出，按照往年传统，第四季度和第一季度是航空淡季，这两个季度亏损的概率也相对较大，但 2014 年受益于油价大幅下跌和春节长寒假所带动的冬春航季旅游客源的高速增长，2014 年第 4 季度和 2015 年第 1 季度航空公司实现盈利是大概率事件。

国企改革方案呼之欲出

自中共十八届三中全会对深化国有企业改革作出全面部署以来，新一轮国企改革浪潮以混合所有制、分类监管、组建投资运营公司、员工持股、薪酬改革为主线。随着"1＋N"改革方案制定出台，一系列触及核心问题的改革措施相继落地。

从顶层设计来看，近期，国资委领导分赴部分中央企业和地方国资委开展密集调研。此次调研的主要目的是全面了解中央企业经济运行情况和地方国资委国资监管、国企改革发展有关情况，提前谋划 2015 年各项工作。从地方来看，目前已有 25 个省市公布了国企改革方案，包括国资改革带动国企改革、实施分类监管、发展混合所有制、建立职业经理人制度、实施股权激励机制等。从地域上看，上海、广东、江苏、浙江等省份国资改革走在了前列。在改革方向上，多地国企改革明确提出"功能重组"和"上市混改"两条改革路径，要求"充分运用市场化、证券化方式"实施各项改革。

新疆：丝绸之路区域金融中心规划启动

新疆丝绸之路经济带区域金融中心建设已提上日程，将适时启动建设规划。分析人士指出，近年来，处在丝绸之路经济带核心区的新疆依托自身优势，已经成为中国西部和中、西、南亚地区新兴的经济金融中心之一。3 座中心城市将分别有其定位：乌鲁木齐建设区域性国际金融中心，喀什打造区域金融贸易区次区域金融中心，伊犁霍尔果斯作为离岸人民币试点金融港。新疆欧亚金融研究中心主任解文滨建议分 3 个阶段推进：第一阶段实现人民币贸易结算区域化；第二阶段实现金融衍生品以及结构性金融产品服务区域化，形成较为完善的区域性人民币金融服务中心；第三阶段建成中亚国际金融服务中心。人民银行乌鲁木齐中心支行行长朱苏荣表示，把新疆打造成"丝绸之路金融中心"，是再现丝绸之路辉煌、加快新疆经济社会发展的重大战略选择。

2014 年 12 月

工信部：智能制造成主攻方向

据《中国证券报》2014 年 12 月 22 日报道，全国工业和信息化工作会在北京召开。工信部部长苗圩表示，2014 年工信部稳步推进"两化"融合专项行动和宽带中国专项行动，三网融合深入推进，7 个新增国家级互联网骨干直联点建成开通。苗圩强调，要以智能制造为主攻方向，实现两个 IT（Industry Technology & Information Technology）融合和倍增发展。会议提出 2015 年 7 项重点工作：一是更加注重释放内需潜力，促进工业经济平稳运行；二是坚持优化增量和调整存量并举，推进产业结构向中高端迈进；三是以智能制造为突破口，大力推动两化深度融合；四是深入推进创新驱动发展，建设国家制造业创新体系；五是进一步减轻企业负担，加大对小微企业的支持；六是加快建设宽带网络基础设施，强化互联网行业管理和网络信息安全保障；七是深入推进改革开放，加强行业管理和规划指导。

新电改方案落地在即

据《上海证券报》2014 年 12 月 26 日报道，《关于进一步深化电力体制改革的若干意见》（新电改总体方案）已获原则性通过，待批复后发布。一年一度的全国能源工作会议提早至 2014 年 12 月 25 日闭门召开，往年都在 1 月中旬举行，或许也与电改有关。参会专家透露，《关于进一步深化电力体制改革的若干意见》已在会上宣布通过，基调就是"四放开、一独立、一加强"，即输配以外的经营性电价放开、新增配电业务放开、售电放开、发电计划放开，交易平台相对独立，加强规划。方向是先试点总结经验，再推广。根据发改委安排，深圳已率先开展电改试点，以摸清输配电成本，改变电网低买高卖、获取购销差的盈利模式，转为总收入监管，实现市场化定价。本轮改革标志着电网公司向输配电企业职能转型，电力价格由供求双方自主确定的可能性开启，亦是近十年来电力最接近商品属性的新起点。2015 全国能源工作会议定调能源发展方向：积极发展水电，安全发展核电，大力发展风电、光伏、生物质等新能源。

金融支持企业"走出去"政策升级

据中国政府网 2014 年 12 月 25 日报道，国务院总理李克强主持召开国务院常务会议，重点部署加大金融支持企业"走出去"力度，推动稳增长、调结构、促升级。会议确定，要简化审批，便利"走出去"；拓宽融资，助力"走出去"；健全政策，服务"走出去"。国务院常务会议确定，通过简化审批手续，便利企业"走出去"，将境外投资外汇管理由事前到有关部门登记，改为汇兑资金时在银行直接办理；取消境内企业、商业银行在境外发行人民币债券的地域限制；简化境外上市、并购、设立银行分支机构等核准手续。推进外汇储备多元化运用，发挥政策性银行等金融机构作用，吸收社会资本参与，采取债权、基金等形式，为"走出去"企业提供长期外汇资金支持。会议强调拓宽融资渠道，探索 PPP（政府与社会资本合作）、BOT（特许权协议）等投融资模式，推进外汇储备的多元化运用。

全国碳市场建设提速

据《经济参考报》2014 年 12 月 22 日报道，2014 年前 10 月，全国 7 大省市碳排放权交易试点累计完成二氧化碳交易 1375 万吨，累计成交金额突破 5 亿元。随着未来全国性碳排放权交易市场的形成，我国碳交易潜力巨大。国家发展和改革委日前发布了《碳排放权交易的管理暂行办法》，全国 7 个省市的碳排放权交易试点工作也进展顺利。近日国家发改委气候司司长苏伟表示，我国将在 7 个试点基础上，尽快推动形成全国性碳交易市场。建立碳排放交易市场，被认为是推动实现我国绿色低碳发展战略目标的重要路径。苏伟透露说，在前不久利马举行气候变化大会期间，经国务院同意，国家发展改革委发布了《碳排放权交易管理暂行办法》，这对推动全国性碳排放权交易市场建设会有重要指导作用。

农村工作会议部署"三农"

据《上海证券报》2014 年 12 月 22 日报道，中央农村工作会议 12 月 22 日、23 日在京召开。会议将对 2015 年"三农"工作做出全面部署，此次会议关注重点将在农业现代化以及农村土地制度改革、农产品价格改革等"三农"领域诸多关键改革。在日前结束的中央经济工作会议上，"加快转变农业发展方式"被列为 2015 年五大经济任务之一。2014 年"1 号文件"对推进农业现代化、全面深化农村改革做了提纲挈领的部署，2015 年中央"1 号文件"将连续第 12 年聚焦"三农"，文件有望继续深化这些改革措施和政策。农业部相关人士表示，农业部正在制定《中国农业可持续发展规划》，根据国土情况将农业发展划分为鼓励发展区、支持发展区、限制发展区和禁止发展区四大区域。

"一带一路"引领经济新格局

据《经济参考报》2014 年 12 月 16 日报道，就国务院总理李克强 14 日的"一带一路之旅"，国际问题专家认为，中哈总理第二次定期会晤、上海合作组织成员国政府首脑理事会以及中国—中东欧国家领导人会晤主要将着眼于 2015 年实质推出"一带一路"的工作。总理的最后一次出访就要为 2015 年"一带一路"的具体实施做规划。很多省份已经将"一带一路"的设想写入未来规划中。作为丝绸之路经济带的核心区，新疆已经启动亚欧交通枢纽、商贸物流、金融、文化科教和医疗服务"5 大中心"规划编制工作。吉林省充分利用沿边近海优势，推进长吉图开发开放先导区战略，开启国际经贸合作新模式。黑龙江省提出建设以哈尔滨为中心、连接欧亚的"东部陆海丝绸之路经济带"的战略构想，打造跨境产业链，促进产业提档升级，着力构建全方位对外开放新格局。

银行业布局"一带一路"沿线机构

据《经济日报》2014 年 12 月 18 日报道，截至 2014 年末，中国工商银行、中国农业银行、中国银行、中国建设银行、交通银行 5 家国有大型银行已在"一带一路"沿线国家或地区设立分支机构 32 家，此外还有 4 家已经通过中国银监会审批，正待当地监管机构审批。作为主营进出口信贷业务的政策性银行，中国进出口银行也提早谋划布局，积极落实"一带一路"重点项目，初步形成项目储备库，2014 年以来已累计签署金额约 300 亿元的项目贷款协议。银监会有关负责人表示，下一步将围绕"一带一路"战略部署，继续引导银行业等金融机构加大对"一带一路"项目的金融支持力度。

牌照发放加剧运营商竞争

据财经网 2014 年 12 月 19 日报道，工信部向海航等 8 家企业发放第五批移动通信转售业务试点批文。工信部表示，至此移动通信转售业务试点申请审批工作已结束。在一年时间内，一共有 42 家企业获得了虚拟运营商牌照。按照工信部规定，目前这些企业拿到的只是两年的试点批文，只有完成考核之后才能正式拿到牌照，因此为了保住牌照，2015 年虚拟运营商行业将迎来洗牌，做得好的企业可以继续，而做得不好的可能就会被淘汰。公开数据显示，2014 年虚拟运营商企业全年投资预计超过 7 亿元，约有 20 家企业正式放号，发展用户超过 100 万。到 2015 年底虚拟运营商试点期末，我国移动转售业务用户将达到 5000 万用户，占全国移动通信市场用户总数的 3% 左右。42 家企业将为了这 5000 万用户奋力厮杀，行业竞争压力可想而知。

2014 中国并购交易额创 32 年新高

据第一财经网 2014 年 12 月 17 日报道，最新数据显示，截至 2014 年公布的中国企业参与的并购交易金额创下最高纪录达到 3962 亿美元，较 2013 年增长 44.0%。这是自 1982 年以来中国企业参与的年度并购金额最高的一次。分析人士指出，中信泰富对其国有母公司中信集团主要资产的收购，该笔并购金额达 422 亿美元，是 2014 金额最高的一笔并购，亚太地区史上最大的收购案，对交易总额贡献不少；另，外资加快速度进入中国，推动了中国并购市场的持续火爆。中国参与的投资在金融行业的并购交易额达 859 亿美元，创历史新高。也促使金融行业成为交易金额最高的目标行业，占据 21.7% 的市场份额，较 2013 金额激增 166.3%。外资进入中国市场的并购交易金额也创下新高。

海通证券收购葡萄牙投行

据《证券日报》2014 年 12 月 8 日报道，海通证券公告称，全资子公司海通国际控股将斥资 3.79 亿欧元（约合 28.69 亿元人民币），向葡萄牙 Novo Banco 公司收购圣灵投资银行（BESI）的目标股份。交易完成后，BESI 将成为海通国际控股的直接子公司及海通证券的间接子公司。据介绍，BESI 总部设于葡萄牙里斯本，系一家拥有逾 25 年投资银行经验的投行，主要业务涉及咨询、企业融资、股权、固定收益及结构性融资服务等。近年来，BESI 已在巴西等新兴市场制定了成功的国际拓展策略，BESI 亦通过位于伦敦、马德里、纽约及华沙的分行发展业务。此次收购完成后，将对海通证券和 BESI 主要产生 3 个方面的影响：首先，海通证券可进一步探索跨境业务，借人民币国际化的契机，进一步发展综合金融服务平台，拓展公司多元化收入来源；其次，通过利用和进一步发展 BESI 在投资银行领域建立的平台，海通证券能够向客户提供更为全面的服务组合；最后，双方可共享销售渠道、融资资源及客户关系，加强交叉销售。

信托保障基金正式现身

据《21 世纪经济》报道，2014 年 12 月 12 日称，由银监会与财政部共同制定的

《信托业保障基金管理办法》（以下简称《办法》）正式发布，而对于此前市场声音称该机制推出是在默认并强化行业内的刚性兑付潜规则，《办法》在总则中的表述也侧面对此进行了否认，明确说明"信托业风险处置应按照卖者尽责、买者自负的原则。而在信托公司履职尽责的前提下，信托产品发生的价值损失，由投资者自行负担。保障基金是主要由信托业市场参与者共同筹集，用于化解和处置信托业风险的非政府性行业互助资金，由信托公司或融资者等利益相关人认购，基金权益也归信托公司或融资者等利益相关人享有。目的是建立信托业的市场化风险化解方案，维护稳健运行的长效机制。通过保障基金的介入，换取风险缓释和化解的"时间窗口"，将单体项目和单体机构的风险消化在行业内部，是逐步释放存量风险、减少对金融市场乃至社会受外部冲击的关键手段。

PE 众筹管理办法出台

中国证券业协会 2014 年 3 月 18 日公布了《私募股权众筹融资管理办法（试行）（征求意见稿)》（以下简称《办法》）。作为第一部涉及众筹行业的监管规则，《办法》就股权众筹监管的一系列问题进行了初步的界定，包括股权众筹非公开发行性质、股权众筹平台的定位、投资者的界定和保护、融资者的义务等。在投资者门槛方面，《办法》对合格投资者的具体标准设定主要参照了《私募投资基金监督管理暂行办法》相关要求，同时投资者范围增加了"金融资产不低于 300 万元或最近 3 年个人年均收入不低于 50 万元的个人"，以避免大众投资者承担与其风险承受能力不相匹配的投资风险。《办法》将股权众筹平台界定为"通过互联网平台（互联网网站或其他类似电子媒介）为股权众筹投融资双方提供信息发布、需求对接、协助资金划转等相关服务的中介机构"。在股权众筹平台的经营业务范围方面，为避免风险跨行业外溢，《办法》规定股权众筹平台不得兼营个人网络借贷（即 P2P 网络借贷）或网络小额贷款业务。

北京：再发布公共项目总投资 1500 亿元

据中新社 2014 年 12 月 9 日报道，北京持续开放公共领域市场，加大吸引社会资本投资。北京发布 61 个涉及社会养老、社会办医、交通等领域的试点项目，总投资约 1500 亿元，拟吸引社会投资约 1300 亿元。北京市发展改革委副主任燕瑛表示，试点项目取得较好成绩，北京因此进一步扩展试点领域，选定轨道交通、道路、停车设施、水环境治理、固废处置、镇域供热、社会办医、社会养老和文化创意 9 个领域，推出新一批共 61 个项目，总投资约 1500 亿元，拟吸引社会投资约 1300 亿元。在交通方面，包括新机场线、京台高速、首都大外环、新机场高速等项目，拟吸引社会资本 625 亿元。

水环境治理方面包括清河流域综合治理等 3 个项目，拟吸引社会资本 65 亿元；还推出 CBD 国际医院等 15 个社会办医项目，拟采用社会资本独资、社会资本与公立医疗机构和政府合作、外商独资等多种模式吸引社会投资 220.8 亿元。

河北：拟设立京津冀开发银行

据《证券时报》2014 年 12 月 10 日报道，京津冀在金融领域的区域一体化也在推进。河北省政府提出，促进设立京津冀开发银行，重点支持回报期较长的基础设施及其他重大项目。12 月初，河北省发布了《关于加快金融改革发展的实施意见》，河北将承接京津金融产业转移和金融功能外溢，引进各类金融总部设立产品研发、客户服务和数据备份中心等后台机构，打造金融产业后台服务基地。将加强区域内各类资本市场分工协作，支持京津冀股权交易市场深度合作。发挥好京津冀产权交易中心联盟作用，实现三地产权交易的互联互通。

河北省政府还拟推动三省市建立统一的抵押质押制度，推进区域内支付清算、异地存储、信用担保、融资租赁等业务同城化。争取实现金融创新政策在京津冀的一体化推广。

重庆国资确定 2600 亿元混改项目

据经济观察网 2014 年 12 月 10 日报道，重庆市 2014 年签约和批准实施项目总金额已达 2000 多亿元，而以当地官方目前公布信息匡算，央企和外资是参与此轮重庆国资"混改"的主力。12 月 8 日，集中签约的 28 个项目主要包括中航航电公司与西永微电园对中航微电子公司增资扩股，重庆农商行联合重庆两江金融和捷力轮毂两家公司合资组建渝农商金融租赁公司，约旦磷酸盐公司与重庆外经贸集团合资组建企业，北京姊润与重庆商社合资组建消费金融股份公司，重庆旅投集团与重庆丰都县政府合资合作景区项目，重庆地产集团与双桥经开区开发投资集团合资组建 PE 公司，招商银行与渝富公司组建股权投资基金等项目。梳理已签订合约或合作备忘录的项目可以发现，央企和外资成为参与此轮重庆国企"混改"的主力军，包括香港铁路有限公司、中国铁建介入的已建成的轨道交通、高速公路项目多为比较成熟的公共服务项目；民营资本也在此轮重庆国企"混改"中崭露头角，介入金融租赁和消费金融这些牌照稀缺的领域。

广东、天津、福建三地获准设立自贸区

国务院总理李克强 2014 年 12 月 12 日主持召开国务院常务会议，部署推广上海自贸试验区试点经验，加快制定完善负面清单，在广东、天津和福建特定区域再设 3 个自

由贸易园区。会议要求抓紧制定新设自贸园区具体方案，并提请全国人大常委会授权调整实施相关法律规定。国务院会议透露要依托现有新区、园区来设自贸区，推动实施新一轮高水平对外开放。选择广东、天津、福建是因为三地均有中国经济特区或国家级新区。天津对应着京津冀一体化，广东则针对粤港澳经济更加融合的战略，福建自贸区对应的是海峡两岸经济进一步融合的战略，将对未来两岸经济发展产生巨大影响。调研天津港、东疆保税港区发现，大型现代化海铁换装中心正紧张施工，"自贸区"已成为地产项目最突出卖点。已被明确列为核心区重点发展的产业有：邮轮游艇、金融融资租赁、国际贸易、航运物流等；东疆注册租赁公司 700 余家，金融融资租赁业聚集东疆，是津、沪自贸园区区别之一。